公務員試験 第3版
過去問攻略Vテキスト 18-2
TAC公務員講座 編

自然科学（下）生物 地学

● ── はしがき

本シリーズのねらい──「過去問」の徹底分析による効率的な学習を可能にする

合格したければ「過去問」にあたれ。

あたりまえに思えるこの言葉の、ほんとうの意味を理解している人は、じつは少ないのかもしれません。過去問は、なんとなく目を通して安心してしまうものではなく、徹底的に分析されなくてはならないのです。とにかく数多くの問題にあたり、自力で解答していくうちに、ある分野は繰り返し出題され、ある分野はほとんど出題されないことに気づくはずです。ここまできて初めて、「過去問」にあたれ、という言葉が自分のものにできたといえるのではないでしょうか。

頻出分野が把握できたなら、もう合格への道筋の半分まで到達したといっても過言ではありません。時間を効率よく使ってどの分野からマスターしていくのか、計画と戦略が立てられるはずです。

とはいえ、教養試験も含めると 20 以上の科目を学習する必要がある公務員試験では、過去問にあたれといっても時間が足りない、というのが実状ではないでしょうか。

そこで TAC 公務員講座では、みなさんに代わり全力を挙げて、「過去問」を徹底分析し、この『過去問攻略 V テキスト』シリーズにまとめあげました。

網羅的で平板な解説を避け、不必要な分野は思いきって削り、重要な論点に絞って厳選収録しています。また、図表を使ってわかりやすく整理されていますので、初学者でも知識のインプット・アウトプットが容易にできるはずです。

『過去問攻略 V テキスト』の一冊一冊には、"無駄なく勉強してぜったい合格してほしい"という、講師・スタッフの思いが込められています。公務員試験は長く孤独な戦いではありません。本書を通して、みなさんと私たちは合格への道を一緒に歩んでいくことができるのです。そのことを忘れないでください。そして、必ずや合格できることを心から信じています。

2019 年 12 月　TAC 公務員講座

●── 第2版（大改訂版）　はしがき

　長年、資格の学校TACの公務員対策講座で採用されてきた『過去問攻略Vテキスト』シリーズが、このたび大幅改訂されることになりました。

◆より、過去問攻略に特化

　資格の学校TACの公務員講座チームが過去問を徹底分析。合格に必要な「標準的な問題」を解けるようにするための知識を過不足なく掲載しています。

　『過去問攻略Vテキスト』に沿って学習することで、「やりすぎる」ことも「足りない」こともなく、必要かつ充分な公務員試験対策を進められます。

　合格するために得点すべき問題は、このテキスト1冊で対策できます。

◆より、わかりやすく

　執筆は資格の学校TACの公務員講座チームで、受験生指導に当たってきた講師陣が担当。受験生と接してきた講師が執筆するからこそ、どこをかみ砕いて説明すべきかがわかります。

　読んでわかりやすいこと、講義で使いやすいことの両面を意識した原稿づくりにこだわりました。

◆より、使いやすく

・本文デザインを全面的に刷新しました。
・「過去問Exercise」などのアウトプット要素も備え、知識の定着と確認を往復しながら学習できます。
・TAC公務員講座の講義カリキュラムと連動。最適な順序でのインプットができます。

　ともすれば20科目以上を学習しなければならない公務員試験においては、効率よく試験対策のできるインプット教材が不可欠です。『過去問攻略Vテキスト』は、上記のとおりそのニーズに応えるべく編まれています。

　本書を活用して皆さんが公務員試験に合格することを祈念しております。

2022年5月　TAC公務員講座
2023年4月　第3版改訂

●──〈自然科学（下）〉はしがき

　本書は、地方上級・国家一般職レベルの大卒公務員試験の合格に向けて、過去問（過去に出題された問題）を徹底的に分析して作成されています。

　過去問を分析すると、ある科目の学習範囲のなかでも出題の濃淡が見られることがわかります。本書はその出題傾向を踏まえて編まれた受験対策テキストですが、特に自然科学という科目の性質に合わせて工夫された部分や、留意してほしい点について、はじめに示しておきます。

1. 自然科学の出題について

　自然科学の出題は大きく、数学・物理・化学・生物・地学の5分野に分かれ、本書もこれを踏まえた章構成をとっています。一般知識科目全体にいえることですが、学習範囲の広さに比べて出題数が少ないという特徴があります。また自然科学は受験先によっては分野ごと出題が一切ないこともありますので、学習に時間を割きすぎないことも重要です。

　本書には序章を設け、試験ごとの出題数や、分野ごとの重点項目を挙げていますので、傾向を念頭においたうえでメリハリのある学習を心掛けましょう。

2. 過去問 Exercise について

　冒頭に示したとおり、本書は地方上級・国家一般職レベルの大卒公務員試験を対象にしたテキストですが、各節末に設けている「過去問 Exercise」においては、警察官・消防官の過去問や、中級以下の公務員試験の過去問を掲載していることがあります。

　高等学校までの学習課程で理数系の科目にあまり取り組んでこなかった受験生にとっては特に、自然科学の学習内容は親しみにくいところもあるでしょう。ただ実際に出題された過去問にも単純なものから難しいものまで難易度の幅があり、本書を簡単に流し読みする程度の学習でも解けてしまう問題は数多くあります。あえてメインターゲットより易しい問題を掲載しているのは、そのような取り組みやすい問題を入り口にして、段階的に学習の負荷を上げていけるようにするための配慮です。

　他の科目と同様に、インプットとアウトプットを往復しながら学習を進めていくように心がけましょう。

2022年5月　TAC公務員講座

本書の使い方

　本書は、本試験の広範な出題範囲からポイントを絞り込み、理解しやすいよう構成、解説した基本テキストです。以下は、本書の効果的な使い方ガイダンスです。

■本文

●アウトライン
その節のアウトラインを示しています。これから学習する内容が、全体の中でどのような位置づけになるのか、留意しておくべきことがどのようなことなのか、あらかじめ把握したうえで読み進めていきましょう。

2　代　謝　★★☆

すべての真核生物と細菌はATPという物質を利用して物質の合成や分解を行っています。同化と異化におけるそれらのやり取りや酵素の特徴について見ていきましょう。

❶ 代謝とATP

　細胞は外界から必要な物質を取り入れ、不要になった物質を排出する。その過程で、取り入れた物質を材料として、新たな物質を合成したり分解したりする。これらをまとめて代謝という。
　代謝には、単純な物質から複雑な物質を合成する同化と、複雑な物質を単純な物質に分解する異化がある。同化の代表例として光合成、異化の代表例として呼吸がある。

1　エネルギーの受け渡しとATP

　代謝の過程では、ATP（アデノシン三リン酸）という物質によってエネルギーの受け渡しが行われる。ATPは、すべての生物が持つ物質であり、生命活動においてエネルギー授受の仲立ちをしており、化学反応を進行させている。

2　ATPの構造

　ATPはヌクレオチド（リン酸、糖、塩基が結合したもの）の一種である。糖はリボース、塩基はアデニンであり、これらをまとめてアデノシンという。このアデノシンに三つのリン酸が結合した構造を持つ。

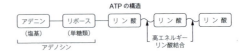

ATPの構造

- ●重要度
各種公務員試験の出題において、この節の内容がどの程度重要かを示していますので、学習にメリハリをつけるための目安として利用してください。

(低)★☆☆ ←→ ★★★(高)
重要度

第4章 生物

ATPの分子内部では、リン酸どうしの結合部分にエネルギーが蓄えられている。これを**高エネルギーリン酸結合**という。リン酸どうしの結合が切れ、ATPがADP（アデノシン二リン酸）とリン酸に分解されるとき、大きなエネルギーが放出される。逆に異化などで得られたエネルギーを用いてADPとリン酸からATPが合成される。

2 酵 素

1 酵 素

代謝における数々の化学反応は**酵素**というタンパク質のはたらきで進行する。化学反応を促進させる物質を**触媒**といい、自身は変化しないが、反応速度を上げる（活性化エネルギーを小さくする）物質である。基本的に酵素は触媒作用を持つタンパク質であるため、**生体触媒**とも呼ばれている。

酵素は分子量が数万から数十万の高分子化合物であるタンパク質を主成分とするが、タンパク質のほかに、金属イオンや低分子の有機化合物と結合して初めて触媒作用を示すものがある。このような低分子有機化合物を**補酵素**という。

2 基質特異性

酵素は一般に特定の基質にのみ作用し、特定の化学反応に限って触媒となる。これを酵素の**基質特異性**という。酵素が基質と結合して触媒作用を現す部分を酵素の

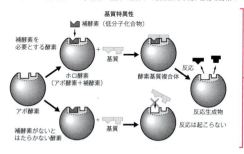

- ●図・表
抽象的な概念を理解しやすくするための図や、関連し合う事項を区別しやすくするための表を適宜設けています。

2 代 謝

（※図はいずれもサンプルです）

過去問Exercise

節ごとの学習の終わりに、実際の過去問にチャレンジしてみましょう。
正解できたかどうかだけでなく、正しい基準で判断できたかどうかも意識しながら取り組むようにしましょう。

CONTENTS

はしがき　Ⅲ
第2版（大改訂版）　はしがき　Ⅳ
〈自然科学（下）〉はしがき　Ⅴ
本書の使い方　Ⅵ

第4章　生　物

- **1** 生物の特徴 2
- **2** 代　謝 18
- **3** 遺　伝 54
- **4** 生殖と発生 108
- **5** 恒常性 126
- **6** 生物の環境応答 166
- **7** 生物多様性と生態系 218

第5章　地　学

- **1** 太陽系の天体 246
- **2** 恒星と宇宙 284
- **3** 地球の構造 298
- **4** 地球の歴史 350
- **5** 気象と海洋 372

索引　416

第4章

生　物

　　生態系はさまざまな生物と周りの環境からなり、生物は種の存続のために生殖活動やいろいろな行動を行っています。また、細胞での物質・エネルギー交代による巧妙な調節機構が個体維持のためにはたらいています。それぞれの重要箇所について解説していきます。

★★★

1 生物の特徴

細胞は生物を構成する最小単位です。細胞にはいくつかの種類があり、共通性や多様性が見られます。それらについて見ていきましょう。

1 生物の分類

生物の分類の仕方にはさまざまな説があるが、以前からの分類と近年有力になってきた分類について触れる。

1 5界説

生物は長い間、運動するかしないかによって、動物界と植物界とに二分する2界説によって分類されていた。しかし、顕微鏡の発達やミドリムシなどにより、矛盾が生じたため新たな分類を模索していった。

その後、細胞には原核細胞と真核細胞の2種類があることがわかり、ホイタッカーやマーギュリスによって原核生物界、原生生物界、植物界、菌界、動物界の五つに分類する5界説が提唱された。

2 3ドメイン説

核酸の塩基配列を比較する方法が発見されて以降、原核生物の中でも細菌類と大きく異なるものがいることがわかってきた。これらを古細菌といい、界よりさらに上にドメインという分類が提唱された。細菌(バクテリア)ドメイン、古細菌(アーキア)ドメイン、真核生物ドメインで、これら三つのドメインが存在するという説を3ドメイン説という。

5界説の原核生物界を細菌と古細菌に、残り四つを真核生物に分けたものである。

3 生物の共通性

生物を分類する基本単位を種という。現在、地球上で名前によって区別できる生

2 第4章 生物

物は190万種存在する。実際の種はこの何倍も存在していると考えられている。

　一般に生物の定義として、体が細胞でできている、生命活動にエネルギーを利用する、DNAを持ち自身と同じ形質の子孫を残す、体内環境を一定に保つ、刺激に反応する、進化する、などが挙げられる。

　これらの共通性は「現存生物はすべて共通の祖先に至る」ことを物語っている。よって、現存生物を共通の祖先から枝分かれしたものと考え、樹木のように示したものを系統樹という。

　なお、この定義によるとウイルスは生物ではないということになる。

2　細　胞

1　細　胞

　1665年にイギリスのロバート・フックがコルク片を観察したところ、多くの「小さな部屋」からできていることを発見し、これを細胞(cell)と名づけた。1831年には同じくイギリスのブラウンが植物の細胞内に核があることを発見した。

　19世紀のドイツにおいて、1838年にシュライデンが植物、1839年にシュワンが動物について「細胞が生物の構造および機能の上の単位である」とする細胞説を提唱した。そして、1858年にフィルヒョーが「すべての細胞は細胞から生じる」という説を提唱するに至った。

2　細胞の基本構造

　細胞には核を持たない原核細胞と核を持つ真核細胞がある。原核細胞からなる生物を原核生物といい、大腸菌やシアノバクテリアなどが挙げられる。また真核細胞からなる生物を真核生物といい、植物や動物は真核生物である。共通しているのはどちらも細胞膜、細胞質基質、遺伝情報としてのDNAを持つ点である。

① 原核細胞
　核がなくむき出しのDNAと細胞壁、細胞膜からなる構造を持つ。

② 真核細胞
　真核細胞の細胞膜内にはさまざまな細胞小器官があり、その間を細胞質基質が満たしている。細胞質基質には流動が見られ、これを原形質流動という。

1　生物の特徴　3

3 細胞小器官

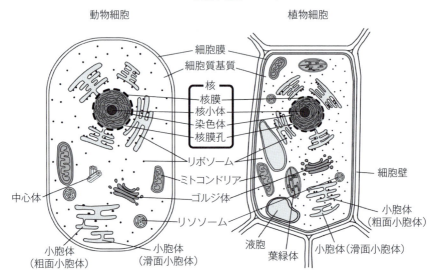

① 核

真核細胞には通常、1個の球形の**核**がある。核は**核膜**に包まれており、中には**染色体**がある。染色体は酢酸カーミン、酢酸オルセインで赤色に染まる。染色体の主な成分はタンパク質とDNA（デオキシリボ核酸）である。

② ミトコンドリア

ミトコンドリアは細胞の**呼吸**に関わり、酸素を使って有機物からエネルギーを取り出している（詳細は後述）。核内の鎖状DNAとは異なる独自の環状DNAを持っている。

③ リボソーム

リボソームは小粒子であり、**タンパク質合成の場**である。

④ 小胞体

小胞体は袋状や管状の細胞小器官で、リボソームの付着した**粗面小胞体**と、付着していない**滑面小胞体**とがある。滑面小胞体はカルシウムにまつわる濃度調節や情報伝達などに関わっている。

⑤ ゴルジ体

ゴルジ体は扁平な袋状の膜構造が密になった細胞小器官で、タンパク質に糖類などの付加や濃縮を行う。

また、リボソームで合成されたタンパク質(ホルモン)を特定の器官に送るなど、**合成された物質を貯蔵したり細胞外に分泌したりする**。

⑥ 葉緑体

葉緑体は植物細胞のみに存在する。外膜と内膜による**二重構造**の細胞小器官で、光のエネルギーを利用して二酸化炭素CO_2からグルコース$C_6H_{12}O_6$を合成する、**光合成の場**である。このグルコースをもとにしてデンプンを合成する。

内部に扁平な袋状の**チラコイド**(多数積み重なっている部分は**グラナ**という)、基質部分の**ストロマ**がある。チラコイドには**クロロフィル**(**葉緑素**)などの光合成色素が含まれていて、光エネルギーを吸収する。核内の鎖状DNAとは異なる独自の**環状DNA**を持ち、**細胞分裂とは別に独自に分裂して増殖する**。

チラコイドで光エネルギーを吸収する光化学反応、ストロマでは二酸化炭素を用いてデンプンを合成する反応が起こる。

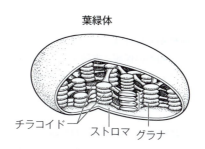

葉緑体

⑦ 中心体

中心体は主に動物細胞に存在する器官で2個の中心小体からなり、動物では細胞分裂時の染色体移動に関わる。また、べん毛や繊毛の形成にも関与している。

植物においては、シダ・コケなどの精子で見られる。

⑧ 細胞質

原形質の核と細胞小器官以外の部分を細胞質といい、細胞の形態を維持する基質となる透明な液体で満たされている。細胞質基質にすべての細胞小器官が存在する。また、細胞質基質には多くのタンパク質や酵素も含まれていて、エネルギー産生の一部といった重要な反応の場でもある。

⑨ リソソーム

リソソームは内部がpH5程度の酸性であり、リソソーム諸酵素を含む。この酵素は酸性下でよくはたらく加水分解酵素で、細胞内消化という異物や不要物の分解を行う。

⑩ 液　胞

液胞は主に成長した植物細胞に見られる細胞小器官で、細胞液(炭水化物、アミノ酸、無機塩類、色素などを含む)で満たされている。細胞内の水分・物質の濃度調節、老廃物の貯蔵を行う。細胞が成長するにつれて、細胞の体積に占める液胞の割合は大きくなっていく。花弁の赤や紫は、液胞内にアントシアンという色素が含まれているためである。

細胞内分解の機能(リソソームのような機能)と物質貯蔵機能を兼ね備えた珍しい小器官である。

⑪ 細胞壁

細胞壁は植物細胞と原核細胞に存在する。植物・菌類・細菌類の細胞において、細胞膜の外側を取り囲み、細胞の保護と支持を行うものである。主成分はセルロースという炭水化物で、溶媒・溶質の両方を通す全透性を持つ。

⑫ 細胞膜

細胞膜は植物細胞と原核細胞に存在する。リン脂質の二重層からなる非常に薄い柔軟性のある膜で、ところどころにタンパク質の粒子が埋まっている。詳しくは次項で扱う。

第4章　生　物

3 生体膜

細胞膜や膜構造を持つ細胞小器官は、膜の外側と内側で異なった環境が保たれている。このような膜を総称して生体膜という。

1 生体膜の性質

生体膜は主にリン脂質で構成されている。リン脂質は、水に馴染みにくい(疎水性)脂質分子の一部に、水に馴染みやすい(親水性)リン酸を持つ。生体膜はこの疎水性の部分を内側、親水性の部分を外側にした二重層からなり、これを脂質二重層という。生体膜には、特定の物質を選択的に透過させるタンパク質、水分子を通過させるアクアポリンや、エネルギーを使って特定の物質を輸送するタンパク質などがある。

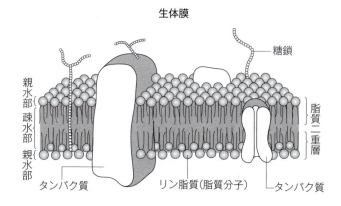

2 透過性

物質どうしが混じり合って均一な濃度になる現象を拡散という。拡散は膜を通しても見られる現象で、これを浸透という。膜において、すべてを自由に透過させる性質を全透性、水や一部の溶質は浸透するが他の溶質は浸透しない性質を半透性という。全透性を持つ膜を全透膜、半透性を持つ膜を半透膜という。細胞膜も半透膜であり、半透膜を通じて物質が浸透するときの圧力を浸透圧という。

細胞は、特定の物質を細胞内に吸収したり、特定の物質を細胞外に放出したりしながら活動している。生体膜が持つ、特定の物質のみを透過させる性質を選択的透過性という。

3 受動輸送と能動輸送

細胞においては、生体膜を通して物質を中から外へ、外から中へ輸送している。この輸送には以下のとおり、チャネルによって行われる受動輸送と、ポンプによって行われる能動輸送がある。

① 受動輸送とチャネル

物質の濃度の差を濃度勾配という。この濃度勾配に従って物質が輸送されることを受動輸送といい、エネルギー（ATP）を必要としない輸送である。

受動輸送は、チャネルと呼ばれるタンパク質を通じて行われる。チャネルにはイオンチャネルやアクアポリンなどがある。

② 能動輸送とポンプ

濃度の低い方から濃度の高い方へ物質を移動させるには、エネルギー（ATP）が必要となる。このようなエネルギーを必要とする輸送を能動輸送という。

能動輸送は、ナトリウムポンプなどのポンプと呼ばれる機構によって行われる。

4 浸透圧

半透膜を境に溶液の濃度が異なり、溶質が半透膜を通り抜けることができない場合には、水が半透膜を通って移動し、濃度差を解消しようとする。半透膜を通じて物質が浸透する圧力を浸透圧という。細胞内の溶液と比較して、浸透圧が高い溶液を高張液、低い溶液を低張液、等しい溶液を等張液といい、どちらに浸透圧がかかるかを以下にまとめる。

① 細胞外の濃度が細胞内の濃度より高い場合（高張液）

細胞外のほうが高濃度であるため、それを薄めるために細胞内の水が細胞外に移動し、細胞（細胞膜の内側）が収縮する。その結果、植物細胞では細胞膜と細胞壁の間に隙間ができる。これを原形質分離といい、植物細胞にのみ起こる現象である。動物細胞の場合には、細胞が収縮することになる。

② 細胞外の濃度が細胞内の濃度より低い場合（低張液）

　細胞内のほうが高濃度であるため、それを薄めるために**細胞外の水が細胞内に移動**し、細胞（細胞膜の内側）が膨張する。その結果、浸透圧が強すぎると動物細胞は破裂してしまう。赤血球の破裂を**溶血**という。植物細胞の場合には水が細胞内に移動することで膨張はするが、体積が増加して細胞壁の内側に圧力（**膨圧**）が加わり、それ以上水が入りにくくなる。

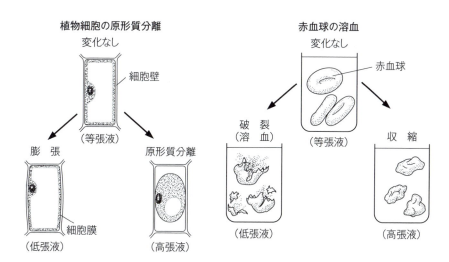

過去問 Exercise

問題1　生物の細胞に含まれるミトコンドリアの機能に関する記述として、最も妥当なのはどれか。

警視庁Ⅰ類2014

1　細胞分裂の際に紡錘糸を形成する起点となり、染色体の移動に関与する。

2　細胞の生存と増殖に不可欠な遺伝情報を担っている物質を貯蔵する。

3　酸素を消費しながら有機物を分解してエネルギーを取り出す呼吸を行う。

4　遺伝情報に基づいてアミノ酸を結合して様々なタンパク質を合成する。

5　光エネルギーを利用して、二酸化炭素と水からデンプンなどを合成する。

解説

正解 ③

① ✕ これは中心体に関する記述である。

② ✕ これは核に関する記述である。

③ ◯ ミトコンドリアに関する記述である。

④ ✕ これはリボソームに関する記述である。

⑤ ✕ これは葉緑体に関する記述である。

1　生物の特徴

問題2 次のA〜Eの細胞の構造体のうち、原核細胞のもつ構造体を選んだ組合せはどれか。

特別区Ⅰ類2015

A 液胞

B 核膜

C 細胞膜

D ミトコンドリア

E 細胞壁

1 A C

2 A D

3 B D

4 B E

5 C E

解説

正解 ⑤

原核細胞とは、核膜に包まれた核を持たない細胞である（DNAがむき出しになっている）。また、原核細胞は、細胞の大きさは小さく、ミトコンドリアや葉緑体、ゴルジ体、液胞などがない。

よって、原核細胞の持つ構造体は細胞膜（**C**）、細胞壁（**E**）である。

問題3 細胞への物質の出入りに関する記述として妥当なのはどれか。

東京都Ⅰ類2007

1 細胞膜とセロハン膜は同じ性質をもち、セロハン膜で純水とスクロース溶液とを仕切っておくと、セロハン膜は、スクロース溶液に含まれる水の分子だけを選択的透過性によって透過させるため、スクロース溶液の濃度は高まる。

2 溶液を細胞に浸したとき細胞の内と外との水の出入りが見掛け上ない溶液を等張液といい、等張液よりも浸透圧が低い溶液に動物細胞を浸した場合、動物細胞は膨張又は破裂する。

3 細胞膜を通して水分子などの粒子が移動する圧力を膨圧といい、浸透圧と膨圧とを加えた圧力は吸水力に等しく、植物細胞では、吸水力がゼロとなったときに原形質分離が起こる。

4 受動輸送とは、細胞膜がエネルギーを使って物質を濃度差に逆らって輸送することをいい、受動輸送が行われている例として腸壁からの物質の吸収や腎臓における物質の再吸収がある。

5 能動輸送とは、細胞の内と外との濃度差によって物質が移動することをいい、ナメクジに塩を掛けるとナメクジが縮んでいくのは、能動輸送によって、ナメクジの細胞から水が出ていくためである。

解説

正解 **2**

❶ ✗ 　濃度差を解消しようとするため、水がスクロース溶液側へ移動し、スクロース溶液の濃度は下がる。

❷ ○ 　正しい記述である。

❸ ✗ 　吸水力は浸透圧と膨圧の差で求められる。これが負になったとき細胞内から外へ水が移動し、原形質分離が起こる。

❹ ✗ 　受動輸送ではなく能動輸送についての説明である。

❺ ✗ 　能動輸送ではなく受動輸送についての説明である。

問題4 次の文章の A から D にあてはまる語句の組合せとして、最も妥当なのはどれか。

東京消防庁Ⅱ類2012

　動物細胞を濃度が A い食塩水などの A 張液に浸すと、細胞内の水が外部に出て細胞は収縮する。また、蒸留水などの B 張液に浸すと、外の水が細胞内に入ってきて体積が増し、ついには C が破れる。このため、動物体から取り出した組織や細胞をしばらく生かしておくときには、生理食塩水やリンガー液などの D 張液を用いる。

	A	B	C	D
1	高	低	細胞膜	等
2	高	等	細胞壁	低
3	高	低	細胞壁	等
4	低	等	細胞膜	高
5	低	高	細胞膜	等

16　第4章　生　物

解説

正解 ❶

A：高

　直後に「細胞内の水が外部に出て」とあるため、浸す液は高張液であるとわかる。

B：低

　Aと逆の作用が示されているため、浸す液は低張液であるとわかる。

C：細胞膜

　文章は動物細胞についてのものであり、細胞壁は動物細胞には存在しないものであるから、細胞膜が入ることがわかる。

D：等

　浸透圧が生じないような保存方法が必要であるから、高張液でも低張液でもなく等張液を用いるべきことがわかる。

2 代謝

すべての真核生物と細菌はATPという物質を利用して物質の合成や分解を行っています。同化と異化におけるそれらのやり取りや酵素の特徴について見ていきましょう。

1 代謝とATP

細胞は外界から必要な物質を取り入れ、不要になった物質を排出する。その過程で、取り入れた物質を材料として、新たな物質を合成したり分解したりする。これらをまとめて代謝という。

代謝には、単純な物質から複雑な物質を合成する同化と、複雑な物質を単純な物質に分解する異化がある。同化の代表例として光合成、異化の代表例として呼吸がある。

1 エネルギーの受け渡しとATP

代謝の過程では、ATP（アデノシン三リン酸）という物質によってエネルギーの受け渡しが行われる。ATPは、すべての生物が持つ物質であり、生命活動においてエネルギー授受の仲立ちをしており、化学反応を進行させている。

2 ATPの構造

ATPはヌクレオチド（リン酸、糖、塩基が結合したもの）の一種である。糖はリボース、塩基はアデニンであり、これらをまとめてアデノシンという。このアデノシンに三つのリン酸が結合した構造を持つ。

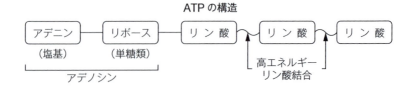

ATPの構造

ATPの分子内部では、リン酸どうしの結合部分にエネルギーが蓄えられている。これを**高エネルギーリン酸結合**という。リン酸どうしの結合が切れ、ATPがADP（アデノシン二リン酸）とリン酸に分解されるとき、大きなエネルギーが放出される。逆に異化などで得られたエネルギーを用いてADPとリン酸からATPが合成される。

2 酵　素

1 酵　素

　代謝における数々の化学反応は**酵素**というタンパク質のはたらきで進行する。化学反応を促進させる物質を**触媒**といい、自身は変化しないが、反応速度を上げる（活性化エネルギーを小さくする）物質である。基本的に酵素は触媒作用を持つタンパク質であるため、**生体触媒**とも呼ばれている。

　酵素は分子量が数万から数十万の高分子化合物であるタンパク質を主成分とするが、タンパク質のほかに、金属イオンや低分子の有機化合物と結合して初めて触媒作用を示すものがある。このような低分子有機化合物を**補酵素**という。

2 基質特異性

　酵素は一般に特定の基質にのみ作用し、特定の化学反応に限って触媒となる。これを酵素の**基質特異性**という。酵素が基質と結合して触媒作用を現す部分を酵素の

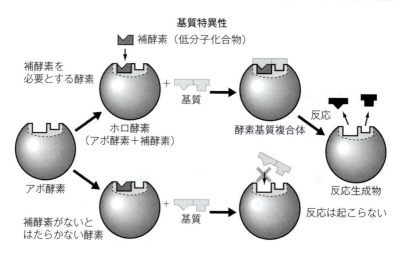

基質特異性

活性中心(**活性部位**)といい、基質の構造と活性部位の構造が合致するもののみが結合できる。基質特異性はこの性質に起因しており、酵素と基質の関係は「鍵と鍵穴の関係」にたとえられる。

3 活性の外部条件

① 最適温度

酵素反応は化学変化であるので、一般に温度上昇とともに反応速度は増加する。しかし、多くの酵素では40℃を超えるあたりから反応速度が下がっていき、やがて酵素活性が失われる。これを**失活**というが、酵素反応には**最適温度**があることを示している。多くの酵素の最適温度は37〜40℃程度である。

② 最適pH

酵素反応は溶液のpHの影響も受ける。酵素反応が最大のときを**最適pH**といい、胃液に含まれるペプシンはpH 2 (酸性)程度、すい液に含まれるトリプシンはpH 8 (塩基性)程度で最もよくはたらく。

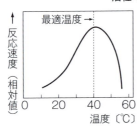

活性の外部条件

温度依存曲線　　　　pH依存曲線

4 消化液と分解

消化液と分解

分解前	口のだ液腺	胃	肝臓	すい臓	小腸	分解後
	だ液	胃液	胆汁	すい液	腸壁の酵素	
炭水化物 (デンプン)	●	×	×	●	●	グルコース (ブドウ糖)
タンパク質	×	●	×	●	●	アミノ酸
脂質	×	×	● (乳化)	●	×	脂肪酸 モノグリセリド

① 消 化
(ア) 糖質の加水分解酵素

酵素による糖質の加水分解

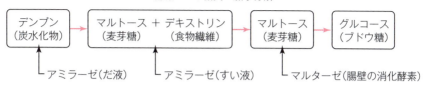

　炭水化物に含まれるデンプンは、まずだ液に含まれるアミラーゼによって、マルトースとデキストリンに分解される。これらはすい液に含まれるアミラーゼによりさらに分解され、最終的に腸壁の消化酵素であるマルターゼによってグルコースにまで分解されて吸収される。

(イ) タンパク質の加水分解酵素

酵素によるタンパク質の加水分解

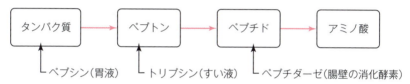

　タンパク質は、胃液に含まれるペプシンによって半消化されペプトンとなり、さらにすい液に含まれるトリプシンによってペプチドとなる。最終的に腸壁の消化酵素であるペプチダーゼによってアミノ酸まで分解されて吸収される。

(ウ) 脂質の加水分解酵素

酵素による脂質の加水分解

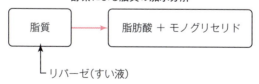

　脂質は胆汁によって乳化[1]され、すい液に含まれるリパーゼによって脂肪酸とモノグリセリドに分解されて吸収される。

---

[1] 胆汁には消化酵素は含まれておらず、脂質を消化しているわけではない。

② 吸　収

　グルコース(ブドウ糖)とアミノ酸は、小腸の柔毛の**毛細血管**に吸収され、脂肪酸とモノグリセリドは、小腸の柔毛の**リンパ管**に吸収される。

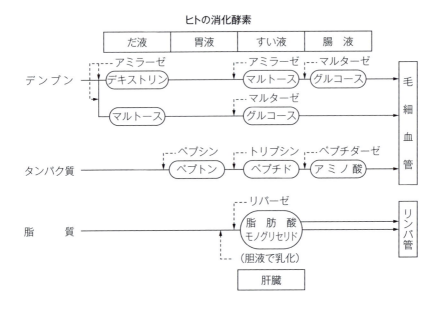

5 細胞内に存在する酵素

　からだを作る主なものはタンパク質であり、酵素も機能性タンパク質として体内の至る所に存在している。カタラーゼもその一つである。カタラーゼは、いろいろな生物の肝臓に多く存在し、過酸化水素を分解するはたらきを持つ。そのため、生物の肝臓に過酸化水素を加えると酸素が発生する。

$$2H_2O_2 \rightarrow 2H_2O + O_2$$

3 光合成

1 光合成

　葉緑体で光のエネルギーを利用して二酸化炭素CO_2と水H_2Oからデンプンなどの有機物を合成する同化反応を**光合成**という。また、このように**二酸化炭素から有機物を合成するはたらき**を炭酸同化という。

　光合成には大きく分けて、**チラコイド**で光エネルギーから水を分解してATPを作る反応と、**ストロマ**でATPを使って二酸化炭素から有機物を作る二つの過程がある。

① **葉緑体の構造**
・**チラコイド**：クロロフィルやカロテノイドが存在している部分
・**グラナ**：チラコイドが円盤状に集まった部分
・**ストロマ**：上記以外の部分

葉緑体の構造
- チラコイド（水を分解してH原子を作る）
- グラナ
- ストロマ（H原子にCO_2を結合させて有機物を作る）

② 光合成の反応と反応場所
(ア) 光化学反応（チラコイド）
　　クロロフィルが光エネルギーを吸収し、活性化クロロフィルとなる。

(イ) 水の分解（チラコイド）
　　(ア)の光エネルギーを利用して水H_2Oを分解し、酸素O_2と水素Hが発生する。

(ウ) ATP合成（チラコイド）
　　(イ)で生じた水素Hは、$H \rightarrow H^+ + e^-$ と分かれる。
　　このとき生じた電子e^-が電子伝達系を通ることでADPからATPが合成される。

(エ) カルビン・ベンソン回路（炭酸同化反応）（ストロマ）
　　気孔から取り入れたCO_2を、(ウ)で生じたH^+とATPによって還元することで、
　　グルコース$C_6H_{12}O_6$を合成する。

光合成の反応と反応場所

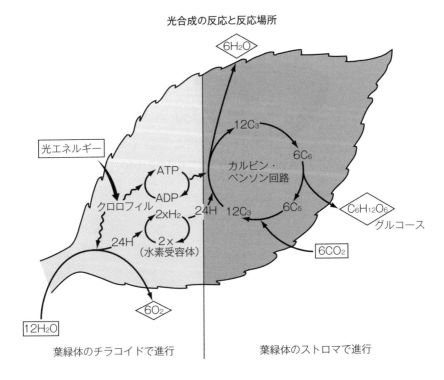

葉緑体のチラコイドで進行　　　葉緑体のストロマで進行

2 光合成と限定要因

① 真の光合成量と見かけの光合成量[2]

植物は光合成を行うために二酸化炭素を取り入れているが、**呼吸によって二酸化炭素を放出**もしている。そのため、見かけの光合成量は、真の光合成量から呼吸による二酸化炭素の放出量を引いたものになる。見かけ上、光合成量が0になる点（二酸化炭素の出入りが等しい点）を**補償点**といい、これ以下では植物はエネルギーをため込むことができなくなり成長しない。

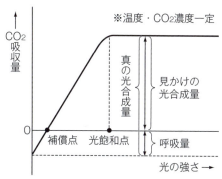

真の光合成量と見かけの光合成量

| 真の光合成量 ＝ 見かけの光合成量 ＋ 呼吸量 |

② 光合成量と光の強さ

ある程度までは光の強さに比例して光合成量も上がる。しかし、ある一定以上の光の強さになると二酸化炭素が足りなくなり、光合成量は一定になる。このときの光の強さを**光飽和点**という。

---

[2] 単位時間あたりの光合成量のことを光合成速度と表記することがあるが、光合成量と光合成速度はほぼ同じ意味であると考えてよい。

③ 限定要因

　ある一定の値までは、光の強さ、二酸化炭素濃度が高いほど光合成量は大きくなるが、例えば温度については30℃付近(酵素の最適温度)で光合成量が最大になる。自然界ではこのような要因が複合的に影響し合っており、光合成量はその中の最も量が少ないものを基準に制限される。このような要因を**限定要因**という。一般的な大気の二酸化炭素濃度は(過去100年で上昇を続けているが) 0.04％ほどである。この量は、一般的な昼間の光の量に対して不足しており、**光飽和点の限定要因が二酸化炭素とである**といえる。

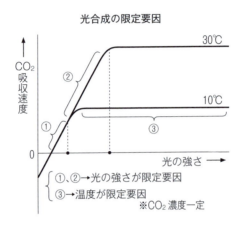

光合成の限定要因

①、②→光の強さが限定要因
③→温度が限定要因
※CO_2濃度一定

3 陽生植物と陰生植物

① 陽生植物

　補償点、光飽和点が**高い**植物を**陽生植物**といい、日の当たる場所での生活に適している。他方、**補償点が高いため、日陰での生活には適していない**。

② 陰生植物

　補償点、光飽和点が**低い**植物を**陰生植物**という。補償点が低いため、日陰で生活することが可能である。

陽生植物と陰生植物

陽生植物は呼吸・光合成ともに
陰生植物より盛んである

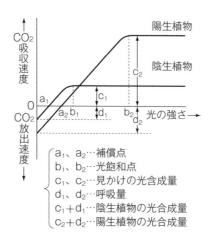

a_1、a_2…補償点
b_1、b_2…光飽和点
c_1、c_2…見かけの光合成量
d_1、d_2…呼吸量
c_1+d_1…陰生植物の光合成量
c_2+d_2…陽生植物の光合成量

4 細菌の光合成と化学合成

① 光合成細菌

緑色硫黄細菌や**紅色硫黄細菌**は、水の代わりに硫化水素H_2Sなどから電子を得て有機物を合成する。そのため、酸素を発生せず硫黄Sを蓄積する。これらの細菌は光エネルギーを吸収する際、**バクテリオクロロフィル**という、クロロフィルによく似た構造の光合成色素を用いる。このような細菌を<u>光合成細菌</u>という。

光合成細菌

緑色植物が光合成でCO_2とH_2Oを用いるのに対して、
光合成細菌ではCO_2とH_2S(硫化水素)などを用いる

② 化学合成細菌

細菌の中には、光エネルギーではなく無機物を酸化する際に得られる化学エネルギーを用いて炭酸同化するものもいて、これらは化学合成細菌と呼ばれている。硝化菌や深海の硫黄細菌などが例である。

4 呼 吸

呼吸には、えら・肺で行われる酸素と二酸化炭素のガス交換(外呼吸)と、細胞が有機物を分解してATPを作り出す反応過程(内呼吸・細胞呼吸)の二つがある。

一般に、生物において呼吸といえば、異化反応として内呼吸を指すため、ここでは、呼吸は内呼吸を意味するものとして扱う。

1 呼吸 (好気呼吸)

酸素を用いてエネルギーを取り出す過程を呼吸という。呼吸によるエネルギーの分解は、大きく三つの反応過程で進行する。

① 解糖系 (細胞質基質)

細胞質基質にある酵素によって、1分子のグルコース$C_6H_{12}O_6$から2分子のピルビン酸$C_3H_4O_3$に分解され、**2分子のATP**を生じる。この過程では酸素を必要としない。ここでは水素が4個生じる。

② クエン酸 (TCA) 回路 (ミトコンドリア)

解糖系で生じたピルビン酸はミトコンドリアのマトリックスで段階的に分解される。ここでは6分子の水を使い、6分子の二酸化炭素が排出される。ここでも**2分子のATP**が生じる。水素は20個生じる。

③ 電子伝達系 (ミトコンドリア)

ミトコンドリア内膜で起こり、解糖系で出た水素4個とクエン酸回路で出た水素20個(計24個)を6分子の酸素を使って分解し、**最大34分子のATP**が生じる。

④ 呼吸のまとめ

呼吸は、1分子のグルコースから、合計38分子のATPを生じさせる。化学反応式で簡略化すると、以下のようになる。

$$C_6H_{12}O_6 + 6H_2O + 6O_2 \rightarrow 6CO_2 + 12H_2O + 38ATP$$

呼吸は、解糖系・クエン酸回路・電子伝達系という3段階に分けられたが、各反応過程でいくつのATPが生じるのかということを覚えてしまうとよい。

呼吸の各反応過程

	生じるATP数	場　所	酸素の消費
解糖系	2分子	細胞質基質	消費なし
クエン酸回路	2分子	ミトコンドリア（マトリックス）	消費はないが、酸素がないと反応が停止してしまう
電子伝達系	34分子	ミトコンドリア（クリステ）	消費あり
合　計	38分子	－	－

呼吸によるエネルギーの分解

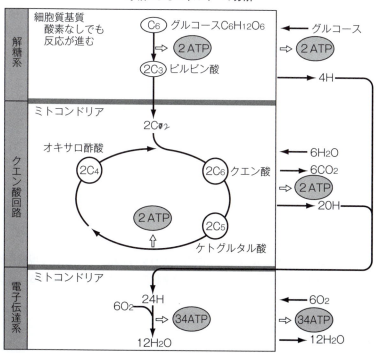

2 発酵（嫌気呼吸）

酸素を用いずに有機物を分解し、エネルギーを取り出す過程を発酵という。発酵に必要な酵素は細胞質基質に存在している。発酵では、ATPが2分子生成される。

① アルコール発酵

グルコース$C_6H_{12}O_6$をエタノールC_2H_5OHと二酸化炭素CO_2に分解する発酵をアルコール発酵という。酵母菌はアルコール発酵を行い、グルコース1分子からエタノール、二酸化炭素、ATP 2分子を生成する。

$$C_6H_{12}O_6 \rightarrow 2C_2H_5OH + 2CO_2 + エネルギー(2ATP)$$

酵母菌は、酸素がある場合には呼吸を行い、酸素がない場合には発酵を行うという特徴を持つ。

② 乳酸発酵

グルコースを乳糖$C_3H_6O_3$に分解する発酵を乳酸発酵という。乳酸菌は乳酸発酵を行い、グルコース1分子から乳酸、ATP 2分子を生成する。

$$C_6H_{12}O_6 \rightarrow 2C_3H_6O_3 + エネルギー(2ATP)$$

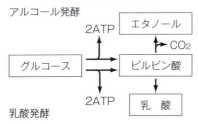

アルコール発酵と乳酸発酵

③ 解糖

筋肉でグリコーゲンやグルコースが酸素を使わずに乳酸に分解される現象を解糖という。運動の活動が激しいときなどに無酸素状態のままで運動を続けることが可能となる。

第4章

生
物

2 代 謝　31

過去問 Exercise

問題1　ATPに関する記述中の空所A ～ Cに当てはまる語句の組合せとして、最も妥当なのはどれか。

警視庁Ⅰ類2016

　ATP は、塩基の一種である（　**A**　）と糖の一種である（　**B**　）が結合した（　**C**　）に3分子のリン酸が結合した化合物である。

	A	B	C
1	アデノシン	アデニン	リボース
2	アデノシン	リボース	アデニン
3	アデニン	リボース	アデノシン
4	アデニン	アデノシン	リボース
5	リボース	アデニン	アデノシン

32　第4章　生　物

解説

正解 **3**

A：アデニン

　ATPはヌクレオチドの一種であり、このうち塩基部分はアデニンである。

B：リボース

　ATPはヌクレオチドの一種であり、このうち糖部分はリボースである。

C：アデノシン

　リボースとアデニンが結合したものをアデノシンといい、これに3分子のリン酸が結合した化合物がATP（アデノシン三リン酸）である。

問題2 生体内の化学反応に関する次のA〜Cの記述の正誤の組合せとして最も妥当なものはどれか。

裁判所一般職2019

A 酵素は、生体内の化学反応を促進するタンパク質で、生体触媒とよばれる。

B 化学反応の前後で、酵素それ自体は変化しないため、何度も再利用されるが、化学反応の種類に応じて多種多様な酵素が必要である。

C 酵素は本来もっと高温で起こる反応を促進しているので、温度が高ければ高いほどはたらきが活発になり、化学反応の速度が大きくなる。

	A	B	C
1	正	誤	誤
2	誤	誤	正
3	正	誤	正
4	正	正	誤
5	誤	正	誤

解説

正解 ④

A ○ 酵素は触媒作用を持つタンパク質であるため、生体触媒とも呼ばれている。

B ○ 酵素は一般に特定の基質にのみ作用し、特定の化学反応に限って触媒となる。この性質を基質特異性といい、この性質のため、化学反応の種類に応じて多種多様な酵素が必要となる。

C ✕ 多くの酵素は、生体内で作り出されるタンパク質をもとにして構成されている。したがって、温度が一定以上に高くなると変性して活性を失う。

問題3　酵素に関する記述として、妥当なのはどれか。

東京都Ⅰ類2019

1　カタラーゼは、過酸化水素を触媒として分解されることで、酸素とアミノ酸を生成する。

2　唾液や膵液に含まれるアミラーゼは、デンプンをマルトースに分解する消化酵素であり、唾液中のアミラーゼの最適pHは約7である。

3　胃液に含まれるリパーゼは、デンプン及びタンパク質をヒトの小腸の柔毛上皮で吸収できる状態にまで分解する。

4　トリプシンは、胆汁に多く含まれる分解酵素の一つであり、乳糖や脂肪の分解に働く。

5　植物の光合成は、制限酵素の働きの一つであり、水と酸素を原料にタンパク質を合成する。

解説

正解 ②

❶ ✕ カタラーゼは過酸化水素を分解する酵素である。ちなみに酵素はすべて触媒である。なお、過酸化水素が分解されると酸素が発生する。

$$2H_2O_2 \rightarrow 2H_2O + O_2$$

❷ ◯ 正しい記述である。

❸ ✕ リパーゼが作用するのは脂質に対してである。

❹ ✕ トリプシンはすい液に多く含まれるタンパク質分解酵素である。

❺ ✕ 植物の光合成で作られるのはデンプン（炭水化物）である。

2 代 謝　37

問題4 光合成に関する次の記述中のA〜Eの空欄に入る語句の組合せとして最も適当なものはどれか。

裁判所一般職2014

　高等植物は、葉面に分布する気孔を通して、大気中から（　**A**　）を葉内に吸収し、光エネルギーを利用して光合成を行い、炭水化物を合成している。炭水化物の合成は、葉の細胞小器官の1つである（　**B**　）で行われている。（　**B**　）は二重の膜で包まれており膜構造が多数見られる。（　**B**　）内の二重の膜で包まれた（　**C**　）には、クロロフィルやカロテノイドなどの光合成色素が含まれ、光エネルギーが吸収されて化学エネルギーに変換され、炭水化物の合成に使用される。合成された炭水化物は、細胞小器官の1つである（　**D**　）で分解を受け、その結果、（　**E**　）が放出され、エネルギーが取り出される。

	A	B	C	D	E
1	酸素	ミトコンドリア	ストロマ	ミトコンドリア	酸素
2	二酸化炭素	葉緑体	チラコイド	ミトコンドリア	二酸化炭素
3	二酸化炭素	葉緑体	ストロマ	葉緑体	二酸化炭素
4	二酸化炭素	ミトコンドリア	ストロマ	葉緑体	二酸化炭素
5	酸素	葉緑体	チラコイド	ミトコンドリア	酸素

解説

正解 **2**

　高等植物は、葉の表皮に存在する気孔を通して、大気中から二酸化炭素（**A**）を吸収し、光エネルギーを利用して光合成を行い、炭水化物を合成している。炭水化物の合成は、細胞小器官の一つである葉緑体（**B**）で行われている。葉緑体は二重の膜で包まれており、葉緑体の内部はストロマで満たされている。

　さらに、その中には、二重の膜で包まれた袋状の構造をしたチラコイド（**C**）が存在しており、多数の小さなチラコイドが積み重なった構造をグラナという。チラコイドにはクロロフィルやカロテノイドなどの光合成色素が含まれており、光エネルギーが吸収されて化学エネルギーに変換される。この化学エネルギーが炭水化物の合成に用いられている。合成された炭水化物は、細胞小器官の一つであるミトコンドリア（**D**）で分解される。ミトコンドリアは酸素を用いて炭水化物を分解し、最終産物として二酸化炭素（**E**）と水を排出する。その過程でATPが産生される。

問題5 光合成に関する記述として、妥当なのはどれか。

東京都Ⅰ類2012

1 植物は、光合成により水と窒素からデンプンなどの有機物を合成するとともに、呼吸により二酸化炭素を吸収している。

2 光合成速度の限定要因は、光合成速度を制限する環境要因のうち最も不足する要因のことであり、例として温度がある。

3 光飽和点は、植物において二酸化炭素の出入りがみかけの上でなくなる光の強さのことであり、光飽和点では呼吸速度と光合成速度が等しくなる。

4 陰葉は、弱い光しか当たらないところにあるため、強い光が当たるところにある陽葉と比べ、さく状組織が発達して葉が厚くなる。

5 クロロフィルは、光合成を行う緑色の色素であり、緑色植物や藻類の細胞にあるミトコンドリアに含まれている。

解説

正解 **2**

第4章
生物

1 ✗ 　光合成とは、二酸化炭素と水、光のエネルギーを用いて、葉緑体で糖やデンプン、酸素、水が生成されることである。

2 ○ 　正しい記述である。

3 ✗ 　光飽和点ではなく補償点についての記述である。

4 ✗ 　陰葉とは、日陰の葉のことである。陰葉は陽葉と比べると、葉の厚さが薄く、柵状組織が薄いことが特徴である。

5 ✗ 　クロロフィルは、光合成の場である葉緑体の中に存在する。ミトコンドリアは、呼吸によりATPを生成している。

2　代　謝　41

問題6 次の記述の A ～ E に入る語句が正しいものとして、最も妥当なのはどれか。

東京消防庁Ⅰ類2015

細菌類には光合成色素を持ち、光エネルギーを利用して炭酸同化を行うものがある。このような細菌を A という。 A は緑色植物のクロロフィルと構造のよく似た B をもっており、それを用いて吸収した光エネルギーを利用する。中でも紅色硫黄細菌・緑色硫黄細菌は、二酸化炭素と C を用いて炭酸同化を行うため、細胞内に D が蓄積する。また、光エネルギーの代わりに化学エネルギーを利用して炭酸同化を行う細菌を E という。

1 A ― 化学合成細菌

2 B ― ヘモグロビン

3 C ― 硫化水素

4 D ― 酸素

5 E ― 光合成細菌

解説

正解 **3**

第4章 生物

A：光合成細菌

光エネルギーを利用して炭酸同化を行う細菌を光合成細菌という。

B：バクテリオクロロフィル

光合成細菌は、クロロフィルとよく似たバクテリオクロロフィルという光合成色素によって光エネルギーを吸収する。

C：硫化水素

植物が二酸化炭素 CO_2 と水 H_2O を用いるのに対し、光合成細菌は二酸化炭素 CO_2 と硫化水素 H_2S を用いて炭酸同化を行う。

D：硫黄

光合成細菌は二酸化炭素 CO_2 と硫化水素 H_2S を用いて炭酸同化を行うため、酸素を発生せず硫黄 S を蓄積する。

E：化学合成細菌

光エネルギーではなく化学エネルギーを用いて炭酸同化を行う細菌を化学合成細菌という。

2 代謝 43

問題7　呼吸に関する記述として、最も妥当なのはどれか。

東京消防庁Ⅰ類2018

①　呼吸により得られたエネルギーは、すべて熱エネルギーとして周囲に放出される。

②　酸素を用いてグルコースを分解すると、水と二酸化炭素とRNAが合成される。

③　呼吸の反応は、細胞小器官であるミトコンドリアのマトリックス内でのみ行われる。

④　呼吸は、さまざまなホルモンが関わって行われる化学反応である。

⑤　呼吸の過程は、解糖系、クエン酸回路、電子伝達系に分けられる。

44　第4章　生物

解説

正解 ❺

❶ ✕ 呼吸により得られたエネルギーは、大部分がATPとして化学エネルギー
に変換される。

❷ ✕ 酸素を用いてグルコースを分解すると、生体内においては水と二酸化炭
素とATPが合成される。

❸ ✕ 呼吸の反応は、細胞質基質、ミトコンドリアのマトリックス、ミトコン
ドリアの内膜にてそれぞれ行われる。

❹ ✕ 呼吸は、さまざまな酵素が関わって行われる化学反応である。ホルモン
はさまざまな生体化学反応の調節シグナルとして作用する。

❺ ◯ 正しい記述である。

| | 問題8 | | グルコースを分解してATPを生成する過程は、大きく3つの反応過程に分けられる。その3つの過程の名称、反応過程が行われる細胞の名称、1分子のグルコースから生成されるエネルギーの組合せとして、最も妥当なのはどれか。 |

東京消防庁Ⅱ類2015

	過程の名称	細胞の名称	エネルギー
1	解糖系	細胞質基質	3 ATP
2	解糖系	ミトコンドリア	6 ATP
3	クエン酸回路	ミトコンドリア	3 ATP
4	電子伝達系	細胞質基質	最大32ATP
5	電子伝達系	ミトコンドリア	最大34ATP

解説

正解 ⑤

　細胞に入ったグルコースは、細胞質で解糖系という反応によりピルビン酸に分解され、その結果2ATPが生じる。その後、酸素存在下ではピルビン酸はミトコンドリアに入り、クエン酸回路（2ATP生成）、電子伝達系（34ATP生成）という反応過程によって分解されていき、最終的には水と二酸化炭素にまで分解される。

　以上の反応過程をまとめると以下の反応式のように表され、酸素の存在下では合計38ATPが生成することになる。

　　$C_6H_{12}O_6$（グルコース）＋ $6O_2$ → $6CO_2$ ＋ $6H_2O$ ＋ 38ATP

　また、1分子のグルコースが分解されたときに生成するATP数を反応過程ごとにまとめると以下のようになる。

	場所	生成するATP数
(1)解糖系	細胞質基質	2分子
(2)クエン酸回路	ミトコンドリア	2分子
(3)電子伝達系	ミトコンドリア	34分子

　なお、本問においては「過程の名称」「細胞の名称」「エネルギー」を解答することを求めているが、厳密には「細胞の名称→反応が起こる場所」「エネルギー→ATP数」である。そのように解釈して解答すると、過程の名称：電子伝達系、細胞の名称：ミトコンドリア、エネルギー：最大34ATPとなる組合せが妥当である。

問題9 次の文は、発酵に関する記述であるが、文中の空所A
～Cに該当する語の組合せとして、妥当なのはどれか。

特別区Ⅰ類2018

　微生物が、　A　を使わずに有機物を分解してエネルギーを得る反応を発酵という。　B　は、　A　が少ないときには、アルコール発酵を行い、　C　をエタノールと二酸化炭素に分解してエネルギーを得ている。

	A	B	C
❶	葉緑体	乳酸菌	グルコース
❷	葉緑体	乳酸菌	ATP
❸	酸素	乳酸菌	グルコース
❹	酸素	酵母	ATP
❺	酸素	酵母	グルコース

解説

正解 **5**

第4章
生物

A：酸素

　微生物が、酸素を使わずに有機物を分解してエネルギーを得る反応を発酵という。

B：酵母

　発酵を行う微生物の中でも、アルコール発酵を行うのは酵母菌である。

C：グルコース

　アルコール発酵とはグルコースをエタノールと二酸化炭素に分解する以下のような反応である。

$$C_6H_{12}O_6 \rightarrow 2C_2H_5OH + 2CO_2 + エネルギー（2ATP）$$

　ちなみに、葉緑体は光合成を行う細胞小器官であり、ATP はエネルギーのことである。また、乳酸菌は、乳酸発酵を行い、グルコースから乳酸を作る以下のような反応をする。

$$C_6H_{12}O_6 \rightarrow 2C_3H_6O_3 + エネルギー（2ATP）$$

2　代謝　49

問題10　細胞小器官に関する記述として最も妥当なのはどれか。

国家専門職2018

❶　細胞膜は、主にリン脂質とタンパク質から成り、リン脂質の疎水性の部分を外側、親水性の部分を内側にしてできた二重層に、タンパク質がモザイク状に分布した構造をしている。細胞膜を挟んで物質の濃度に差があるときに、濃度の高い側から低い側に物質を透過させる性質を選択的透過性という。

❷　核は、原核細胞に存在し、細胞の形態や機能を決定する働きをしている。核の内部には染色体や１〜数個の核小体があり、最外層は核膜と呼ばれる二重の生体膜である。染色体は、主にDNAとタンパク質から成り、細胞が分裂していないときには凝集して棒状になっているが、分裂期には核内に分散する。

❸　ミトコンドリアは、内外二重の生体膜でできており、内部に向かって突出している内膜をクリステ、内膜に囲まれた部分をマトリックスという。呼吸の過程は、細胞質基質で行われる解糖系、ミトコンドリアのマトリックスで行われるクエン酸回路、ミトコンドリアの内膜で行われる電子伝達系の３段階に分けられる。

❹　葉緑体は、植物細胞に存在し、内外二重の生体膜で囲まれた内部にチラコイドと呼ばれる扁平な袋状構造を持ち、チラコイドの間をストロマが満たしている。光合成では、葉緑体のストロマで光エネルギーの吸収と二酸化炭素の固定が行われた後、葉緑体のチラコイドで水が分解され、酸素と有機物が生成される。

❺　ゴルジ体は、真核細胞と原核細胞の両方に存在し、二重の生体膜から成る管状の構造をしており、細胞分裂の際に細胞の両極に分かれて微小管を形成するほか、べん毛、繊毛を形成する際の起点となる。ゴルジ体は、一般的に植物細胞には見られないが、コケ植物やシダ植物の一部の細胞などで見られる。

解説

正解 ❸

❶ ✕ 　細胞膜は、リン脂質の疎水性の部分を内側、親水性の部分を外側に向けた構造をとる。選択的透過性は受動輸送と能動輸送があるので、濃度の高い側から低い側とは限らない。

❷ ✕ 　原核生物（原核細胞）に核は存在しない。また染色体は、細胞分裂期以外では核内に分散しているが、分裂期では凝集して棒状になっている。

❸ ◯ 　正しい記述である。

❹ ✕ 　光エネルギーの吸収と水の分解はチラコイド、二酸化炭素の固定はストロマで行われる。

❺ ✕ 　ゴルジ体は原核細胞には存在しない。微小管、べん毛、繊毛形成の起点となる細胞小器官は中心体であり、中心体はコケ植物やシダ植物を含む一般的な植物細胞には見られない。

問題11 生物の代謝に関する記述として最も妥当なのはどれか。

国家一般職2020

① アデノシン三リン酸（ATP）は、塩基の一種であるアデニンと、糖の一種であるデオキシリボースが結合したアデノシンに、3分子のリン酸が結合した化合物であり、デオキシリボースとリン酸との結合が切れるときにエネルギーを吸収する。

② 代謝などの生体内の化学反応を触媒する酵素は、主な成分がタンパク質であり、温度が高くなり過ぎるとタンパク質の立体構造が変化し、基質と結合することができなくなる。このため、酵素を触媒とする反応では一定の温度を超えると反応速度が低下する。

③ 代謝には、二酸化炭素や水などから炭水化物やタンパク質を合成する異化と、炭水化物やタンパク質を二酸化炭素や水などに分解する同化があり、同化の例としては呼吸が挙げられる。

④ 光合成の反応は、主にチラコイドでの光合成色素による光エネルギーの吸収、水の分解とATPの合成、クリステでのカルビン・ベンソン回路から成っており、最終的に有機物、二酸化炭素、水が生成される。

⑤ 酒類などを製造するときに利用される酵母は、酸素が多い環境では呼吸を行うが、酸素の少ない環境では発酵を行い、グルコースをメタノールと水に分解する。このとき、グルコース1分子当たりでは、酸素を用いた呼吸と比べてより多くのATPが合成される。

解説

正解 **2**

❶ ✕ ATP（アデノシン三リン酸）の糖はリボースであり、リン酸どうしの結合が切れるときにエネルギーを放出する。

❷ ◯ 正しい記述でる。

❸ ✕ 同化と異化の記述が逆である。

❹ ✕ 光合成によって生成されるのは有機物と酸素である。なお、反応式は以下の通りである。

$$6CO_2 + 12H_2O + 光エネルギー \rightarrow C_6H_{12}O_6 + 6H_2O + 6O_2$$

❺ ✕ 酵母は酸素のない環境ではグルコースをエタノールと二酸化炭素に分解する。なお、反応式は以下の通りである。

$$C_6H_{12}O_6 \rightarrow 2C_2H_5OH + 2CO_2$$

このとき ATP が 2 分子合成されるが、これは酸素を用いて分解したときよりも少ない。

3 遺伝

遺伝とは親から子へ形質が受け継がれることをいいます。遺伝学は生まれてから160年ほどしか経っていない新しい学問です。ここではDNAの性質や遺伝の法則について見ていきます。

❶ 遺伝情報とDNA

1 生物と遺伝

生物は、それぞれが特有な形や性質を持っている。この特徴を**形質**といい、形質は世代を通じて受け継がれる。これを**遺伝**という。

遺伝する形質を規定する要素を**遺伝子**といい、遺伝子は染色体に含まれている。遺伝子の本体は**DNA**（デオキシリボ核酸）であることが知られている。

2 DNAの構成単位

核酸は、細胞の核に多く含まれる酸性の物質である。第2節で学習したATPと同様に、核酸もヌクレオチドが多数連結した分子である。核酸にはDNAとRNAがあり、DNAを作るヌクレオチドの糖はデオキシリボース、塩基は**アデニン**（A）、**グアニン**（G）、**チミン**（T）、**シトシン**（C）の4種類から構成されている。

これら4種類の塩基は、AはTと、GはCと対になっている。これを**相補性**という。2本のヌクレオチド鎖は、**水素結合**で弱く結合している。

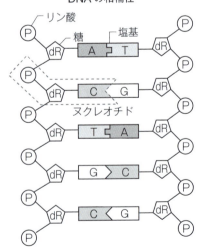

DNAの相補性

3 DNA の二重らせん構造

1953年、アメリカのワトソンとイギリスのクリックによってDNAの**二重らせん構造**モデルが提案された。このモデルはオーストリアのシャルガフが発見した「AとT、CとGの数がそれぞれ等しい」ことを見事に説明したモデルだった。この、AはTと、CはGと同量存在することを**シャルガフの法則**という。

4 原核生物と真核生物の DNA

第1節で学習したとおり、生物は大きく原核生物と真核生物に分けることができるが、原核生物は主に**細菌類**で、原始的な生物が多い。一方、真核生物は動植物をはじめとした原核生物以外の生物を指す。それぞれのDNAの構造やそれぞれの細胞小器官の有無に関して大きな違いがあるので以下にまとめる。

原核生物と真核生物の違い

	原核生物	真核生物	
		植物細胞	動物細胞
DNAの形状	環状2本鎖 （核様体に偏在）	鎖（線）状2本鎖 （核に存在）	鎖（線）状2本鎖 （核に存在）
細胞壁の有無	○	○	×
細胞膜の有無	○	○	○
特徴	リボソームのみ	葉緑体の存在 液胞の存在	中心体の存在※

※シダ植物、コケ植物にも見られる

なお、肉眼では確認できない生物を**微生物**という。

2 遺伝情報の分配

1 細胞の種類

多細胞生物の細胞は**体細胞**と**生殖細胞**に大別される。生殖細胞の中でも、合体により新個体を作り出す細胞を**配偶子**といい、精子や卵のことである。この配偶子による生殖を有性生殖、配偶子によらない生殖を無性生殖という。

体細胞と生殖細胞

	DNA量（相対値）	具体例
体細胞	$2n$	生殖細胞以外の細胞[1]
生殖細胞	n	生殖に関わる細胞（精子、卵、胞子など）

2 染色体

① 染色体

ヒトをはじめとする真核生物の核内DNAはいくつかの断片に分かれていて、それぞれ細長いひも状である。真核生物において、長いDNA分子は**ヒストン**というタンパク質に巻きついて**ヌクレオソーム**を形成し、これが折りたたまれた**クロマチン繊維**という構造をとっている。これが細胞分裂の際に、さらに規則的に集合し太い**染色体**となる。

ヒトをはじめ、多くの真核生物の一つの体細胞には、**形や大きさが同じ染色体が2本ずつある**。この1対の染色体を**相同染色体**という。ヒトの場合**46本**あるため、$2n=46$と表す。このうち、44本は男女に共通して見られ、これを**常染色体**という。残り2本は**性染色体**といい、性の決定に関わる。男性はXY、女性はXXである。

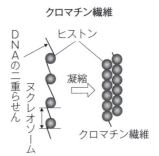

---

[1] ヒトの体細胞はおよそ200種類、37兆個である。

② 染色体とゲノム

　ある生物が持つ染色体にある全遺伝情報を**ゲノム**という。一つの細胞には完全なゲノムが含まれており、本体はDNAである。

　ヒトには約22,000個の遺伝子があり、これは塩基対の総数約30億に対して2％ほどといわれている（遺伝子一つは塩基対一つではなく複数のまとまりである）。

　なおヒトゲノムは、2003年に解読完了が宣言されている。

3 遺伝情報の複製

　細胞は多くの場合、二つに分かれることによって増える。細胞分裂は大きく、体細胞で行われる**体細胞分裂**と、生殖細胞の形成時に行われる**減数分裂**に分けることができる。分裂前の細胞を**母細胞**、分裂によって生じる細胞を**娘細胞**という。

　体細胞分裂の場合、母細胞と娘細胞のDNA塩基配列は同じである。つまり、母細胞において同じ塩基配列を持つDNAが合成されているからである。これをDNAの**複製**という。DNAが複製されるとき、もともとあるDNAを鋳型として複製が行われる。これを**半保存的複製**という。

遺伝情報の複製

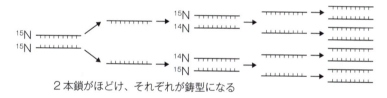

2本鎖がほどけ、それぞれが鋳型になる

4 体細胞分裂

　体細胞分裂によってできたばかりの娘細胞が、再び細胞分裂するまでの周期的な過程を**細胞周期**という。細胞周期は大きく分裂期と間期に分けることができる。

　分裂によって母細胞の持つ染色体と**同じ数・同じ形の染色体を持つ2個の娘細胞**ができる。

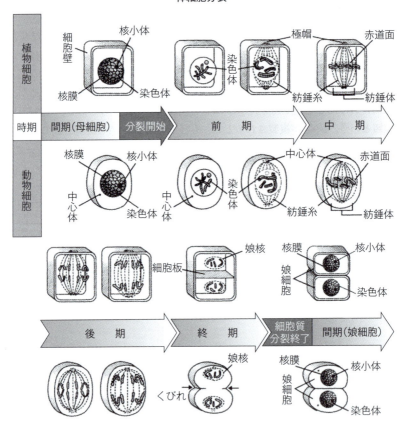

① 分裂期

分裂が行われている時期を**分裂期**(**M期**)といい、さらに詳細に**前期、中期、後期、終期**に分けられる。

分裂期

前期	前期の前半ではDNAが凝縮して染色体となり、後半では核膜と核小体が消失する		
中期	染色体が**細胞中央(赤道面)に横一列に並び**、染色体に中心体から放出された紡錘糸が付着する		
後期	染色体が紡錘糸に引っ張られて、細胞の両極に移動する		
終期	両極の細胞で核膜が再生され、細胞分裂が起こる	動物細胞	細胞質が収縮環によって**くびれてちぎれる**ことで二つに分かれる
		植物細胞	**細胞板**という仕切りが生じて二つに分かれる

② 間　期

分裂期以外を**間期**という。間期にはDNAの複製が行われ、分裂に備えてDNA量が2倍に増加する。

間期もさらに詳細に**DNA合成準備期**(G_1期)、**DNA合成期**(S期)、**分裂準備期**(G_2期)に分けられる。

5 減数分裂

　減数分裂は連続した2回の分裂から構成され、第一分裂と第二分裂との間の間期が省略されて、第一分裂終期から第二分裂前期に連続して移行する。分裂によって**母細胞の半数の染色体を持つ、4個の娘細胞が生じる。**

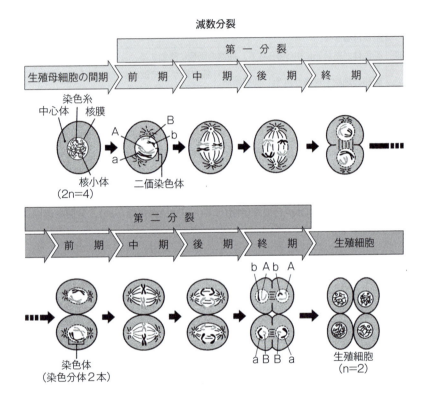

① 染色体の核相

　ヒトの染色体が23対46本であるように、染色体が2セット（2n）であることを**複相**、1セット（n）であることを**単相**という。体細胞は複相であり、配偶子などの生殖細胞は単相である。単相や複相のように、細胞がいくつの対の染色体を持つかで表現される細胞の状態を**核相**という。

　減数分裂においては核相が複相（2n）から単相（n）に減じることになり、結果として生じた配偶子どうしが受精することによって複相となる。

② 第一分裂

　第一分裂の前期に、父母の両方に由来する相同染色体が平行に接着した状態になる。これを**対合**といい、この状態の相同染色体を**二価染色体**という。核分裂後に細胞質分裂が起こり、**染色体の数が半減した2個の細胞になる。**

　二価染色体になっているとき、X字状になっている部分(**キアズマ**)ができ、相同染色体の一部が交換される場合がある。これを染色体の**乗換え(交さ)**という。これによって染色体が持つ遺伝子の組合せがもとの状態と異なったものになる。これを遺伝子の**組換え**という。組換えは遺伝子間の距離が離れているほど起こりやすい。

③ 第二分裂

　第二分裂では**染色体の数を維持したまま4個の細胞に分裂する。**

6 細胞分裂時における DNA 量の変化

　細胞分裂が起こる際には、細胞内のDNA量の変化が起こっている。

　体細胞分裂の場合、細胞分裂の間期には分裂に備えてDNA量が倍増し、細胞が分裂すると1細胞あたりのDNA量は半減してもとに戻る。

　減数分裂の場合、間期に倍増したDNA量は第一分裂で半減してもとに戻り、第二分裂でさらに半減する。

細胞分裂時における DNA 量の変化

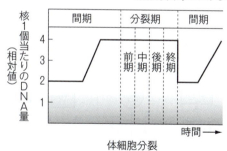
体細胞分裂

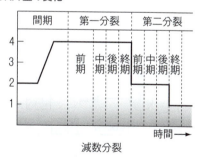
減数分裂

3 遺伝子の発現とタンパク質の合成

　生物にとって、生命活動に必要な情報はDNAに含まれている。この情報をもとに生物はタンパク質を合成する。これを**遺伝子の発現**という。
　遺伝子の発現に際しては、DNAから情報を写し取ったRNAが作られ、これをもとにタンパク質が合成される。この流れは常に一方通行であり、この基本原則を**セントラルドグマ**という。

1 タンパク質

　タンパク質は生命活動において非常に重要な役割を果たし、ヒトでは約10万種あるといわれている。体を構成する主な物質であり、**アミノ酸**を鎖状につなげることによって構成されている。酵素などもタンパク質である。
　タンパク質を作るアミノ酸は20種類あり、並びや数、そして立体構造によってさまざまな機能を備えている。この並び順を**アミノ酸配列**という。

① アミノ酸の基本構造

　アミノ酸は、炭素原子Cにカルボキシ基－COOH、アミノ基－NH_2、水素原子H、側鎖Rが結合した構造をしており、側鎖によって20種類に分類される。
　アミノ酸は隣どうしがカルボキシ基とアミノ基で連結される。これを**ペプチド結合**といい、ペプチド結合でつながったものを**ペプチド**という。アミノ酸が鎖のように長くつながったものを**ポリペプチド鎖**という。

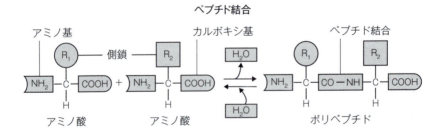

　ポリペプチド鎖のアミノ酸の並びを一次構造、ポリペプチドが部分的に折りたたまれたものを二次構造、ポリペプチド鎖がさらに立体的になったものを三次構造という。さらに三次構造体どうしが複数集まれば、四次構造が形成される。

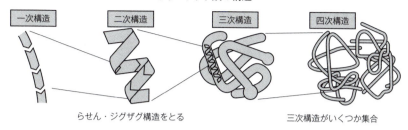

ポリペプチド鎖の構造

らせん・ジグザグ構造をとる　　三次構造がいくつか集合

② **タンパク質の変性**

　タンパク質は立体構造のため、熱によってこれが変形し機能を失ってしまう。これを**変性**という。

2 RNA

　RNA（リボ核酸）は、DNAと同様にヌクレオチドが多数連結した分子である。
　構造は糖としてリボース、塩基としてアデニン(A)、グアニン(G)、**ウラシル**(U)、シトシン(C)の4種類であり、UはAと相補性を持つ。

RNAとDNA

① mRNA

　DNAの塩基配列を写し取り、タンパク質合成の場であるリボソームへ、その情報を伝える役割を持ったRNAを mRNA(伝令RNA)という。

　mRNAの塩基配列は三つで1組をなし、この配列をコドンという(後述)。

② tRNA

　アミノ酸をリボソームに運ぶRNAを tRNA(転移RNA[2])という。

　tRNAはmRNAのコドンを読み取るための塩基配列を持ち、この配列をアンチコドンという。

③ rRNA

　タンパク質と結合してリボソームを形成するRNAを rRNA(リボソームRNA)という。

3 転写と翻訳

① 転　写

　DNAの塩基配列を写し取りながらmRNAが合成される過程を転写という。

　転写は、DNAの一部の塩基対が切れ、2本鎖がほどけて始まる。このほどけた部分からDNAを相補的に読み取ったmRNAが合成される。転写は核内で行われる。

② 翻　訳

　mRNAの塩基配列に基づいてアミノ酸が並べられ、タンパク質が合成される過程を翻訳という。

　塩基三つの配列に対応したアミノ酸が複数つながることでタンパク質となる。翻訳は核外のリボソームで行われる。

2　tRNAの別名は転移RNAと表記されるのが一般的だが、かつての表記である「運搬RNA」を用いた出題も見られるので注意を要する。

4 遺伝暗号

タンパク質を構成するアミノ酸は20種類あるのに対し、DNAやRNAの塩基は4種類しかない。そこで三つの塩基が一組になることで4^3通りとなり、20種類を表現できるようになる。この連続した三つの塩基1組をトリプレットという。

また、mRNA上の連続した三つの塩基配列をコドン（遺伝暗号）といい、コドンには対応したアミノ酸が決まっている。

AUGを開始コドン、UAA、UAG、UGAを終止コドンといい、タンパク質合成の開始・停止を表すコドンとなっている。

コドン（遺伝暗号）

		2文字目							
		U		C		A		G	
1文字目	U	UUU	フェニルアラニン	UCU	セリン	UAU	チロシン	UGU	システイン
		UUC		UCC		UAC		UGC	
		UUA	ロイシン	UCA		UAA	終止コドン	UGA	終止コドン
		UUG		UCG		UAG		UGG	トリプトファン
	C	CUU	ロイシン	CCU	プロリン	CAU	ヒスチジン	CGU	アルギニン
		CUC		CCC		CAC		CGC	
		CUA		CCA		CAA	グルタミン	CGA	
		CUG		CCG		CAG		CGG	
	A	AUU	イソロイシン	ACU	スレオニン	AAU	アスパラギン	AGU	セリン
		AUC		ACC		AAC		AGC	
		AUA		ACA		AAA	リジン	AGA	アルギニン
		AUG	メチオニン（開始コドン）	ACG		AAG		AGG	
	G	GUU	バリン	GCU	アラニン	GAU	アスパラギン酸	GGU	グリシン
		GUC		GCC		GAC		GGC	
		GUA		GCA		GAA	グルタミン酸	GGA	
		GUG		GCG		GAG		GGG	

5 特定の遺伝子の発現

生物が持つDNAは、体中のどの細胞においてもすべて同じである。ところが、動物の体を構成する細胞には多くの種類があり、それぞれの場所でそれぞれに合わせた特定の遺伝子が発現している。

体細胞分裂を繰り返した細胞が、特定の形態や機能を持つようになることで、特定の遺伝子を発現させており、これを分化という。

6 タンパク質合成の詳しい仕組み

① RNA ポリメラーゼ

　転写が起きるとき、核内でDNAの二重らせんの一部が塩基の部分で分かれ、二つの1本鎖DNAとなる。このとき、片方の1本鎖DNAを鋳型に相補的に塩基対を形成していくが、これは**RNAポリメラーゼ**（**RNA合成酵素**）により進行する。

② スプライシング

　真核生物においてRNAは、転写後に不要な部分が切除されると同時に、タンパク質の遺伝情報を持つ部分がつなぎ合わされてmRNAとなる。この過程を**スプライシング**という。

　mRNAに対応するDNAの領域を**エキソン**といい、スプライシングでエキソンに対応する部分がつなぎ合わさる。逆に、スプライシングで取り除かれmRNAに残らない部分を**イントロン**という。

③ 調節遺伝子

　DNAの持つさまざまな遺伝情報は、その発現が調節されている。この調節は、転写でmRNAができる段階が中心である。

　RNAポリメラーゼが結合し、転写が開始される領域を**プロモーター**という。個々の遺伝子の周りに、調節タンパク質が結合できる調節領域があり、調節遺伝子によって発現する。

④ 原核生物における遺伝子発現の調節

　原核生物では、関連する機能を持つ複数の遺伝子が塊として存在している場合がある。このような遺伝子の塊を**オペロン**という。オペロンは一つのプロモーターによって転写が調節され、1本のmRNAとして転写される。

　プロモーターの近くに**オペレーター**といわれる調節領域があり、このオペレーターに調節タンパク質が結合して、オペロンの転写が調節（制御）される。

　例えば大腸菌では、培地にラクトース（乳糖）だけが含まれていると、これを分解してグルコースを生成する酵素が作られるが、ラクトースがなければこの酵素は作られない。このときに調節されるオペロンをラクトースオペロンといい、まとめて転写の調節を受ける。

第4章　生　物

⑤ 真核生物における遺伝子発現の調節

真核生物では**基本転写因子**というタンパク質が転写に必要である。転写の調節にはさまざまなパターンがあり、少ない調節遺伝子で多くの発現を調節している。

ユスリカやショウジョウバエなどの幼虫の、だ液を分泌する細胞の染色体は他の細胞の分裂中期の染色体の200倍ほどの大きさがある。この染色体を**唾腺染色体**といい、普通の染色体よりはるかに観察しやすい。唾腺染色体を観察すると膨らんでいる部分があり、これを**パフ**という。パフでは転写が活発に行われている(DNAがほどけているといえる)。

⑥ アポトーシスとネクローシス

ある段階で細胞が死ぬように予定されているものを**プログラム細胞死**という。これは、発生過程における形態の形成に重要な役割を果たしている。プログラム細胞死の多くは、染色体が凝集し細胞が委縮して断片化する過程を経る。これを特に**アポトーシス**という。

また、体の一部を構成する細胞が損傷などにより死滅したものを**ネクローシス(壊死)**という。

⑦ 遺伝子を扱った技術

(ア) 遺伝子組換え

細胞や組織を人工的に培養したり、遺伝子に操作を加えたりする技術を**バイオテクノロジー**という。その中でも、遺伝子の新しい組合せを作るものを**遺伝子組換え**という。

DNAの、ある特定の塩基配列を切断する酵素を**制限酵素**という。遺伝子組換えでは**DNAリガーゼ**というDNA鎖の末端を連結させる酵素を用いて、切断した部分を連結させることができる。

大腸菌には**プラスミド**という環状DNAがある。プラスミドは菌体内で増殖でき、大腸菌から取り出し目的の遺伝子を組み込んで戻すことができる。このようなものを**ベクター**と呼ぶ。

(イ) PCR法

PCR法(ポリメラーゼ連鎖反応法)は、試験管内で、特定のDNA領域を高温にすることによって多量に増幅することができる。

ごく微量の検体を増幅させることができるため、体内に潜む細菌やウイルスを検出したりする検査などに用いられている。

3 遺伝　67

(ウ) 電気泳動

DNAは負の電荷を帯びているため、電圧をかけると断片を分離することができる。これを**電気泳動**といい、塩基数の少ないDNAほど、寒天ゲル内を速く移動する。この性質により分離できる。

4 メンデル遺伝の法則

オーストリアのメンデルは、エンドウマメを用いて2個体間で受精を行うという交配実験を繰り返した。その結果は1865年に「植物の雑種に関する実験」として発表された。

代々、親と同じ形質の個体ができるものを**純系**といい、メンデルの交配実験は純系の植物を用いて行われた。

1 メンデル遺伝の3法則

① 優性の法則

形質の中でも、二重まぶたと一重まぶたのように同時に現れない形質を**対立形質**という。対立形質を持つ純系どうしを交配させると、その子には**一方の形質だけが現れる**。これを**優性の法則**という。子に現れた形質を**優性**(顕性)、現れなかった形質を**劣性**(潜性)という。

このとき、純系どうしを交配させてできた子を、F_1(雑種第1代)という[3]。

② 分離の法則

対立形質を支配する相同染色体上にある遺伝子は、**別々の配偶子に分配される**。これを**分離の法則**という(「Aa」ならば、それぞれAとaが別々の配偶子に入る)。

③ 独立の法則

異なる染色体にある各対立遺伝子は**それぞれ独立に行動して配偶子に入る**。これを**独立の法則**という(対立遺伝子は、遺伝子Aと遺伝子Bという別の種類の遺伝子であり、かつ別の染色体にある遺伝子なので、これらの遺伝子は互いに影響せず、独立に動く)。

---

3 優性や劣性は、優れている／劣っているという価値判断に基づいているわけではなく、あくまでも、ヘテロ接合となったときにどちらの遺伝子が優先して表に出るのかということにすぎない。日本遺伝学会の提言により、優性は「顕性」、劣性は「潜性」という用語に変更されている。また、「F」はラテン語で子を表す「Filius」に由来する。

第4章 生物

2 遺伝子型と表現型

　染色体のどの位置にどのような遺伝子があるかは染色体ごとに決まっており、この位置を**遺伝子座**という。ある遺伝子座の遺伝子は個体間で少し異なっている場合があり、これを**対立遺伝子**という。対立遺伝子のうち、優性形質を発現させるものを**優性遺伝子**、劣性形質を発現させるものを**劣性遺伝子**という。

　ある形質の発現が、1組の対立遺伝子A（優性）とa（劣性）によってもたらされるとすると、これらの組合せはAA、Aa、aaの3通りがあり得る。このような遺伝子の組合せを**遺伝子型**という。このうち、同じ遺伝子の組合せ（AAとaa）を**ホモ接合体**、異なる遺伝子の組合せ（Aa）を**ヘテロ接合体**という。このとき、ヘテロ接合体では優性が現れる。このように実際に現れた形質を**表現型**という。

3 自家受精

　同じ遺伝子を持つものどうしを掛け合わせることを**自家受精**という。特に植物において、同一個体の雌雄を掛け合わせる交配は起こりやすい。

　雑種第一代F_1は、純系の親どうしの交雑（AA×aa）で生まれるので、F_1は必ずヘテロ接合Aaになっている。なお、雑種第一代F_1の自家受精により生じる子どもを雑種第二代F_2という。

4 一遺伝子雑種の実験例

「エンドウの種子の形」という形質には、丸形としわ形という対立形質がある。種子の形が丸形である純系個体と、しわ形である純系個体を親（P）として交配すると雑種第一代（F_1）の表現型はすべて丸形になった。F_1どうしを交配（自家受精）すると、雑種第二代（F_2）の表現型は、丸形：しわ形＝3：1となった。

図はF_1どうしの交配によって得られるF_2の遺伝子型を表したものである。

一遺伝子雑種の交配結果

父 / 母	A	a
A	AA	Aa
a	Aa	aa

この実験例では、F_1はすべて丸形になった。ここから、丸型が優性であり、優性形質だけがF_1に現れるという優性の法則が確認できる。

また、F_2の表現型が3：1の比に分かれたのは、F_1が配偶子を作るときに、F_1の持つ遺伝子対が1：1に分離し、別々の配偶子に入ったからであり、分離の法則が確認できる。

5 二遺伝子雑種の実験例

エンドウの「種子の形」と「子葉の色」というように、2種類の形質に注目して交配実験を行う。種子の形が丸形で子葉の色が黄色の純系個体と、種子の形がしわ形で子葉の色が緑色の純系個体を親として交配すると、F_1はすべて【丸形・黄色】の形質を表す。F_1どうしを交配すると、F_2の表現型は次のようになる。

【丸形・黄色】：【丸形・緑色】：【しわ形・黄色】：【しわ形・緑色】

$$=9：3：3：1$$

F_2の表現型は、2種類の対立形質の組合せになっている。

図はF_1どうしの交配によって得られるF_2の遺伝子型を表したものである。

二遺伝子雑種の交配結果

父／母	AB	Ab	aB	ab
AB	AABB	AABb	AaBB	AaBb
Ab	AABb	AAbb	AaBb	Aabb
aB	AaBB	AaBb	aaBB	aaBb
ab	AaBb	Aabb	aaBb	aabb

この実験例の結果は、F_1の配偶子が形成されるとき、各対立形質の遺伝子A（a）とB（b）が互いに影響することなく独立して行動し、組み合わされて配偶子が形成されるからであり、独立の法則が確認できる。ただし、独立の法則は、各対立遺伝子が**それぞれ異なる染色体上**にある場合にのみ成立する。

3 遺伝 71

5 さまざまな遺伝

遺伝において、一見すると優性の法則に従わないように見えるものがいくつかある。特に遺伝現象名および原因遺伝子の名称と、その遺伝現象で生じるF₁やF₂での比率が試験で問われることが多い。

1 不完全優性

マルバアサガオやオシロイバナの花の色を支配する遺伝子(赤色遺伝子Aと白色遺伝子a)においては、Aa遺伝子を持つ個体は赤と白の中間の色である桃色になる。よって、F₂では、赤色(AA)：桃色(Aa)：白色(aa)＝1：2：1となる。

このように中間的な形質を有する個体が生じるのは、赤色遺伝子Aと白色遺伝子aの間で優劣の関係が不完全であるためであり、こうした遺伝現象を不完全優性という。

オシロイバナの不完全優性

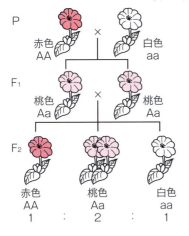
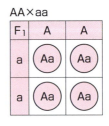

2 致死遺伝子

ハツカネズミの毛の色を支配する遺伝子において、黄色遺伝子Yは黒色遺伝子yに対して優性である。しかし、毛色の遺伝子がヘテロである個体どうしを掛け合わせて生まれる子どもの比率は**黄色：黒色＝2：1**となる。これは、YYが致死作用を現し、この遺伝子を持つ個体は出生前に死ぬためである。このように、**ホモ接合になると致死作用を現す遺伝子**を**致死遺伝子**という。

ハツカネズミの致死遺伝子

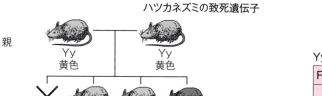

3 複対立遺伝子（ヒト ABO 式血液型）

　ヒトのABO式血液型にはA型、B型、O型、AB型の4種類があり、これはA型遺伝子、B型遺伝子、O型遺伝子の三つの対立遺伝子によって支配されている。このように一つの形質に対して複数の対立遺伝子が存在する遺伝子を**複対立遺伝子**という。

　AとBはOに対して優性であり、AとBの間には優劣の関係はない（A＝B＞O）。

ヒト ABO 式血液型の複対立遺伝子

表現型	A型		B型		AB型	O型
遺伝子型	AA	AO	BB	BO	AB	OO

AA×BB

	A	A
B	AB	AB
B	AB	AB

AA×BO

	A	A
B	AB	AB
O	AO	AO

AO×BB

	A	O
B	AB	BO
B	AB	BO

AO×BO

	A	O
B	AB	BO
O	AO	OO

4 補足遺伝子

スイートピーの花の色には白色と紫色がある。この花は、色素原を作る遺伝子Cと色素原から色素を作る遺伝子Pを持ち、これらの遺伝子が**共存するときにのみ紫色の花をつける**。ある形質を発現するのに**複数の遺伝子が補い合ってはたらくとき**、それぞれの遺伝子を補足遺伝子という。

白の花をつける純系の親どうしの交配（CCpp×ccPP）ではすべて紫のF_1（CcPp）が生まれ、このF_1の自家受精（CcPp×CcPp）から生まれるF_2の比率は、紫：白＝9：7となる。なお、F_1の自家受精による配偶子の組合せは次のとおりになる（計算は不要）。

スイートピーの補足遺伝子

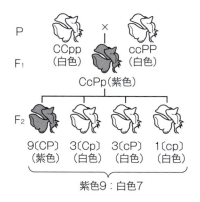

5 条件遺伝子

カイウサギやハツカネズミに見られる遺伝で、2対の対立遺伝子のうち、一方の優性遺伝子は独立に発現するが、もう一方の遺伝子は**前者の発現が存在する場合にのみ発現する**ような遺伝子を条件遺伝子という。C（黒色）が独立で発現する遺伝子、E（灰色）はCの発現を前提とする遺伝子であると考えると、CEは灰色、Ceは黒色、cE、ceは白色となり、灰色：黒色：白色＝9：3：4となる。

6 抑制遺伝子

カイコガに見られる遺伝で、白のまゆを作るカイコガ(IIyy)と黄色のまゆを作るカイコガ(iiYY)を交配するとF₁(IiYy)はすべて白色のまゆとなる。このF₁の自家受精(IiYy×IiYy)から生まれるF₂のまゆの色の比率は**白：黄色=13：3**となる。

これは、黄色を発現する遺伝子Yに対して遺伝子Iが抑制的に作用するためである。このように、**ある遺伝子のはたらきを抑制する**遺伝子Iのような遺伝子を**抑制遺伝子**という。

カイコガの抑制遺伝子

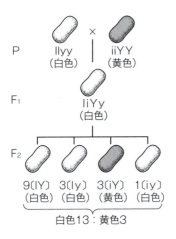

7 伴性遺伝

　ヒトの性染色体は男性でXY、女性でXXである。よって、X染色体上に劣性遺伝子がある場合、男性であれば表現型は劣性形質になるが、女性の場合、両方のXに劣性遺伝子があって初めて劣性形質となる。このように、**性染色体上にある遺伝子による遺伝**を**伴性遺伝**といい、**雌雄によって形質の現れ方が異なる**という特徴がある。

　例えば、ヒトの色覚異常は男性では多いのに対して、女性ではあまり見られない。これは、色覚異常に関する遺伝子がXY染色体のX染色体に存在しており、劣性の伴性遺伝によって伝わるからである。

　ヒト以外には、**キイロショウジョウバエの白眼**などがある。

ヒトの伴性遺伝

ⓐ: 色覚異常遺伝子（劣性）を持つX染色体
　　女性は、aをホモに持つ場合にだけ発現する

6 その他の遺伝現象

1 検定交雑

　丸形の遺伝子をA、しわ形の遺伝子をaとすると、AAやAaのときは丸型になる。表現型は、見た目で遺伝子の組合せがわからないので、ここに劣性のホモ接合を交配させて、そこでできた子孫から遺伝子型を判別する。この方法を**検定交雑**という。

　純系の丸型の場合はすべて丸型になるが(表左)、ヘテロ丸型の場合は1：1で丸としわが現われる(表右)。このでき方によって遺伝子型がわかる。

検定交雑による遺伝子型の判別

AA×aa		
F	A	A
a	(Aa)	(Aa)
a	(Aa)	(Aa)

Aa×aa		
F	A	a
a	(Aa)	(aa)
a	(Aa)	(aa)

2 連　鎖

　一つの染色体に二つ以上の遺伝子が存在する場合を**連鎖**という。連鎖している複数の遺伝子は、減数分裂の際に伴って移動するため、メンデルの独立の法則が成り立たない。

3 染色体地図

　各遺伝子が染色体のどのような位置にあるのかを示したものを**染色体地図**という。特に、実際の遺伝子の染色体上の位置を表す染色体地図を**細胞学的地図**という。これに対して、互いに**組換え**が起こったときの染色体地図を**遺伝学的地図**という。

4 選択的遺伝発現

　多細胞生物は、それぞれの細胞の機能が分化しており、細胞(組織・器官)ごとに異なる遺伝子を発現している。これを選択的遺伝発現という。

　なお、細胞機能維持に共通なRNAなどは、どの細胞でも発現する。

過去問 Exercise

問題1 次の文は、DNAの構造に関する記述であるが、文中の空所A～Cに該当する語の組合せとして、妥当なのはどれか。

特別区Ⅰ類2020

DNA は、リン酸と糖と塩基からなるヌクレオチドが連なったヌクレオチド鎖で構成される。DNA を構成するヌクレオチドの糖は　A　であり、塩基にはアデニン、　B　、　C　、シトシンの4種類がある。DNA では、2本のヌクレオチド鎖は、塩基を内側にして平行に並び、アデニンが　B　と、　C　がシトシンと互いに対になるように結合し、はしご状になり、このはしご状の構造がねじれて二重らせん構造となる。

	A	B	C
1	デオキシリボース	ウラシル	グアニン
2	デオキシリボース	グアニン	チミン
3	デオキシリボース	チミン	グアニン
4	リボース	グアニン	チミン
5	リボース	チミン	ウラシル

80　第4章　生　物

解説

正解 **3**

A：デオキシリボース

DNAを構成するヌクレオチドの糖はデオキシリボースである。

B：チミン

DNAを構成するヌクレオチドの塩基のうち、アデニンと対になるように結合するのはチミンである。

C：グアニン

DNAを構成するヌクレオチドの塩基のうち、シトシンと対になるように結合するのはグアニンである。

問題2 次は遺伝子に関する記述であるが、ア、イ、ウに入るものの組合せとして最も妥当なのはどれか。

国家一般職2011

遺伝子の本体であるDNAは4種類の構成要素からできており、それらが多数つながった長い鎖状になっている。4種類の構成要素は、A（アデニン）、 **ア** 、G（グアニン）、C（シトシン）という符号で表される。その要素は互いに **イ** し、ねじれた2本鎖としてつながった二重らせん構造になっている。

ある生物のDNAを解析したところ、A（アデニン）がC（シトシン）の2倍量含まれていることが分かった。このDNA中の推定されるG（グアニン）の割合はおよそ **ウ** ％である。

	ア	イ	ウ
①	T（チミン）	共有結合	33.3
②	T（チミン）	水素結合	16.7
③	T（チミン）	水素結合	33.3
④	U（ウラシル）	共有結合	33.3
⑤	U（ウラシル）	水素結合	16.7

解説

正解 **2**

ア：T（チミン）

　DNAを構成するヌクレオチドの塩基はアデニン、チミン、グアニン、シトシンの4種類である。

イ：水素結合

　DNAを構成する2本のヌクレオチド鎖は、水素結合で弱く結合している。

ウ：16.7

　塩基どうしの結合は、A－T、G－Cと相補的に決まっているので、AとTの分量、GとCの分量はそれぞれが等しい。よって、4種類の塩基の分量比は、

　　A：T：G：C＝2：2：1：1

となる。よって、$100 \times \dfrac{1}{6} \fallingdotseq 16.7\%$である。

問題3　　大腸菌とヒトの染色体DNAの構造に関する記述として最も適当なものはどれか。

裁判所一般職2015

1　大腸菌もヒトも、ともに2本鎖の線状DNAである。

2　大腸菌もヒトも、ともに2本鎖の環状DNAである。

3　大腸菌は2本鎖の線状DNAであり、ヒトは2本鎖の環状DNAである。

4　大腸菌は2本鎖の環状DNAであり、ヒトは2本鎖の線状DNAである。

5　大腸菌は1本鎖の環状DNAであり、ヒトは2本鎖の線状DNAである。

解説

正解 4

大腸菌は原核生物に該当するため、染色体 DNA の構造は環状 2 本鎖である。

ヒトは真核生物に該当し、動物細胞を持つため、染色体 DNA の構造は鎖状 2 本鎖（線状 2 本鎖）である。

問題4 体細胞分裂に関する記述として、最も妥当なのはどれか。

東京消防庁Ⅰ類2019

1 分裂期は、前期・中期・後期・終期の4期に分けられ、終期に染色体が赤道面に並ぶ。

2 体細胞分裂が始まってから、その分裂が終了するまでの過程を細胞周期という。

3 体細胞分裂によって生じた細胞の染色体の数は、元の細胞の染色体の数の半分である。

4 間期はDNA合成準備期(G_1期)・DNA合成期(S期)・分裂準備期(G_2期)に分けられる。

5 体細胞分裂の過程は、最初に細胞質分裂が起こり、続いて核分裂が起こる。

解説

正解 **4**

❶ ✕　染色体が赤道面に並ぶのは中期であり、終期は細胞質分裂が起こる。

❷ ✕　分裂期と間期を合わせたものが細胞周期であり、本説明は分裂期のみを指す。

❸ ✕　体細胞分裂では、1個の母細胞から同じ染色体数を持つ2個の娘細胞が生じるので、染色体の数は変わらず、もとと同じである。

❹ ◯　正しい記述である。

❺ ✕　体細胞分裂の過程は、最初に核分裂が起こり、最後に細胞質分裂が起こる。

問題5 DNAに関するA～Dの記述のうち、妥当なものを選んだ組合せはどれか。

特別区Ⅰ類2017

A 翻訳とは、2本のヌクレオチド鎖がそれぞれ鋳型となり、元と同じ新しい2本鎖が2組形成される方法である。

B DNAの塩基には、アデニン（A）、チミン（T）、グアニン（G）、シトシン（C）の4種類がある。

C 核酸には、DNAとRNAがあり、DNAはリン酸、糖、塩基からなるヌクレオチドで構成されている。

D 転写とは、RNAの塩基配列がDNAの塩基配列に写し取られることである。

1 A B
2 A C
3 A D
4 B C
5 B D

解説

正解 **4**

A ✗ 　翻訳とは、mRNAの塩基配列をもとにリボソームにおいてタンパク質が合成されることである。

B ◯ 　正しい記述である。

C ◯ 　正しい記述である。

D ✗ 　転写とは、DNAの塩基配列がRNAの塩基配列に写し取られることである。本記述の内容である、RNAの塩基配列がDNAの塩基配列に写し取られることを逆転写といい、HIVなどの一部のウイルスがこれを行うが、一般的には見られない。

> **問題6** バイオテクノロジーに関する記述として最も妥当なのはどれか。

> 国家一般職2017

❶ ある生物の特定の遺伝子を人工的に別のDNAに組み込む操作を遺伝子組換えという。遺伝子組換えでは、DNAの特定の塩基配列を認識して切断する制限酵素などが用いられる。

❷ 大腸菌は、プラスミドと呼ばれる一本鎖のDNAを有する。大腸菌から取り出し、目的の遺伝子を組み込んだプラスミドは、試験管内で効率よく増やすことができる。

❸ 特定のDNA領域を多量に増幅する方法としてPCR法がある。初期工程では、DNAを一本鎖にするため、$-200℃$程度の超低温下で反応を行う必要がある。

❹ 長さが異なるDNA断片を分離する方法として、寒天ゲルを用いた電気泳動が利用される。長いDNA断片ほど強い電荷を持ち速く移動する性質を利用し、移動距離からその長さが推定できる。

❺ 植物の遺伝子組換えには、バクテリオファージというウイルスが利用される。バクテリオファージはヒトへの感染に注意する必要があるため、安全性確保に対する取組が課題である。

解説

正解 **1**

① ○ 正しい記述である。

② ✕ プラスミドは2本鎖DNAである。

③ ✕ PCR法の初期工程は、DNAを95℃程度の高温で一乖離させることが行われる。

④ ✕ 電気泳動は、質量が大きい試料のほうが移動速度は遅くなる。

⑤ ✕ 植物への遺伝子組換えには、アグロバクテリウムと呼ばれる土壌細菌を用いるのが一般的である。なおバクテリオファージとは細菌に感染するウイルスのことであり、細菌以外の生物には感染しない。

問題7 遺伝情報やその調節に関する記述として、最も妥当なのはどれか。

東京消防庁Ⅰ類2019

1 真核生物では、DNAの転写、RNAのスプライシング、mRNAの翻訳は全て核内で行われ、スプライシングにより、mRNAの塩基配列に対応しないイントロンが切り取られる。

2 大腸菌などの原核生物では、培地にラクトースがない場合、調節タンパク質がDNAのプロモーターに結合することでラクトース分解酵素遺伝子群がRNAに転写されなくなる。

3 ショウジョウバエの唾液腺染色体に見られる横縞は遺伝子の存在する場所であり、遺伝子が活性化されて転写が盛んに行われている際には、横縞にあるDNAがほどけて膨らんでいる。

4 ネクローシスとは遺伝情報にプログラムされた能動的な細胞死のことで、動物の発生における形態形成に重要であり、損傷などで細胞が死ぬアポトーシスと区別される。

5 制限酵素で断片化されたDNAと大腸菌のプラスミドをDNAリガーゼでつなぎ合わせ、大腸菌に導入し、目的のタンパク質をつくる遺伝子をクローニングする方法をPCR法という。

解説

正解 **3**

❶ ✕　転写とスプライシングは核内だが、翻訳は核外で行われる。

❷ ✕　オペレーターによって調節される。

❸ ◯　正しい記述である。

❹ ✕　アポトーシスとネクローシスの説明が逆である。

❺ ✕　PCR法ではなく遺伝子組換えについての説明である。

問題8 次の文は、遺伝の法則に関する記述であるが、文中の空所A～Dに該当する語又は語句の組合せとして、妥当なのはどれか。

特別区Ⅰ類2009

エンドウの種子の形が丸形としわ形の純系の親を交雑して得た雑種第一代では、丸形だけが現れる。このように、雑種第一代において両親のいずれか一方の形質だけが現れることを　A　といい、雑種第一代で現れる形質を　B　形質、現われない形質を　C　形質という。

この雑種第一代どうしを自家受精して得られた雑種第二代では、丸形としわ形が　D　の比で現れる。

	A	B	C	D
1	分離の法則	優性	劣性	2：1
2	分離の法則	独立	分離	2：1
3	優性の法則	優性	劣性	2：1
4	優性の法則	独立	分離	3：1
5	優性の法則	優性	劣性	3：1

94　第4章　生　物

解説

正解 ⑤

　雑種第一代において両親のいずれか一方の形質だけが現れることを優性の法則（**A**）という。また、雑種第一代で現れる形質を優性形質（**B**）といい、現れない形質を劣性形質（**C**）という。

　本問では、雑種第一代の種子の形が丸形となったので、丸形が優性形質となり、親は純系であるので、優性遺伝子をR、劣性遺伝子をrとすると、親の遺伝子型はそれぞれ、丸形がRR、しわ形がrrとなる。よって、丸形RRの配偶子はR、しわ形rrの配偶子はrであるので、雑種第一代の丸形の遺伝子型はRrとなる。

　さらに、この雑種第一代どうしを自家受精すると、雑種第二代の遺伝子型の発生比率は表より以下のとおりとなる。

　　RR：Rr：rr＝1：2：1

	R	r
R	RR	Rr
r	Rr	rr

　よって、遺伝子型RR、Rrは丸形、rrはしわ形となるので、丸形としわ形は3：1（**D**）の比で現れる。

3　遺伝　95

問題9	赤色の花のマルバアサガオと白色の花のマルバアサガオとを交雑させると、次の世代にはすべて桃色の花が咲く。この桃色の花のマルバアサガオを自家受精させた場合に、次の世代に咲くマルバアサガオの花の色とその割合として、妥当なのはどれか。

東京都Ⅰ類2014

1 　全部桃色の花が咲く。

2 　赤色の花1、白色の花1の割合で咲く。

3 　赤色の花1、桃色の花1、白色の花1の割合で咲く。

4 　赤色の花1、桃色の花2、白色の花1の割合で咲く。

5 　赤色の花2、桃色の花1、白色の花2の割合で咲く。

解説

正解 **4**

　赤色の花のマルバアサガオと白色の花のマルバアサガオとを交雑させると、次の世代にはすべて桃色の花が咲く。これは、赤色を発現する遺伝子と白色を発現する遺伝子の優劣関係が不完全なために起こる現象で、このような遺伝子間の関係を不完全優性という。桃色の花のように、両親の中間の形質を表すものを中間雑種という。

　中間雑種である桃色の花を自家受精させると、赤色：桃色：白色＝１：２：１となり、遺伝子型と表現型が一致する。

問題10

毛色が黄色のハツカネズミどうしを交配した。このハツカネズミの遺伝子Yは毛色を黄色にする優性遺伝子で、同時に劣性の致死遺伝子でもある。また、Yの対立遺伝子である遺伝子yは毛色を黒色にする劣性遺伝子である。このとき、生まれる子ネズミの毛色ごとの個体数の比率として最も妥当なのはどれか。

国家一般職2009

黄色：黒色

1 　1　：　1

2 　1　：　2

3 　2　：　1

4 　3　：　1

5 　3　：　2

解説

正解 **3**

　毛色を黄色にする遺伝子Yは、YYとなったとき致死作用を現すため、出生する個体の比率は黄色（Yy）：黒色（yy）＝2：1となる。

問題11 ABO式血液型がB型の母親から生れた娘XにはA型の妹がいる。XがA型の男性と結婚して、AB型とO型の2人の子どもを生んだとする。Xの父親の血液型を遺伝子型で表現したとき、可能性があるものだけの組み合わせはどれか。

警視庁Ⅰ類2008

1　AAまたはAB

2　AAまたはAO

3　AAまたはOO

4　AOまたはAB

5　AOまたはOO

解説

正解 **4**

　Xが A 型（遺伝子型は AA か AO）の男性と結婚し、AB 型（遺伝子型は AB）の子どもができたので、X の遺伝子型にはBが含まれていなければならず、さらに、O 型（遺伝子型は OO）の子どもができたので、X の遺伝子型にはOが含まれていなければならない。以上より、X の遺伝子型は BO で B 型と決まる。

　次に、X の母親は B 型（遺伝子型は BB か BO）であり、X は B 型（遺伝子型は BO）、妹は A 型（遺伝子型は AA か AO）であることより、X の父親の遺伝子型にはAが含まれていなくてはならない。ここで、選択肢を見ると X の父親の遺伝子型の候補は AA、AB、AO、OO であるが、X の父親の遺伝子型にはAが含まれていなくてはならないので、X の父親の遺伝子型が AA の場合、AB の場合、AO の場合について考える。

❶　X の父親の遺伝子型が AA の場合

　母親の遺伝子型は BB か BO なので、できる子どもは遺伝子型 AB の AB 型か、遺伝子型 AO の A 型のみである。しかし、X が遺伝子型 BO の B 型なので不可となる。

❷　X の父親の遺伝子型が AB の場合

　母親の遺伝子型は BB か BO なので、できる子どもは遺伝子型 AB の AB 型か、遺伝子型 AO の A 型か、遺伝子型 BB の B 型か、遺伝子型 BO の B 型のみである。よって、遺伝子型 BO の X と A 型の妹は生まれる可能性がある。

❸　X の父親の遺伝子型が AO の場合

　母親の遺伝子型は BB か BO なので、できる子どもは遺伝子型 AB の AB 型か、遺伝子型 AO の A 型か、遺伝子型 BO の B 型か、遺伝子型 OO の O 型のみである。よって、遺伝子型 BO の X と A 型の妹は生まれる可能性がある。

問題12 次は、スイートピーの花の色に関する記述であるが、ア、イに入るものの組合せとして最も妥当なのはどれか。

国家専門職2006

「スイートピーの花の色には2種類の対立遺伝子CとC、Pとpが関係しており、これらは独立の法則に従って遺伝する。CとPの両方の優性遺伝子をもつ個体だけが有色の花をつけ、それ以外は白色の花をつける。

遺伝子型がCCppの白色の花と遺伝子型がccPPの白色の花を交配し、雑種第一代（F_1）についてその花の色を調べたところ、有色：白色の比は　ア　であった。

次に、F_1を自家受精させて雑種第二代（F_2）の花の色を調べたところ、F_2における有色：白色の比は　イ　であった。」

	ア	イ
1	1：0	3：1
2	1：0	9：7
3	1：1	3：1
4	1：1	9：7
5	1：1	13：3

解説

正解 **2**

第4章 生物

ア：1：0

　白い花をつける純系の親どうしの交配（CCpp×ccPP）では、すべて有色の子（F_1）が生まれる。したがって、有色：白色の比は1：0となる。

イ：9：7

　上記のF_1どうしの交配（CcPp×CcPp）から生まれる子においての有色：白色の比は9：7となる。

3　遺伝　103

問題13

遺伝の法則に関する記述として最も妥当なのはどれか。

国家一般職2016

① メンデルの遺伝の法則には、優性の法則、分離の法則、独立の法則があり、そのうち独立の法則とは、減数分裂によって配偶子が形成される場合に、相同染色体がそれぞれ分かれて別々の配偶子に入ることをいう。

② 遺伝子型不明の丸形（優性形質）の個体（AA又はAa）に劣性形質のしわ形の個体（aa）を検定交雑した結果、丸形としわ形が１：１の比で現れた場合、遺伝子型不明の個体の遺伝子型はAaと判断することができる。

③ 純系である赤花と白花のマルバアサガオを交配すると、雑種第一代（F_1）の花の色は、赤色：桃色：白色が１：２：１の比に分離する。このように、優劣の見られない個体が出現する場合があり、これは分離の法則の例外である。

④ ヒトのABO式血液型について、考えられ得る子の表現型（血液型）が最も多くなるのは、両親の遺伝子型がAO・ABの場合又はBO・ABの場合である。また、このように、一つの形質に三つ以上の遺伝子が関係する場合、それらを複対立遺伝子という。

⑤ ２組の対立遺伝子A、aとB、bについて、Aは単独にその形質を発現するが、BはAが存在しないと形質を発現しない場合、Bのような遺伝子を補足遺伝子といい、例としてカイコガの繭の色を決める遺伝子などが挙げられる。

解説

正解 **2**

1 ✕　本肢は分離の法則の説明である。

2 ◯　正しい記述である。

3 ✕　不完全優性の性質は、分離の法則ではなく優性の法則の例外である。

4 ✕　AO・ABの両親とBO・ABの両親からは、ともにA型、B型、AB型の3種類の血液型の子どもが生まれる可能性があるが、AO・BOの両親からはA型、B型、O型、AB型のすべての血液型の子どもが生まれる可能性がある。

5 ✕　本肢は条件遺伝子についての説明である。なお、カイコガの繭の色を決める遺伝子は抑制遺伝子である。

問題14 遺伝子と染色体に関する記述として、妥当なのはどれか。

東京都Ⅰ類2018

1 同一の染色体にある複数の遺伝子が、配偶子の形成に際して行動をともにする現象を連鎖といい、連鎖には独立の法則が当てはまらない。

2 染色体の一部が入れ換わることを染色体の組換えといい、組換えは染色体にある二つの遺伝子間の距離が離れているほど起こりにくい。

3 染色体に存在する遺伝子の配列を図に示したものを染色体地図といい、細胞学的地図と比べると、遺伝子の配列に一致する部分がなく、配列の順序が逆に示される。

4 雌雄の性決定に関与する染色体を性染色体といい、性染色体はX染色体、Y染色体及びZ染色体の3種類の組合せでできており、ヒトの性決定は雌ヘテロ型のXY型に分類される。

5 遺伝子が性染色体に存在するため雌雄で形質の伝わり方が異なる遺伝のことを選択的遺伝子発現といい、選択的遺伝子発現の例として、染色体の減数分裂が挙げられる。

106 第4章 生物

解説

正解 ①

❶ ◯ 正しい記述である。

❷ ✕ 組換えは、遺伝子間の距離が離れているほど起こりやすい。

❸ ✕ 染色体地図は組換え価をもとに作られた遺伝子の地図であり、細胞学的地図は実際の遺伝子の染色体上の位置を表す地図である。染色体地図と細胞学的地図は、遺伝子配列の順序は一致しているが遺伝子間の距離は一致しない。

❹ ✕ ヒトの性決定は、雄がヘテロ型のXY型に分類される。なお雌は、ホモ型のXX型である。

❺ ✕ 遺伝子が性染色体に存在するため雌雄で形質の伝わり方が異なる遺伝のことを伴性遺伝という。選択的遺伝子発現とは、細胞ごとに異なる遺伝子が発現する現象である。

★★☆

4 生殖と発生

生殖とは生物が新個体を作り出す仕組みであり、発生とは受精卵から成長した個体になるまでの過程をいいます。いくつかの種類に分かれますので、種類ごとの共通点と相違点を意識しましょう。

1 有性生殖と無性生殖

生物が種を維持するための仕組みが生殖である。有性生殖と無性生殖に大別される。

1 有性生殖

2種類の細胞が合体することにより、新しい個体が生まれる子孫の残し方を有性生殖という。有性生殖では、生殖のための特別な細胞として**生殖細胞**が作られる。生殖細胞のうち、精子や卵などのように合体して新しい個体を作るものを特に配偶子という。

配偶子のうち、小型で運動性を持つものを**精子**、大型で運動性を持たないものを卵という。有性生殖では、生じる子孫の遺伝情報は親と異なるため、**環境の変化に強い**などの多様性が生じる。

① 接 合

配偶子の合体を接合といい、接合によってできる細胞を**接合子**という。受精卵などは接合子である。接合には同形配偶子接合と異形配偶子接合がある。

(ア) 同形配偶子接合

同様の形を持った配偶子が合体し、新たな個体となる接合を**同形配偶子接合**という。

ヒビミドロ、アオミドロなどが同形配偶子接合で生殖を行う例である。

108　第4章　生　物

（イ）異形配偶子接合

　大きさの異なる配偶子が合体し、新たな個体となる接合を**異形配偶子接合**という。

　アオサ、ウニなどが異形配偶子接合で生殖を行う例である。

② 受　精

　大型で動かない配偶子と小型で運動性のある配偶子が合体して新たな個体となることを、異形配偶子接合の中でも特に受精という。精子と卵の接合は受精である。

　コンブ、ワカメ、コケ植物、シダ植物、多細胞の動物などが受精による生殖を行う例である。

2 無性生殖

　個体の一部から新たな個体を生じる生殖法を無性生殖という。無性生殖では親の体から新しい個体ができるので、**遺伝情報は親と全く同じである。**

① 分　裂

　もとの個体が二つに分かれて新たな個体になることを分裂という。

　細菌類、原生動物などがあり、ゾウリムシ、ミドリムシ、ケイソウ、アメーバ、イソギンチャクなどが分裂による生殖を行う例である。

② 出　芽

　もとの個体から芽のような突起が形成され、その根元がくびれて離れ、新たな個体となることを出芽という。

　酵母菌、ヒドラなどが出芽による生殖を行う例である。

③ 栄養生殖

　もとの個体の根や茎から新たな個体が現れることを栄養生殖といい、高等植物の出芽といわれている。

　ジャガイモ(塊茎)、オランダイチゴのほふく茎(走出枝)、ワラビやスギナの地下茎、オニユリやヤマノイモのむかご、継ぎ木、球根などが栄養生殖を行う例である。

4　生殖と発生　109

❷ 動物の発生

1 胚葉の形成

動物の卵は受精後、活発な細胞分裂を開始するが、卵の栄養分に頼らず自ら栄養を摂ることができるようになるまでの期間を<u>胚</u>といい、受精卵が複雑な構造を持つ成体へと変化していく過程を<u>発生</u>という。

動物の発生では、卵割が進行し胞胚が形成され、次いで原腸胚が形成される。原腸胚には、外側にあり陥入していない<u>外胚葉</u>、陥入した場所の内部で原腸を作る<u>内胚葉</u>、陥入した部分で内胚葉の外側にある<u>中胚葉</u>があり、これらが分化してそれぞれの器官ができる。

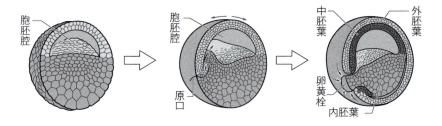

原腸胚の形成

外胚葉・中胚葉・内胚葉

外胚葉	表皮	表皮（皮膚上皮、爪、毛）、感覚器官（水晶体など）のもととなる
	神経管	脳、脊髄、感覚器官（網膜など）のもととなる
中胚葉	脊索	退化後、脊椎骨になる
	体節	脊椎骨、骨格、筋肉、真皮のもととなる
	腎節	腎臓、輸尿管のもととなる
	側板	体腔壁、心臓、血管、筋肉（内臓）のもととなる
内胚葉		えら、肺、食道、胃、小腸、大腸、肝臓、すい臓のもととなる

2 卵と卵割

　多くの動物の卵は球体であるので、地球に見立てられる。卵の極体(卵の減数分裂時に生じたもの)を生じた部域を動物極、反対側を植物極といい、二つの極の中間の面を赤道面という。赤道面より動物極側を動物半球、植物極側を植物半球という。

　受精卵の初期の細胞分裂のことを**卵割**といい、赤道面に沿ってなされる卵割を緯割、赤道面に対して垂直な方向になされる卵割を経割という。また、卵割は方向以外に次ページの表のようにも分類される。卵割によってできた細胞を**割球**というが、割球は成長を伴わないため、徐々に小さくなる。この割球の形は、卵に含まれる栄養分である卵黄の分布によって異なる。**卵黄が多いところほど卵割が起こりにくい。**

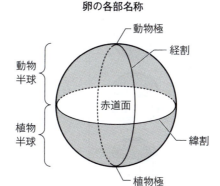

卵の各部名称

卵と卵割の種類

		等黄卵	端黄卵		心黄卵
卵の種類		動物極／植物極　卵黄量は少なく、一様に分布している	卵黄量は多く、植物極側にかたよって分布	卵黄量は非常に多く、植物極にかたよって分布	卵黄量は多く、中央に集まって分布
卵割の様式		全　割		部　分　割	
		等　割	不　等　割	盤　割	表　割
初期発生の過程	2細胞期				
	4細胞期				
	8細胞期				
	16細胞期				
例		ウニ　原索動物　ほ乳類	両生類	魚類　は虫類　鳥類	昆虫類

112　第4章　生物

3 カエルの発生

カエル卵は弱端黄卵で、不等割が行われる。

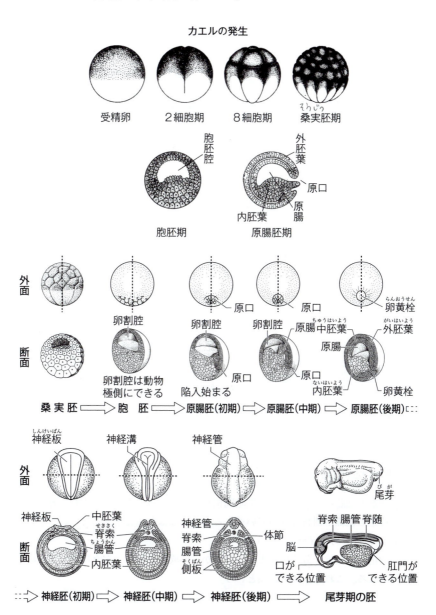

4 ウニの発生

ウニ卵は等黄卵で、第三卵割までは等割である。第四卵割では動物極側が経割で等割、植物極側が緯割で不等割である。

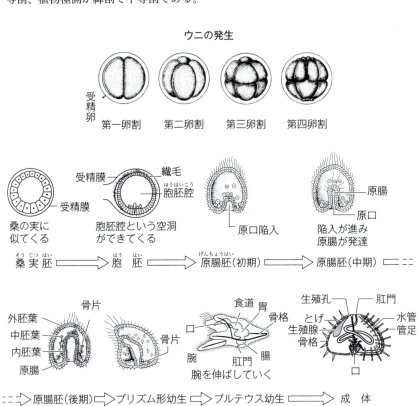

5 形成体と誘導

発生が進み細胞数が増えると、細胞間相互作用によって未分化の細胞が分化を促され、特定の組織や器官となっていく。このようなはたらきを誘導といい、その部分を形成体(オーガナイザー)という。

胚の分化の運命は、分化の決まった部分から形成体となり、次々に未分化の細胞へと促される。これを誘導の連鎖という。

第4章

生物

4　生殖と発生　115

過去問 Exercise

問題1 生殖方法に関する、次のア〜オの記述と、生殖法及び生物例の組合せとして、最も妥当なのはどれか。

東京消防庁Ⅱ類2015

ア 母体の一部に芽のような膨らみができ、それが成長して分かれ、新個体となる。

イ 母体がほぼ同じ大きさに2つに分かれ、新個体となる。

ウ 運動性のない生殖細胞と、運動性のある生殖細胞が合体して、新個体となる。

エ 根や茎などの栄養器官の一部から、新個体となる。

オ ほぼ同じ形、大きさの2種類の細胞が合体して、新個体となる。

		生殖法	生物例
1	**ア**	出芽	イチゴ、ジャガイモ
2	**イ**	分裂	イソギンチャク、ゾウリムシ
3	**ウ**	接合	酵母、ヒドラ
4	**エ**	栄養生殖	アオサ、ヒビミドロ
5	**オ**	受精	カエル、イヌ

116　第4章　生物

解説

正解 **2**

❶ ✕　イチゴやジャガイモは栄養生殖の例である。

❷ ◯　正しい組合せである。

❸ ✕　運動性の有無が異なる生殖細胞どうしの接合を特に受精という。酵母やヒドラは出芽の例である。

❹ ✕　アオサやヒビミドロは接合の例である。

❺ ✕　同じ形、同じ大きさの細胞が合体するのは接合の中の同形配偶子接合である。

問題2 生殖に関する記述として、妥当なのはどれか。

特別区Ⅰ類2018

❶ 無性生殖は、雌雄の性に関係なく増殖し、新たに生じる個体は親と遺伝的に同一な集団であるクローンとなる。

❷ 無性生殖には、ヒドラにみられる芽が出るように新たな個体が生じる単相や、根の栄養器官から新たな個体が生じる複相がある。

❸ 配偶子の合体によって新たな個体が生じる生殖を有性生殖といい、配偶子が合体して生じた細胞をヒストンという。

❹ 染色体上に占める遺伝子の位置を対合といい、ある対合について、1つの形質に関する複数の異なる遺伝子を遺伝子座という。

❺ 1対の相同染色体の遺伝子について、同じ状態になっているものをヘテロ接合体といい、異なる状態になっているものをホモ接合体という。

118 第4章 生 物

解説

正解 **1**

1 ◯ 無性生殖に関する記述として妥当である。

2 ✕ 無性生殖における、芽が出るように新たな個体が生じる生殖形式を出芽、根の栄養器官から新たな個体が生じる生殖形式を栄養生殖という。なお、細胞内に遺伝子セットを1組(n)だけ持つ核相を単相、2組(2n)持つ核相を複相という。

3 ✕ 配偶子とは精子と卵のことであり、配偶子の合体によって新たな個体が生じる生殖を有性生殖ということは妥当であるが、配偶子の合体によって生じた細胞は受精卵である。なお、ヒストンとはDNAを巻き付けているタンパク質のことである。

4 ✕ 染色体上に占める遺伝子の位置を遺伝子座といい、ある遺伝子座について、一つの形質に関する複数の異なる遺伝子のことを対立遺伝子という。なお、対合とは減数分裂の際に相同染色体どうしが接合することである。

5 ✕ 1対の相同染色体の遺伝子について、同じ状態になっているものをホモ接合体、異なる状態になっているものをヘテロ接合体という。

問題3 脊つい動物の発生の過程で、外胚葉、中胚葉、内胚葉からそれぞれ分化して形成される器官の組合せとして、妥当なのはどれか。

特別区Ⅰ類2007

	外胚葉	中胚葉	内胚葉
1	脊髄 （せきずい）	心臓	肝臓
2	脊髄	肝臓	心臓
3	心臓	脊髄	肝臓
4	心臓	肝臓	脊髄
5	肝臓	脊髄	心臓

解説

正解 **1**

　選択肢の器官がそれぞれ何から分化して形成されたかを考えると、脊髄は神経系であるので、外胚葉から分化したものである。心臓は循環器であるので、中胚葉から分化したものである。肝臓は消化管であるので、内胚葉から分化したものである。

問題4 次のA ～ Eは、カエルの発生に関する記述であるが、これらを発生の過程の順に述べたものとして、妥当なのはどれか。

特別区Ⅰ類2013

A 神経管が形成される。

B 卵割腔がしだいに大きくなり、胞胚腔となる。

C 神経板が形成される。

D 卵割が進み、桑実胚となる。

E 陥入が始まり、原腸がつくられる。

① B−D−C−A−E

② B−D−E−C−A

③ D−B−C−A−E

④ D−B−E−A−C

⑤ D−B−E−C−A

解説

正解 **5**

　カエルの受精卵は、卵割を繰り返して割球の数を増やしていき、やがて桑実胚となり、内部には卵割腔ができる (**D**)。さらに進むと、卵割腔が大きくなり、胞胚腔と呼ばれるようになる (**B**)。

　胚を作っている細胞が運動を始めると、原口と呼ばれる部分から、胚の表面の細胞層が胞胚腔に向かって落ち込み、原腸を作る (**E**)。原腸の形成が終わると、胚は三つの細胞層から構成され、外胚葉、中胚葉、内胚葉の分化が見られる。

　そして、原腸は内胚葉で囲まれた腸管となり、胚の背側に神経板ができる (**C**)。その両側が隆起し、管状の神経管が形成され、神経胚となる (**A**)。

| 問題5 | 動物の発生に関するA～Dの記述のうち、妥当なものを選んだ組合せはどれか。 |

特別区Ⅰ類2021

A　カエルの卵は、卵黄が植物極側に偏って分布している端黄卵であり、第三卵割は不等割となり、卵割腔は動物極側に偏ってできる。

B　カエルの発生における原腸胚期には、外胚葉、中胚葉、内胚葉の区別ができる。

C　脊椎動物では、外胚葉から分化した神経管は、のちに脳や脊索となる。

D　胚のある領域が接している他の領域に作用して、分化を促す働きを誘導といい、分化を促す領域をアポトーシスという。

1　A　B

2　A　C

3　B　C

4　B　D

5　C　D

解説

正解 **1**

A ◯　正しい記述である。

B ◯　正しい記述である。

C ✕　外胚葉から分化した神経管はのちに脳、脊髄、感覚器官(網膜など)となる。なお、脊索は中胚葉から分化したものである。

D ✕　分化の誘導を促す胚の領域を形成体(オーガナイザー)という。なお、アポトーシスとは細胞全体が委縮して断片化する過程を経るプログラム細胞死のことである。

★★★

5 恒常性

我々の体内は常に一定に保たれており、これは生命が安定して生きていくために非常に重要なシステムです。恒常性がどのような仕組みによって保たれているのかを見ていきましょう。

① 体液と恒常性

　動物の細胞のほとんどは体外に直接触れておらず、体液に浸されている。つまり体液は細胞にとって環境といえる。これを体内環境という。生体にはこの環境を一定に保とうとするはたらきがあり、これを恒常性(ホメオスタシス)という。

　ヒトの成人の場合、体重の6割ほどを水分が占めている。そのうちの約3分の1 (体重の2割)が体液で、残りは細胞内に存在している。体液は部位によって組織液、リンパ液、血液の3種類に分けられる。

1 組織液

　血しょうが毛細血管からしみ出して、細胞と細胞の隙間を満たしている液を組織液という。

　組織液は血液・細胞間の物質の受け渡しの仲介を行う。その後、大部分は毛細血管に戻るが、一部はリンパ管の中へ入る。

2 リンパ液

　リンパ管の中を流れる体液をリンパ液という。リンパ液には、白血球の一種であるリンパ球が含まれている。

3 血　液

　ヒトの血液は、液体成分である血しょうと、有形成分である血球(赤血球、白血球、血小板)がある。血しょうの主成分は水であり、それ以外にタンパク質や無機塩類などを含んでいる。割合はおおよそ血しょう55%、血球45%である。

126　第4章　生　物

少量の酸やアルカリを加えても溶液のpHがほぼ一定に保たれるはたらきを緩衝作用といい、血液にはその役割がある。

① 赤血球

赤血球は血球の96％を占める。骨髄で作られ、中央がくぼんだ円盤状をしている。赤血球に含まれているヘモグロビンHbという赤い色素タンパク質は、酸素濃度が高く二酸化炭素濃度が低い環境では、酸素と結合して酸素ヘモグロビンHbO_2となる。逆に二酸化炭素濃度が高い環境では酸素ヘモグロビンから酸素が分離しヘモグロビンとなる。よって、組織に酸素を供給できる。酸素ヘモグロビンが多い血液を動脈血、少ない血液を静脈血という。

赤血球は、作られてから約４か月後に肝臓や脾臓で破壊され、生体外に排出される。また、ヒトの成熟した赤血球には核が見られない。さらに赤血球のヘモグロビンは、一酸化炭素COと、酸素よりも約250倍も結合しやすいため、一酸化炭素中毒になった場合、酸素を運搬する能力が著しく低下する。

② 白血球

白血球は血球の３％ほどを占める。白血球は免疫を担当する血球の総称であり、さまざまな種類があるが、どの種類の白血球にも核が見られる。白血球には食作用によって抗原（外敵）を除去する反応が起こる。

③ 血小板

血小板は血球の１％を占め、血液を凝固させる役割を持つ血球である。核が見られない。

4 血液凝固と線溶

外傷を受けると出血するが、血液を失うことを失血という。ヒトの場合、全血液（体重の約13分の１）の半分を失うと死に至る。そこでヒトには止血の仕組みが備わっている。

新鮮な血液をしばらく放置しておくと、血しょう中のタンパク質が赤血球や白血球などをからめて沈殿物を生じる。これが血液凝固であり、沈殿物を血ぺい（血餅）、上澄みを血清という。

傷ついた血管は、血ぺいによって止血されている間に修復される。修復が終わると血ぺいは取り除かれるが、これは固まった血液が分解されるために起こる現象であり、これを線溶という。

5　恒常性　127

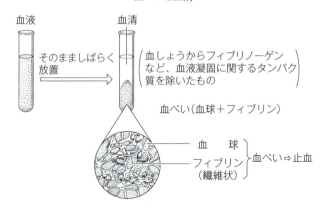

血ぺいと血清

5 止血機序の詳細

　血管が外傷を受けると、まず出血部位の血管が収縮し出血量を減らす。このとき、裂傷部に血小板が集まり血栓が形成される。これによってある程度傷口が塞がる。これを一次止血という。さらに、血しょう中のフィブリノーゲンというタンパク質がフィブリンという繊維質に変わり、血ぺいが形成される。これを二次止血という。

　フィブリンのもとであるフィブリノーゲンは、普段は機能を持たない形で血しょうに含まれている。このフィブリノーゲンは、トロンビンという酵素によってフィブリンに変換されるが、トロンビンもまた、普段はプロトロンビンという形で存在している。このプロトロンビンが一次止血によって活性化された血小板やCa^{2+}などの凝固因子によって活性化されトロンビンになり、フィブリノーゲンをフィブリンにする。

血液凝固のしくみ

2 循環系

1 血管系

　心臓、血管、リンパ管など体液の循環に関わる器官を循環系という。循環系は体液を全身に送り、体内環境の維持を行っている。脊椎動物などの循環系は、動脈と静脈の間が毛細血管でつながれており、血液は血管内を流れて心臓へと戻る。これを閉鎖血管系という。これに対して、節足動物などの循環系は、動脈と静脈の間をつなぐ毛細血管が存在しない。これを開放血管系という。

閉鎖血管系と開放血管系

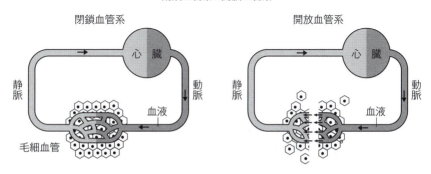

2 ヒトの循環系

　ヒトの血液の循環には、右心室→肺動脈→肺→肺静脈→左心房という肺循環と、左心室→大動脈→体の各部→大静脈→右心房という体循環がある。心臓から出ていく血液が通る血管を動脈といい、心臓に戻ってくる血液が通る血管を静脈という。静脈には動脈と異なり、逆流防止のために弁が存在する。
　通常、動脈には動脈血(酸素を多く含む血液)、静脈には静脈血(二酸化炭素を多く含む血液)が流れているが、肺では酸素と二酸化炭素のガス交換を行うため他の部位と異なり、肺動脈には静脈血、肺静脈には動脈血が流れている。

肺循環と体循環

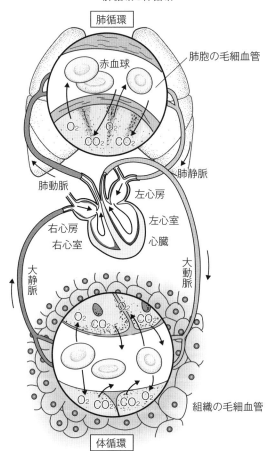

3 心臓の作り

動物によって心房・心室の数が異なり、心臓の形状が異なる。脊椎動物の分類ごとに心房・心室の数は覚えておくとよい。

心臓の作り

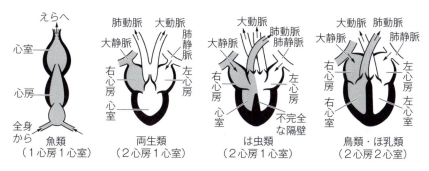

3 肝臓と腎臓

1 肝臓の構造と機能

ヒトの成人の肝臓の重量は体重のおよそ2%程度(1 kg)であり、最大の臓器である。肝動脈だけでなく**肝門脈**(小腸と肝臓をつなぐ血管)ともつながることにより、心臓から出た血液の3分の1は肝臓を通っている。肝臓からは胆管という**胆汁**を輸送する管が出ていて、胆管の途中には胆のうがあり、その中に胆汁が蓄えられている。胆管は十二指腸とつながり、脂質消化を助ける。

また肝臓は、代謝の中心であり、化学工場にたとえられる。さまざまな化学反応が起こっているため、**熱産生の中心臓器**でもある。

① 血糖濃度の調節

血液中に含まれるグルコースを血糖といい、グリコーゲンの合成・貯蔵・分解によって、その濃度は約0.1%前後に維持されている。

② タンパク質の合成と分解

フィブリノーゲンなどのタンパク質の合成と分解を行う。

③ 尿素の合成

タンパク質やアミノ酸を分解するとアンモニアが生じるが、毒性の高い物質であるため、毒性の低い尿素に作り変える。これをオルニチン回路という。

④ 解毒作用

アルコールを無害な物質に作り変える。アルコールは酵素によってアセトアルデヒドに分解され、さらに別の酵素によって酢酸に分解される。

尿素の合成も解毒作用の一つである。

⑤ 赤血球の破壊

古くなった赤血球は肝臓で破壊される。

⑥ 胆汁の生成

肝細胞で胆汁が生成され、胆のうに蓄えられる。必要に応じて十二指腸に分泌される。不要になった赤血球などが原料の一部である。

⑦ 体温維持

肝臓ではさまざまな物質が分解され、発生した熱は体温維持に利用される。

2 腎臓の構造と機能

腎臓は、ろ過と再吸収という二つの過程により、肝臓で生成された尿素などの老廃物の排出、水分・無機塩類・グルコース・アミノ酸の再吸収を行っている。

ヒトの腎臓は、腹部背側に1対ある。毛細血管が球状になって集まった糸球体と、それを包むボーマンのうによって構成される腎小体(マルピーギ小体)があり、それが細尿管(腎細管)につながっている。腎小体と細尿管を合わせたものをネフロン(腎単位)といい、1個の腎臓に100万単位程度のネフロンが存在している。ネフロンは集合管につながっており、この集合管が有用成分の再吸収が済んだ尿を腎うへ集める。

腎臓の構造

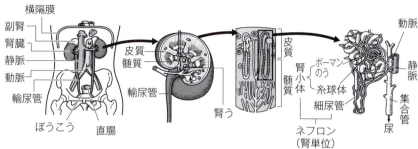

① ろ過

腎動脈から流れ込んだ血液が、糸球体からボーマンのうに押し出されることを**ろ過**という。水分・無機塩類・グルコース・アミノ酸・老廃物(尿素など)はボーマンのうに押し出されるが、血球やタンパク質などの大きな分子はろ過されない。ボーマンのうに押し出された液を**原尿**という。水分はほぼ再吸収されるため、尿量は1〜2Lほどで、原尿の1％程度である。

② 再吸収

細尿管(腎細管)を流れる原尿から、水分、無機塩類、グルコース、アミノ酸などが毛細血管に吸収される。バソプレシンの作用により集合管でも水分の再吸収が行われる。それ以外の物質は、尿として体外へ排出される。

4 水生生物の塩類濃度調節

水生生物は、海水や淡水などの体外の環境と体表面が接しているので塩類濃度の影響を受けやすく、そのための調節機構も発達している。

1 海水魚の塩類濃度調節

海水魚は、体液の塩類濃度が**海水より低く**、おおよそ3分の1ほどである。そのため、浸透圧により体内から水分が奪われやすい。そこで、大量の海水を飲んで水分を吸収し、余分な塩類をえらから排出している。また、体液と**塩類濃度が等しい(濃い)尿を少量生成**し、排出している。このような仕組みで体内の塩類濃度を一定に保っている。

なお、この場合の海水魚とは一般的にマグロやサンマ、アジなどの硬骨魚類を指す。これらとは別にサメやエイなどを軟骨魚類といい、これらは「体液中に尿素を加えて濃度を高める」ことにより体内の塩類濃度を一定に保っている。

2 淡水魚の塩類濃度調節

淡水魚は、体内の塩類濃度が**淡水より高く**、浸透圧により体内に水が入りやすい。そのため、腎臓で原尿から塩類を盛んに吸収して**薄い尿を大量に生成**したり、えらや腸から塩類を取り込むなどによって、体内の塩類濃度を一定に保っている。

5 自律神経とホルモンによる恒常性

1 自律神経

知覚・意識などの大脳のはたらきとは無関係に、**自発的にはたらく神経系**が**自律神経**である。自律神経系には**交感神経系**と**副交感神経系**の2種類があり、対になって内臓に分布している。中枢は間脳の視床下部にあり、脳下垂体を通じて、内分泌系とも連絡している。自律神経による調節は、作用が局所的で、急速に現れ、一過性で長く続かない。また、自律神経系による調節を神経調節といい、ホルモンによる調節を液性調節という。

① 交感神経系

　交感神経は、積極的な活動を行う場合や、緊張状態にある場合にはたらく神経系で、交感神経末端から**ノルアドレナリン**などが分泌されることで興奮が伝達される。

　瞳孔の拡大、心臓の拍動促進、すい臓でのインスリン分泌抑制、消化液の分泌抑制などがその具体例である。

② 副交感神経系

　副交感神経は、安息時や休憩時にはたらく神経系で、副交感神経末端から**アセチルコリン**などが分泌されることで興奮が伝達される。

　瞳孔の縮小、心臓の拍動抑制、すい臓でのインスリン分泌促進、消化液の分泌促進などがその具体例である。

自律神経の拮抗作用

	心臓の拍動	血管	血圧	瞳孔	気管支	発汗	消化管運動	立毛筋	排尿
交感神経	促進	収縮	上昇	散大	拡張	促進	抑制	収縮	抑制
副交感神経	抑制	—	低下	縮小	収縮	—	促進	—	促進

　血管は交感神経がはたらいているとき、すなわち活動的な状態が収縮である。これは通路を細くすることで血圧を上げる作用があるためである。

2 ホルモン

　体内環境の調節は、自律神経系だけでなく、**ホルモン**のはたらきによるものもある。ホルモンとは、体内の特定の器官や組織で作られ、血液などの体液に分泌され特定の組織の活動を調節する化学物質の総称である。

　ホルモンの多くは**内分泌腺**で作られる。内分泌腺は、汗などの外分泌線とは異なり排出管を持たないため、ホルモンは体液中に直接分泌される。このような仕組みを**内分泌系**という。

　ホルモンが作用する器官を**標的器官**といい、標的器官には、特定のホルモンにだけ結合する細胞が存在する。これを**標的細胞**という。一般に、内分泌系の反応は神経系に比べ時間がかかるが、持続反応が長くなる。

① 内分泌腺と主なホルモン

内分泌腺と主なホルモン

内分泌腺			ホルモン	作用部位	作　用
脳下垂体	前　葉		成長ホルモン	全身	骨・筋肉・内臓器官の成長、タンパク質合成、血糖増加
			甲状腺刺激ホルモン	甲状腺	甲状腺ホルモンの分泌促進
			副腎皮質刺激ホルモン	副腎皮質	糖質コルチコイドの分泌促進
			生殖腺刺激ホルモン	精巣・卵巣	精巣・卵巣の成熟、生殖腺ホルモンの分泌促進
			泌乳刺激ホルモン	乳腺・黄体	黄体ホルモンの分泌と乳汁分泌の促進
	中　葉		色素胞刺激ホルモン	黒色素胞	色素顆粒の拡散、体色暗化
	後　葉		子宮収縮ホルモン（オキシトシン）	平滑筋子宮・乳腺	平滑筋収縮→分娩、乳汁放出
			バソプレシン	細動脈・腎臓	血圧上昇、腎臓の水分再吸収
甲 状 腺			チロキシン	全身	組織の代謝促進（熱産生）、両生類の変態、鳥類の換羽促進
副甲状腺			パラトルモン	骨・腎臓	カルシウム・リンの代謝
副腎	皮　質		糖質コルチコイド	全身	糖・脂質・タンパク質の代謝、循環系の正常維持
			鉱質コルチコイド	全身	無機質・水分の代謝
	髄　質		アドレナリン	心筋・平滑筋細動脈・肝臓	脈数・血圧上昇、平滑筋収縮、グリコーゲン糖化（血糖増加）
すい臓	A細胞		グルカゴン	肝臓	グリコーゲン糖化（血糖増加）
	B細胞		インスリン	全身・肝臓	糖の利用・消費、血糖減少、糖尿病の治療薬

② ホルモン分泌の調節

　ホルモンの分泌は間脳の視床下部によって調節されているが、特に視床下部とつながった脳下垂体によって調節している。脳下垂体には前葉と後葉があり、それぞれホルモンの分泌に関わっている。

　神経細胞の中にはホルモンを分泌するものがあり、これを神経分泌細胞という。例えば、脳下垂体後葉につながる神経分泌細胞からはバソプレシンが分泌され、腎臓での水分再吸収が促される。

　チロキシンは、甲状腺から分泌される細胞の化学反応を活性化させるホルモンであるが、「視床下部から甲状腺刺激ホルモン分泌→脳下垂体前葉から甲状腺刺激ホルモン分泌→甲状腺からチロキシン分泌」という段階を経る。

　脳下垂体とは無関係にホルモン分泌の調節も行われる。パラトルモンは副甲状腺

から分泌され、血中カルシウム濃度を高める作用がある。

　恒常性は拮抗作用によって調節されるが、最終産物や最終的なはたらきの効果が、前の段階に戻って影響を及ぼすことを**フィードバック**という。特に抑制を負、促進を正のフィードバックという。ホルモンにおいては、負のフィードバックによって濃度を保っている場合が多い。

3 自律神経とホルモンの協同作用

① 血糖濃度の調節

　血液中に含まれるグルコースの濃度のことを**血糖値**（血糖濃度）という。正常な人の血糖値は、空腹時で血しょう100mLあたり100mg、つまり**100mg/dL**である。食後この値は上昇するが、180mg/dLを超えると高血糖状態である。

　上昇した血糖値をもとに戻すホルモンは、すい臓のランゲルハンス島B細胞から分泌される**インスリン**のみである。食事で炭水化物から摂取したグルコースは、肝臓や骨格筋の細胞内に**グリコーゲン**の形で貯蔵される。グリコーゲンはグルコースが多数結合したものであり、グリコーゲンにすることで血糖値を下げている。

　一方、血糖値を上昇させるホルモンは複数あり、副腎髄質から**アドレナリン**、副腎皮質から**糖質コルチコイド**、ランゲルハンス島A細胞から**グルカゴン**などである。

血糖濃度の調節

低血糖時	高血糖時
❶ 視床下部で低血糖を感知	❶ 視床下部で高血糖を感知
❷ 内分泌系または**交感神経**が作動	❷ **副交感神経**が作動
❸ 血糖上昇作用のあるホルモン分泌	❸ 血糖下降作用のあるホルモン分泌
・すい臓A細胞→**グルカゴン**分泌	・すい臓B細胞→**インスリン**分泌
・副腎髄質→**アドレナリン**分泌	
❹ グリコーゲン→グルコースが促進され、血液中のグルコース量が増加する	❹ 血液中のグルコースが肝臓や骨格筋に取り込まれ、グルコース→グリコーゲンが促進され、血液中のグルコース量が減少する

② インスリンと糖尿病

　糖尿病は、インスリンの分泌に問題が生じて起こる慢性的な疾患である。糖尿病にはⅠ型とⅡ型があり、Ⅰ型はすい臓のランゲルハンス島B細胞が破壊され、インスリンが分泌されなくなることにより発症する。一方Ⅱ型は、遺伝・加齢・生活習慣などが原因でインスリンの分泌量が低下したり、標的細胞の反応性が低下したりすることにより発症する。糖尿病の多くはⅡ型である。

5　恒常性　137

6 免　疫

1 免疫とそのはたらき

　生体は、異物の侵入を防いだり、侵入してしまった異物を排除したりする仕組みを持つ。これを生体防御という。

① 物理的防御・化学的防御

　気管や消化管は粘膜となっており、粘液を分泌する。粘液には細菌などの異物を捕獲するはたらきがあり、このようなものを物理的防御という。

　また、汗に含まれる酵素(リゾチーム)や胃酸などで酸性に保たれた環境は、酸に弱い異物の侵入を防いでおり、このようなものを化学的防御という。

② 免疫細胞

　物理的防御・化学的防御を異物が突破した場合や、正常な細胞が変異したがん細胞などを非自己として排除する仕組みを免疫という。

　免疫においては、特に白血球の役割が大きい。免疫に関わる細胞を免疫細胞というが、好中球、マクロファージ、樹状細胞、リンパ球などのさまざまな白血球がある。白血球は骨髄にある造血幹細胞から作られる。リンパ球にはいくつかの種類があり、B細胞、T細胞、NK細胞(ナチュラルキラー細胞)に分類される。

2 自然免疫と獲得免疫

　免疫には、どんな異物に対しても起こる自然免疫と、特定の異物に対して個別に起こる獲得免疫の2種類がある。

① 自然免疫

　動物が生まれながらに持つ生体防御機構を自然免疫という。白血球の一種である好中球やマクロファージ、樹状細胞による食作用がその例である。また、病原体をマクロファージや樹状細胞が取り込み、周囲の細胞にはたらきかけると、血流が増え熱を持つ。これを炎症といい、自然免疫が促進される。

　ウイルスや癌などに感染した細胞は、その表面に特有の変化が起こる。その変化を見分けて(認識して)、感染した細胞を攻撃するのがNK細胞である。これも自然免疫に含まれる。

② 獲得免疫

自然免疫をすり抜けた異物に対して、リンパ球が個別に区別して排除する仕組みのことを獲得免疫という。

異物として認識されるものを抗原といい、細菌やウイルスに加え、自己の体内には存在しないタンパク質、脂肪、多糖類なども含まれる。

獲得免疫について次項で詳述する。

3 獲得免疫

獲得免疫には、細胞性免疫と体液性免疫とがある。

① 細胞性免疫

獲得免疫のうち、ウイルスなどに感染した細胞をリンパ球が直接攻撃する免疫を細胞性免疫という。機序は以下のとおりである。

❶ 体内に侵入した異物を樹状細胞などが取り込み分解する(食作用)。

❷ 分解された異物の一部が抗原(敵)として提示される。これを抗原提示という。抗原を認識するのはヘルパーT細胞というT細胞の一種であり、活性化・増殖する。

❸ 活性化したヘルパーT細胞が同じ抗原を認識するキラーT細胞を刺激して増殖させ、そのキラーT細胞が感染した細胞を直接攻撃する。

② 体液性免疫

同じく獲得免疫のうち、異物が体液中に分泌された抗体によって排除される免疫を体液性免疫という。機序は細胞性免疫と途中までは同じである。

❶ 体内に侵入した異物を樹状細胞などが取り込み分解する(食作用)。

❷ 分解された異物の一部が抗原(敵)として提示される(抗原提示)。ヘルパーT細胞が抗原を認識し、活性化・増殖する。

❸ ヘルパーT細胞が、同じ抗原を認識したB細胞を活性化・増殖させる。活性化したB細胞は、抗体産生細胞(形質細胞)となり、大量の抗体を産生し異物を排除する。これを抗原抗体反応という。

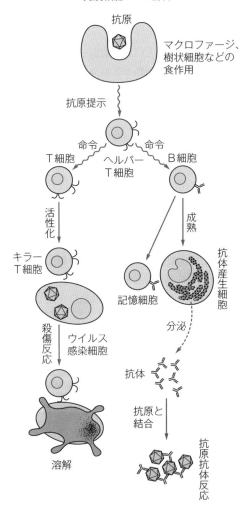

③ 抗体の構造

抗体は、血しょう中に含まれる**免疫グロブリン**というY字形をしたタンパク質によって作られる。免疫グロブリンは、定常部と可変部によって構成されており、可変部の遺伝子の組合せは192万通り以上存在する。

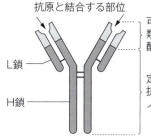

抗体の構造

4 免疫記憶と病気

ヒトは、ある病原体に一度感染すると、同じ病原体に感染しにくくなる。これは、過去に抗原刺激を受けたT細胞やB細胞の一部が**記憶細胞**として体内に残り、同じ抗原刺激があった場合に強く反応する仕組みがあるからである。これを**免疫記憶**という。

① 一次応答と二次応答

異物が体内に侵入すると免疫系が反応し、1〜2週間ほどかけて抗体を作り始める。このときの抗体産生量は少なく、1か月を過ぎるとさらに大きく減少する。これを**一次応答**といい、一次応答で刺激を受けたB細胞とT細胞の一部は記憶細胞となり体内に残る。

記憶細胞は、再び同じ抗原に出会うと抗体を急速かつ大量に産生する。大量生産は1か月以上持続し、これを**二次応答**という。

② ワクチン

特定の病原体による病気を予防するために、抗原として接種する物質を**ワクチン**という。病原体への免疫を作らせるためにワクチンを接種することを**予防接種**といい、弱毒化したウイルスや細菌表面にあるタンパク質などが用いられる。

新型コロナウイルス感染症(COVID-19)に対するワクチン(新型コロナワクチン)

の一部で採用されているmRNAワクチンは、ウイルスに対抗するスパイクタンパク質を作る情報を持ったmRNAを接種し、これをもとに体内で抗体を産生する仕組みである。

③ アレルギー

免疫は生体防御の重要なシステムであるが、免疫応答が過剰に起こって不都合な影響を与えることもある。このような反応をアレルギーといい、花粉症や、急性なものではアナフィラキシーショックなどがある。

④ 血清療法

あらかじめ動物に作らせた抗体を含む血清を注射することで、症状を改善させる治療法を血清療法といい、北里柴三郎によって開発された。

⑤ 拒絶反応と自己免疫疾患

他人の皮膚や臓器を移植した場合、移植された組織は非自己と認識され、NK細胞やキラーT細胞が攻撃する。これを拒絶反応という。また、何らかの原因で、自己成分に対しても抗体ができたり、自己組織をキラーT細胞が攻撃したりすることがある。このようにして起こる疾患を自己免疫疾患といい、関節リウマチやバセドウ病などがその代表例である。

また、一般にヒトの体内では、自己抗原に反応するリンパ球は免疫応答が抑制される。これを免疫寛容といい、自己の正常な細胞や組織は守られている。

⑥ 後天性免疫不全症候群

ヒト免疫不全ウイルス(HIV)が原因で免疫力が低下する疾患を後天性免疫不全症候群(AIDS)という。HIVは性的接触や輸血などで体液を介してヘルパーT細胞に感染し、体液性免疫と細胞性免疫を損なわせる。

HIVがヘルパーT細胞に感染すると、長い潜伏期間の後に増殖を始め、感染したT細胞が破壊される。そのため、B細胞やT細胞の機能が低下し、体液性免疫や細胞性免疫がはたらかなくなる。その結果、体内に侵入した病原体を除去できなくなり、AIDSを発症する。AIDSのように免疫のはたらきが極端に低下すると、健康な状態では感染しないような病原体にも感染するようになる。これを日和見感染という。

現在では、HIVの増殖を抑える薬剤が開発され、発症を遅らせることができるようになっている。

第4章

生物

5 恒常性 143

過去問 Exercise

問題1　次の記述の　ア　から　オ　に当てはまる語句の組合せとして、最も妥当なのはどれか。

東京消防庁 I 類2013

ヒトの赤血球に多く含まれるヘモグロビンという　ア　は、血液中の酸素濃度が　イ　ときは酸素と結合して酸素ヘモグロビンに変化し、酸素濃度が　ウ　なると酸素を離して再びヘモグロビンに戻る。たとえば　エ　の血液は、手や足の血液より酸素ヘモグロビンの割合が大きい。また、同じ酸素濃度のもとでは、二酸化炭素濃度が高くなるほど酸素ヘモグロビンの割合が　オ　なる。

	ア	イ	ウ	エ	オ
①	アミノ酸	高い	低く	肺静脈	大きく
②	アミノ酸	低い	高く	肺動脈	小さく
③	タンパク質	高い	低く	肺静脈	小さく
④	タンパク質	低い	高く	肺動脈	大きく
⑤	タンパク質	高い	低く	肺静脈	大きく

144　第4章　生物

解説

正解 ③

ア：タンパク質

　ヘモグロビンは赤血球に含まれている赤い色素タンパク質である。

イ：高い

　ヘモグロビンは、酸素濃度が高く二酸化炭素濃度が低い環境では、酸素と結合して酸素ヘモグロビンとなる。

ウ：低く

　酸素ヘモグロビンは、酸素濃度が低く二酸化炭素濃度が高い環境では、酸素が分離してヘモグロビンに戻る。

エ：肺静脈

　通常、動脈には動脈血、静脈には静脈血が流れているが、肺で酸素と二酸化炭素のガス交換が行われるため、肺動脈には静脈血、肺静脈には動脈血が流れている。酸素ヘモグロビンの割合が大きいのは肺静脈に流れる動脈血である。

オ：小さく

　二酸化炭素濃度が高くなるほど酸素ヘモグロビンの割合は小さくなる。

問題2 ヒトの血液に関する記述として、妥当なのはどれか。

東京都Ⅰ類2013

1 血液は、体積の約55％の有形成分と約45％の液体成分からできており、有形成分のうち最も多いのは、白血球である。

2 血しょうは、約90％が水分であり、栄養分や老廃物を運搬するほか、血しょう中の成分が血液凝固の反応において繊維状のフィブリンとなる。

3 赤血球は、核を有する球状の細胞であり、赤血球に含まれるグロブリンによって体内の組織へ酸素を運搬する。

4 白血球は、核がない中央がくぼんだ円盤状の細胞であり、出血したときに集まって傷口をふさぐとともに血液凝固に働く因子を放出する。

5 血小板は、核を有する不定形の細胞であり、体内に侵入した細菌やウイルスなどの異物を食作用により分解し排除するほか、免疫反応に関係している。

解説

正解 **2**

1 ✕ 血液は、体積の約45％の有形成分と約55％の液体成分からできており、有形成分のうち最も多いのは赤血球で、血球の96％ほどを占める。

2 ◯ 正しい記述である。

3 ✕ 赤血球は無核の細胞であり、ヘモグロビンにより、体内の組織へ酸素を運搬する。

4 ✕ 白血球は有核の細胞である。異物を食作用により分解し排除し、免疫反応に関係するリンパ球などを含んでいる。

5 ✕ 血小板は無核の不定形の細胞である。血液凝固因子を含んでおり、血液凝固にはたらく。

問題3 ヒトの体液に関する記述として最も妥当なのはどれか。

国家一般職2015

1 体液は、通常、成人男性では体重の約40％を占め、血管内を流れる血液と、組織の細胞間を満たすリンパ液の二つに大別される。

2 血液は、一般的に静脈を通って毛細血管に達し、血液の液体成分である血しょうの一部が、毛細血管壁から染み出ると全てリンパ液となる。

3 赤血球の核に多量に含まれているヘモグロビンは、主に栄養分や老廃物を体内で運搬する役割を果たしている。

4 白血球は、毛細血管壁を通り抜けて血管外に出ることができ、一部の白血球には、体内に侵入した病原体などの異物を取り込み、それを分解する働き（食作用）がある。

5 血しょうは、粘性のある淡黄色の液体で、約60％が水であり、主に酸素と結び付くことによって各組織に酸素を運搬する役割を果たしている。

解説

正解 **4**

❶ ✕ ヒトの体液は、体重の2割ほどである。体液は、血管内を流れる血液、組織の細胞間を満たす細胞液、リンパ管内を流れるリンパ液の三つに大別される。

❷ ✕ 血液は、一般に動脈を通して毛細血管に達し、血しょうの一部が毛細血管から染み出てリンパ液になる。

❸ ✕ 赤血球に含まれるヘモグロビンは、酸素の運搬をしている。

❹ ◯ 正しい記述である。

❺ ✕ 血しょうはやや黄味を帯びた液体で、約90％が水である。また、酸素と結びつくことにより、各組織に酸素を運搬する役割を果たしているのは赤血球である。

5 恒常性 149

| 問題4 | ヒトの肝臓に関する記述として、最も妥当なのはどれか。 |

東京消防庁Ⅰ類2017

① 肝臓は、心臓に次いで２番目に大きな臓器である。

② 小腸で吸収されたグリコーゲンは、肝門脈から肝臓に入り、グルコースに変えて貯える。

③ 赤血球を含む血球の多くを作りだす臓器である。

④ タンパク質やアミノ酸の分解によって生じた有害な尿素を、毒性の低いアンモニアにつくりかえる。

⑤ 肝臓内で行われる反応に伴って熱を発生し、体温の維持に役立っている。

解説

正解 **5**

第**4**章
生物

❶ ✕ 　肝臓は最も大きな臓器である。

❷ ✕ 　小腸で吸収される物質はグルコースであり、小腸で吸収されたグルコースは肝門脈から肝臓に運ばれる。肝臓において、グルコースはグリコーゲンに変換されて貯蔵される。

❸ ✕ 　血球の多くを作り出す器官は骨髄である。なお、肝臓は血球ではなく血しょう中に含まれるタンパク質を作っている。

❹ ✕ 　タンパク質やアミノ酸の分解により生じる毒性が強く有害な物質はアンモニアであり、肝臓ではアンモニアを毒性の低い物質である尿素に変換する。

❺ ◯ 　正しい記述である。

5　恒常性　151

問題5 ヒトの腎臓に関する次の文章の空欄ア～オに当てはまる語句の組合せとして、妥当なのはどれか。

東京都Ⅰ類2017

ヒトの腎臓は、横隔膜の下の背側に　**ア**　対あり、それぞれ輸尿管につながっている。腎臓の内部には、　**イ**　と細尿管とからなるネフロン（腎単位）が、腎臓1つ当たり約　**ウ**　万個ある。　**イ**　は、毛細血管が密集した　**エ**　を、袋状の　**オ**　が包み込むような構造になっている。

	ア	イ	ウ	エ	オ
①	1	腎う	1,000	糸球体	ボーマンのう
②	1	腎小体	100	糸球体	ボーマンのう
③	1	腎う	100	ボーマンのう	糸球体
④	2	腎小体	1,000	ボーマンのう	糸球体
⑤	2	腎う	100	ボーマンのう	糸球体

解説

正解 **2**

ア： 1

　ヒトの腎臓は、腹部の背中側に1対（2個）ある。

イ： 腎小体

　ネフロンは、腎小体と細尿管から構成されている。

ウ： 100

　1個の腎臓には100万個ほどのネフロンがある。

エ： 糸球体

　腎小体を構成するもののうち、毛細血管が球状に集まっているのは糸球体である。

オ： ボーマンのう

　腎小体を構成するもののうち、糸球体を包み込んでいるのはボーマンのうである。

問題6 魚類の浸透圧調節に関する記述として、妥当なのはどれか。

警視庁Ⅰ類2012

1 海水生硬骨魚の体液の浸透圧は海水の浸透圧より高い。

2 海水生硬骨魚は海水をほとんど飲まない。

3 海水生硬骨魚とくらべて海水生軟骨魚の体液には尿素が多く含まれている。

4 淡水魚は体液とほぼ等張の尿を多量に排出している。

5 淡水魚は塩類をえらなどから能動的に排出している。

解説

正解 **3**

① ✕　海水生硬骨魚類の体液の浸透圧は、海水の浸透圧より低く、海水の3分の1程度である。

② ✕　海水生硬骨魚類の体液の浸透圧は、海水の浸透圧より低いため、からだから水分が出ていく。そのため海水生硬骨魚類は、大量の海水を飲むことで、浸透圧調節をしている。

③ ◯　正しい記述である。

④ ✕　淡水魚の腎臓は発達しているので、大量の原尿を生成でき、低張の尿を大量に排出することができる。

⑤ ✕　淡水魚は、えらの塩類細胞で塩類を能動的に再吸収している。

問題7 自律神経系の働きに関する次の文章の空欄ア～オに当てはまる語句の組合せとして、妥当なのはどれか。

東京都Ⅰ類2015

自律神経系は、交感神経と ア とからなり、多くの場合、両者が同一の器官に分布し、相互に拮抗的に作用することにより、その器官の働きを調整している。交感神経が興奮すると、その末端からは イ が、 ア が興奮すると、その末端からは ウ が分泌され、各器官に働く。例えば、交感神経が興奮すると、心臓の拍動が エ し、気管支は オ し、膀胱においては排尿を抑制する。

	ア	イ	ウ	エ	オ
①	感覚神経	アセチルコリン	ノルアドレナリン	促進	拡張
②	感覚神経	ノルアドレナリン	アセチルコリン	抑制	収縮
③	副交感神経	アセチルコリン	ノルアドレナリン	抑制	収縮
④	副交感神経	ノルアドレナリン	アセチルコリン	促進	拡張
⑤	副交感神経	ノルアドレナリン	アセチルコリン	抑制	収縮

解説

正解 **4**

ア：副交感神経

　自律神経を構成するのは、交感神経と副交感神経である。

イ：ノルアドレナリン

　交感神経の末端から分泌されるのはノルアドレナリンである。

ウ：アセチルコリン

　副交感神経の末端から分泌されるのはアセチルコリンである。

エ：促進

　交感神経が興奮したとき、心臓の拍動は促進する（心拍数が高まる）。

オ：拡張

　交感神経が興奮したとき、気管支は拡張する。

問題8 　ヒトのホルモンに関する記述として、妥当なのはどれか。

特別区Ⅰ類2014

1 　視床下部から分泌される糖質コルチコイドは、腎臓におけるナトリウムイオンの再吸収を促進する働きがある。

2 　甲状腺から分泌されるパラトルモンは、腎臓における水の再吸収を促進し、血圧を上昇させる働きがある。

3 　すい臓のランゲルハンス島から分泌されるグルカゴンは血糖量を増加させ、インスリンは血糖量を減少させる働きがある。

4 　副腎から分泌されるチロキシンは、血液中のナトリウムイオン濃度やカリウムイオン濃度を調節する働きがある。

5 　脳下垂体前葉から分泌されるバソプレシンは、血液中のカルシウムイオン濃度を増加させる働きがある。

158　第4章　生物

解説

正解 **3**

1 ✕　糖質コルチコイドは副腎皮質から分泌される。腎臓におけるナトリウムイオンの再吸収を促進するのは、副腎皮質から分泌される鉱質コルチコイドである。

2 ✕　パラトルモンは副甲状腺から分泌される。腎臓における水の再吸収を促進し、血圧を上昇させるのは、脳下垂体後葉から分泌されるバソプレシンである。

3 ◯　正しい記述である。

4 ✕　チロキシンは甲状腺から分泌される。血液中のナトリウムイオン濃度やカリウムイオン濃度を調節するはたらきがあるのは鉱質コルチコイドである。

5 ✕　バソプレシンは脳下垂体後葉から分泌される。血液中のカルシウムイオン濃度を増加させるはたらきがあるのは、副甲状腺から分泌されるパラトルモンである。

問題9 　内分泌系に関する次のA ～ Dの記述のうち、妥当なもののみを全て挙げているものはどれか。

裁判所一般職2020

A 　体内の組織や器官のはたらきを調節する化学物質をホルモンといい、ヒトの場合、ホルモンは主に肝臓や腎臓でつくられて、内分泌腺とよばれる管を通じ体内の組織に運ばれる。

B 　ホルモンは特定の器官に作用する物質であるが、特定の器官に作用を及ぼすことができるのは、標的器官にある細胞に受容体があって、ホルモンと結合するためである。

C 　すい臓では、グリコーゲンの合成や分解を促して、血糖濃度を増加させたり減少させたりして調節するホルモンが分泌される。

D 　ホルモンを増加させたり抑制したりして分泌量を調節するはたらきを持っているのは、副腎という器官である。

1　A、B

2　A、C

3　B、C

4　B、D

5　C、D

解説

正解 ③

第4章 生物

A ✕ 内分泌腺はホルモンを作るところであり、管ではない。この内分泌腺には、脳下垂体・甲状腺・副腎などさまざまなものがある。

B ◯ 正しい記述である。

C ◯ 正しい記述である。

D ✕ ホルモン分泌の調節は、視床下部の脳下垂体がその中枢である。副腎は左右の腎臓上部にある器官で、内分泌腺としてホルモンを分泌している場所の一つである。

5 恒常性

問題10 血糖値の調節に関する記述として、最も妥当なのはどれか。

東京消防庁Ⅰ類2019

1 糖尿病には、肝臓のランゲルハンス島Ｂ細胞の損傷が原因のものと、インスリンの分泌量の増加やインスリンに反応できないことが原因のものとがある。

2 血糖濃度が低下すると、間脳の視床下部が情報を受け取り、交感神経を通じて、すい臓のランゲルハンス島のＡ細胞からグルカゴンの分泌を促す。

3 何らかの原因で血糖濃度を調節するしくみが正常に働かなくなり、血糖濃度が低下した状態が慢性的になる症状の病気を糖尿病という。

4 一般にヒトの血糖濃度は、血液100［ml］中にグルコース100［mg］を含む状態でほぼ安定しているが、食事をとると血糖濃度は下降し続ける。

5 腎臓でのグルコースとグリコーゲンの出し入れを調整し、血糖値を一定に維持しているのは自律神経系やホルモンである。

解説	正解 **2**

❶ ✗ 糖尿病にはインスリンの産生が困難なため引き起こされるⅠ型糖尿病と、インスリンの産生量が少ないことや、産生されたインスリンが作用しないことによって引き起こされるⅡ型糖尿病がある。患者数の90％以上はⅡ型糖尿病である。

❷ ◯ 正しい記述である。

❸ ✗ 糖尿病は、上昇した血糖濃度を低下させることができないことで起こる病気である。

❹ ✗ ヒトの血糖濃度は食事を摂ることで、一時的に上昇する。

❺ ✗ グルコースとグリコーゲンの出し入れで血糖値を維持しているのは肝臓である。

5 恒常性 163

| 問題11 | ヒトの免疫に関する記述として最も妥当なのはどれか。 |

国家専門職2021

1 体内に侵入した異物は、自然免疫とともに獲得免疫（適応免疫）でも排除される。自然免疫では異物を特異的に体内から排除するが、獲得免疫では異物を非特異的に体内から排除する。がん細胞を異物として認識して排除する働きは自然免疫に該当し、主に血小板によって行われる。

2 獲得免疫は、その仕組みにより細胞性免疫と体液性免疫とに分けられる。細胞性免疫では、NK（ナチュラルキラー）細胞による食作用とマクロファージによる異物の排除が行われる。一方、体液性免疫では、ウイルスなどに感染した自己の細胞をT細胞が直接攻撃する。

3 他人の皮膚や臓器を移植した場合、移植された組織が非自己と認識されると、B細胞が移植された組織を直接攻撃する。これにより、移植された組織が定着できなくなることを免疫不全といい、これを防ぐため、皮膚などの移植の際には、体液性免疫を抑制する免疫抑制剤が投与される。

4 免疫記憶の仕組みを利用して、あらかじめ弱毒化した病原体や毒素などを含む血清を注射し、人為的に免疫を獲得させる方法を血清療法という。一方、あらかじめ他の動物からつくった、ワクチンと呼ばれる抗体を注射することで、症状を軽減させる治療法を予防接種という。

5 免疫が過敏に反応し、体に不都合に働くことをアレルギーという。花粉などのアレルゲンが体内に侵入すると、抗体がつくられる。再度同じアレルゲンが侵入すると、抗原抗体反応が起き、それに伴って発疹や目のかゆみ、くしゃみ、鼻水などのアレルギー症状が現れる。

164 第4章 生 物

解説

正解 **5**

第**4**章

生物

❶ ✕　自然免疫と獲得免疫の記述が逆である。また、血小板はがん細胞を排除しない。

❷ ✕　NK細胞やマクロファージは自然免疫である。また、体液性免疫はB細胞の抗原抗体反応である。

❸ ✕　非自己を攻撃するのはT細胞であり、免疫抑制剤も細胞性免疫に対して投与される。

❹ ✕　血清とワクチンの記述が逆である。

❺ ○　正しい記述である。

5　恒常性

★★☆

6 生物の環境応答

生物は外界の刺激をどのように受け取り、伝えているのでしょうか。生物が生まれ持った性質と生まれてから身につけた性質がどのようにはたらいているのかを見ていきます。

---

1 植物の環境応答

　植物は場所を移動することができないので、周囲の環境の変化に応答する能力が動物よりも発達している。

1 植物の運動

① 屈　性

　外部からの刺激を受けた器官が、その刺激の**正方向、負方向**のいずれかに屈曲運動をする性質を**屈性**という。**光屈性、重力屈性、化学屈性、水分屈性、接触屈性**などがある。

光屈性

光 ⇨⇨⇨　　　　　　　　　茎 正の光屈性

　　　　　　　　　　　　　綿

光 ⇨⇨⇨　　　　　　　　　培養液

　　　　　　　　　　　　　根 負の光屈性

166　第4章　生　物

② 傾　性

　植物の器官が刺激の方向に関係なく一定の反応をする性質を傾性という。光傾性、接触傾性、温度傾性などがある。

　接触傾性の例としてはオジギソウ、温度傾性の例としてはチューリップの花弁の開閉などがある。

チューリップの温度傾性

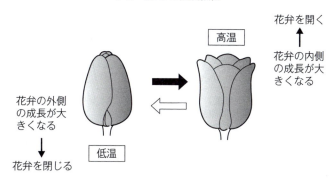

③ 成長運動

　すべての屈性や多くの傾性は、植物体の部分的な成長速度の差によって起こる。このような成長に伴う運動を成長運動という。チューリップの温度傾性も成長運動によるものである。

④ 膨圧運動

　オジギソウ[1]の葉などに見られる接触傾性は、細胞から水が流出することで起こる。細胞から水が流出すると、細胞壁を押し広げようとする力(膨圧)が減少し、細胞の体積が減少する。このような**膨圧の変化によって起こる運動**を膨圧運動という。

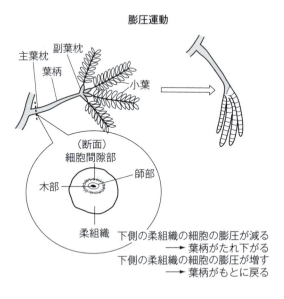

膨圧運動

---

[1] オジギソウの葉は、接触刺激がなくても夜になると膨圧が減少して折りたたまれる。これを**就眠運動**という。

2 植物ホルモン

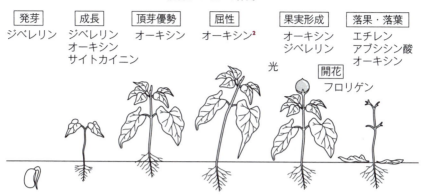

植物ホルモンの作用

① オーキシン

　オーキシンは植物の成長を促進するホルモンで、光屈性の要因となるものである。オーキシンが多い場合には頂芽の成長が優先され、側芽の成長が抑制される。これを**頂芽優勢**という。

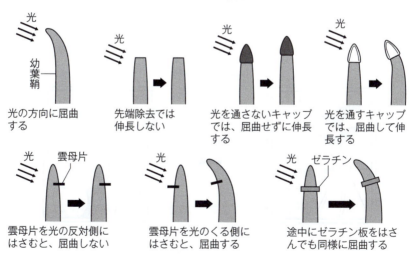

オーキシンの作用

2　根の屈性には、アブシシン酸が関与している可能性も指摘されている。

またオーキシンは、濃度によって成長調節作用が変化し、部位によって最適濃度が存在する。つまり、部位によっては、濃度が高すぎる場合にも、伸長成長は抑制される。

② ジベレリン
ジベレリンは、稲の背丈が非常に高くなってしまう現象の原因として発見された。未熟種子や若葉の成長を促進するホルモンで、子房の肥大を起こす作用を持つことから、種なしぶどうの生産に利用されている。

③ サイトカイニン
サイトカイニンは、細胞分裂、頂芽や側芽の伸長、葉の老化を防止するホルモンで、気孔を開く作用を持つ[3]。

④ アブシシン酸
アブシシン酸は、ワタの蒴果(さくか)の離脱を促進させる原因として発見された。葉の老化の促進、発芽や伸長の抑制、成長の抑制を行うホルモンで気孔を閉じる作用を持つ。

⑤ エチレン
エチレンは、気体で存在し果実の成熟・老化を促進するホルモンで、リンゴはこのエチレンを発していることから、他の果物と一緒に置いておくと、果物は成熟する。

エチレンの作用

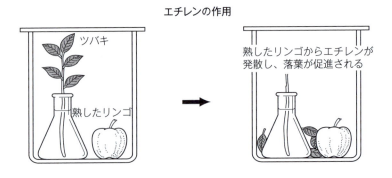

[3] 気孔が開く作用には、フォトトロピンという光受容体も大きく関係している。

3 花芽形成の環境応答

成長すると葉になる芽を**葉芽**、花になる芽を**花芽**という。植物は、決まった季節に花を咲かせるが、多くの植物は季節の変化を昼の長さの変化として捉えており、この反応を**光周性**という。植物は、光周性によって花芽を作る。

① 短日植物・長日植物

日長が長い間、つまり夜が短い間は花芽形成されないが、短くなる（夜が長くなる）と花芽形成する植物を**短日植物**という。逆に日長が長くなると花芽形成するものを**長日植物**という。短日植物の例としてはアサガオ、ダイズ、キク、コスモス、イネ、オナモミなど、長日植物の例としてはアブラナ、ホウレンソウ、コムギ、ダイコン、カーネーションなどがある。

また日長とは関係なく花芽形成する植物を**中性植物**といい、トマト、エンドウ、トウモロコシなどがその例である。

② 限界暗期

花芽を分化するかしないかの境目となる長さを**限界暗期**という。限界暗期は植物によって異なるので、植物によっては人為的に開花時期を調節することが可能である。限界暗期より短い暗期を与えることを**長日処理**、長い暗期を与えることを**短日処理**という。

花芽の分化に必要な暗期は連続している必要がある。つまり、暗期の途中に光を当てると、短日植物は開花せず、長日植物は開花してしまう。これを**光中断**という。

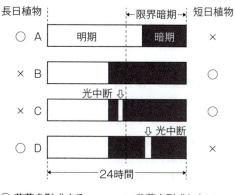

暗期・光中断と花芽形成

③ 花芽形成と温度

暗期の長さは葉によって受容される。短日処理された葉では、花芽の分化を誘導するフロリゲンというホルモンが作られていると考えられている。

また、花芽の形成には温度も重要である。一般に、冬を超えると花芽形成する、つまり春になると花が咲くような植物において、人工的に低温にさらすことによって花芽形成を促すことができる。この現象を春化といい、低温処理のことを春化処理という。

④ 植物のストレス応答

(ア) 乾燥・塩害

植物は、水不足になるとアブシシン酸のはたらきで気孔を閉じる。アブシシン酸は、孔辺細胞の膨圧を下げることによって気孔を閉じることができる。また、乾燥によって根の周囲の塩分濃度が上昇したときも、細胞内の浸透圧を下げることにより水分吸収が促される。

(イ) 温度変化

急激な温度上昇にさらされた植物は、熱ショックタンパク質を合成し、他のタンパク質を熱変性から守ることが知られている。また低温の場合は、細胞膜の流動性が小さくなるのを防ぐ性質を持つ。

いずれの場合も、繰り返しさらされる過程によって徐々に耐性が獲得される。

(ウ) 植物性動物・微生物

植物は、葉や茎が捕食された場合、さまざまな抵抗反応を示す。これらの応答はジャスモン酸によって誘導される。例として、タンパク質分解酵素阻害物質を合成し、捕食者に消化不良を起こさせるなどである。

また、菌類や病原性微生物に対しては、感染部位とその周辺の組織が**自発的な細胞死**を起こす。これらにもジャスモン酸が関わっている。

2 動物の環境応答

1 刺激の受容

　動物が環境から情報を集める目や耳などの器官を**受容器**という。受容器が受け取った刺激は**神経系**を通じて筋肉などの**効果器**を反応させる。刺激の伝導には電気信号が利用されており、これによって速い情報の伝導が可能となる。
　受容器にはさまざまなものがあり、受け取ることができる特定の刺激を**適刺激**という。眼であれば光、耳であれば音といったものである。

2 神経系

① 神経系の全体像

　神経系は**中枢神経系**と**末梢神経系**に大別される。中枢神経系は脳と脊髄に、末梢神経系は体性神経系と自律神経系に分類され、さらに下位の分類が存在する。

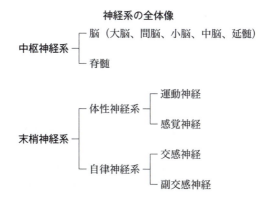

(ア) 中枢神経系

　中枢神経は脳と脊髄であり、神経管由来である。さらに脳は**大脳**、**小脳**、**脳幹**に大別され、さらに脳幹は**間脳**、**中脳**、**延髄**に大別される。

(イ) 末梢神経系

末梢神経系は骨格筋の運動の制御や感覚に関わる**体性神経系**と各種内臓の制御に関わる**自律神経系**に大別される。

体性神経系は自らの意思で制御することが可能であり、これを**随意**という。これに対して、自律神経は自らの意思で制御することが不可能であり、これを**不随意**という。

体性神経系と自律神経系

	神経の名称	はたらき	制御の特徴
体性神経系	運動神経	骨格筋を動かす	随意
	感覚神経	感覚を中枢に伝える	—
自律神経系	交感神経	緊張に適応した変化をもたらす	不随意
	副交感神経	安静に適応した変化をもたらす	不随意

② 反　射

熱いものが手に触れると思わず手を引っ込める。これは屈筋反射と呼ばれる反応で、このように、刺激に対して意識(大脳)とは無関係に起こる反応を**反射**という。反射において刺激は、「受容器→感覚神経→反射中枢→運動神経→効果器」という経路を経て伝わる(脳を介さない)。この反射の経路を**反射弓**という。

通常の反応と反射弓

通常の反応	受容器→感覚神経→中枢神経→運動神経→効果器
反射に対する反応(反射弓)	受容器→感覚神経→反射中枢→運動神経→効果器

反射中枢になるのは、脊髄のほかに脳幹(延髄：延髄反射、中脳：瞳孔反射)などがある。膝の下を叩くと足が上がる膝蓋腱反射や屈筋反射は、脊髄が反射中枢になる例である。

③ ニューロン

神経系を構成するのはニューロン（神経細胞）という情報伝達に特化した特殊な細胞である（図を参照）。

ニューロンは、核を持った**細胞体**、細胞体から伸びる**軸索**、枝分かれした**樹状突起**で構成されている。軸索の末端は、他のニューロンや効果器とわずかな隙間を空けてつながっており、この部分をシナプスという。

神経細胞が束になったものを神経という。神経には感覚神経や運動神経のほかに、それらをつなぐ介在神経などがある。

ニューロンの構造

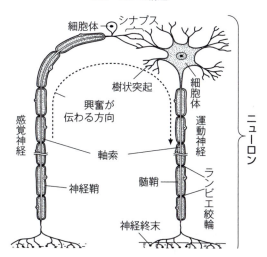

④ 静止電位と活動電位

　図のように軸索に電圧計を取り付けて、外部から刺激を与える実験を行う。細胞内部は通常、周囲と比べて電位が低くなっている。外を基準にとり0mVとすると、細胞内は−60〜−90mVという負の電位となっている。この電位を**静止電位**という。軸索を刺激すると、細胞内が外側よりも一瞬だけ正の値になる。この電位変化を**活動電位**といい、活動電位が発生することが**興奮**である。軸索の興奮は通常、細胞体から神経終末へと移動する。

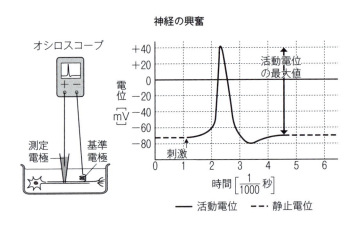

神経の興奮

⑤ 興奮の伝導

　ニューロンの細胞膜には、Na^+を受動輸送する**ナトリウムチャネル**、K^+を受動輸送する**カリウムチャネル**、Na^+とK^+を能動輸送させる**ナトリウムポンプ**がある。

　静止電位の状態では、ナトリウムポンプのはたらきにより細胞膜の外側にNa^+が多く、内側にK^+が多い(このとき、ナトリウムチャネルは閉じ、カリウムチャネルは開いていて、一部のK^+が細胞膜の外側に一定量拡散している)。軸索に刺激が伝わると、ナトリウムチャネルが一瞬開き、Na^+が細胞膜の内側に拡散する。このとき膜内外の電位が逆転し、内側が正の電位(活動電位)となる。これが興奮である。

　その後閉じていた別のカリウムチャネルが開いてカリウムが細胞外に流出し、膜内外の電位がもとに戻る。最後に細胞膜内のNa^+とK^+のイオン分布をもとに戻すため、ナトリウムポンプによって能動輸送が行われ、K^+を細胞膜の内側、Na^+を細胞膜の外側に移動させる。このときに軸索内に活動電流が生じ、興奮が伝導する。神経線維(ニューロン内)における興奮の**伝導は両方向**に対して伝わるが、シナプスにおける末端から次の神経細胞(ニューロン間)における興奮の**伝達は一方向**のみに対して伝わる。

興奮の伝導

興奮部で発生した活動電位により、活動電流が流れる

興奮は神経細胞の両方向へ伝わるが、神経終末のシナプスによって一方向にしか伝達されない

⑥ 全か無かの法則

興奮は、一定以上の刺激でなければ起こらない。この、興奮が起こる刺激の最小値を**閾値**という。閾値以上の刺激によって活動電位が発生するが、刺激をいくら強くしても、活動電位の大きさは変わらない。つまり軸索は、刺激に対して興奮する（全）かしない（無）かのどちらかしかない。この現象を**全か無かの法則**という。

しかし、刺激には強弱がある。これは興奮する細胞の数と活動電位の発生頻度（回数）によるものである。

⑦ 有髄神経繊維

脊椎動物の軸索の多くは、**神経鞘**と呼ばれる**シュワン細胞**でできた鞘に包まれている。シュワン細胞は軸索の周囲に巻き付いていて、**髄鞘**を形成している。髄鞘を持つものを**有髄神経繊維**、持たないものを**無髄神経繊維**という。髄鞘は絶縁性（電気を通さない）の物質であり、有髄神経繊維の軸索において、ところどころにくびれが見られる。これを**ランビエ絞輪**という。

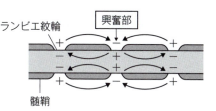

有髄神経繊維

有髄神経では、髄鞘がない部分（ランビエ絞輪）でのみ活動電位が伝わっていく。そのため、有髄神経ではたくさんの髄鞘をスキップしながら活動電位が飛び飛びに素早く伝わる。こうした有髄神経繊維における速度の速い伝導を**跳躍伝導**という。

⑧ 伝　達

　神経終末は、隣の細胞と狭い隙間を隔てて接続している。この接続部分を**シナプス**といい、隙間そのものは**シナプス間隙**という。シナプスで情報が伝わることを**伝達**といい、前述のとおり伝導とは区別されている。シナプスにおいては、情報は一方通行で伝わる。伝える側をシナプス前細胞、受け取る側をシナプス後細胞という。

　シナプスには隙間があるので、電気は伝わらない。そのため、**神経伝達物質**という化学物質によってやり取りをする。シナプス前細胞には**シナプス小胞**という神経伝達物質を含んだ小胞がたくさんあり、神経伝達物質によって興奮を伝えている。

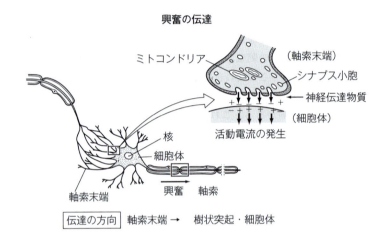

興奮の伝達

3 ヒトの脳と脊髄

① 大 脳

大脳は、外側にある**大脳皮質**（灰白質）と内側にある**大脳髄質**（白質）に分けられる。灰白質はニューロンの細胞体の集まり、白質は軸索の集まりであるので、機能としては大脳皮質の部分に集中している。

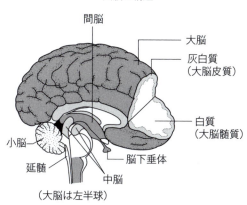

大脳の構造
（大脳は左半球）

（ア）大脳新皮質

大脳の表面の皮質であり、前頭葉、頭頂葉、側頭葉、後頭葉に大別できる。言語や思考など、高度な機能の中枢が存在する領域である。高度な動物であるほどこの皮質が進化している。

- **前頭葉**：知的活動の中枢および運動の計画・実行の中枢が存在する
- **頭頂葉**：感覚の中枢が存在し、認知に関する機能も司る
- **側頭葉**：聴覚に関係し、言語の理解に関する機能も司る
- **後頭葉**：視覚の中枢が存在する

（イ）大脳旧皮質（大脳辺縁系、大脳古皮質）

大脳の奥に存在する皮質であり、**情動**（情緒、感情など）、**本能行動**、**記憶**といった原始的な機能の中枢が存在する領域である。

② 小　脳

　運動の調節(大脳で企画された運動を滑らかにするということ)を行う。アルコールでまひが起こりやすく、酔っ払いが千鳥足になるのは運動の調節がうまくできなくなっているためである。

③ 脳　幹

　脳幹は、間脳・中脳・延髄のことであり、生存に必須の機能に関わる脳をまとめて分類したものである。脳幹の不可逆的な機能停止を判断基準として脳死の法律的な定義がなされている。

(ア) 間　脳

　間脳は**視床**と**視床下部**に大別される。
　間脳視床下部は、**自律神経系の最上位中枢**であり、体温や血糖値の調節などを行う。間脳の脳下垂体や松果体からはホルモンが分泌される。
　・**視床**：嗅覚以外の全感覚の中継を行うほか、意識の維持や運動の調節に関与する
　・**視床下部**：**内分泌系**および**自律神経系の中枢**であり、体内の恒常性維持にはたらく

(イ) 中　脳

　眼球の運動や**対光反射**(眼に光を当てると瞳孔が小さくなる反応)の中枢が存在し、**覚醒や睡眠**にも関係する。

(ウ) 延　髄

　呼吸(息を吸う中枢と息を吐く中枢に分かれる)、**心臓**(心拍数の増減を司る)、**血液循環**、**消化**などの**生命維持**の中枢であると同時に、くしゃみ、咳、まばたき、だ液・涙の分泌などの延髄反射の中枢でもある。

④ 脊　髄

　脳への興奮を中継する。膝蓋腱反射、熱いものを触ったときの反射(屈筋反射)などの脊髄反射の中枢である。

4 受容器

① 視 覚
(ア) 眼の構造

眼は光を受容する器官である。光は**角膜**と**水晶体**で屈折し、**ガラス体**を通り**網膜**に像を結ぶ。各部分はカメラに喩えられ、水晶体はレンズ、網膜はフィルムに当たる。

網膜には**視細胞**があり、これは2種類の感覚細胞に分かれている。光を受容する**桿体細胞**と、色を受容する**錐体細胞**である。視神経は網膜を貫いており、この部分を**盲斑**という。盲斑には視細胞がないので、像が結ばれない。

光の量は虹彩によって、ピントは毛様体(毛様筋)によって調節される。虹彩によって**瞳孔**の大きさを変化させている。

眼球の構造

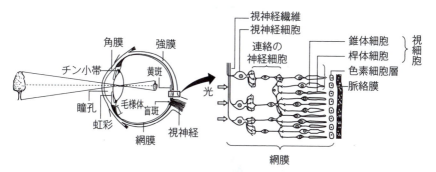

眼球の機能

構 造	機能・特徴
角 膜	眼球の黒目にあたる部分を覆う透明な膜
虹 彩	自律神経系の支配を受け、瞳孔に入る**光量を調節**する (交感神経興奮→散大、副交感神経興奮→縮小)
水晶体	レンズの役割を果たし、光を屈折させる(=光を曲げる)
毛様体	水晶体の厚みを調節し、**ピントの調節**を行う
網 膜	光を認識する2種類の細胞(**視細胞**)が存在する感覚上皮組織 ①**桿体細胞**……光の強弱を感知する細胞 ②**錐体細胞**[4]……色を感知する細胞
神経乳頭	視神経の軸索の集まりであり、視細胞から入力された情報を中枢へ伝える

[4] 黄斑部分に多く分布する。暗所ではほとんどはたらかないので、暗所で輪郭はわかるのに色が判別しにくいのはこのためである。赤・緑・青の光を認識する3種類の錐体が存在する。

(イ) **明順応と暗順応**

　光が強く眩しい場所でも、しばらくすると周囲が見えるようになることを**明順応**、光が弱く暗い場所でも、しばらくすると周囲が見えるようになることを**暗順応**という。

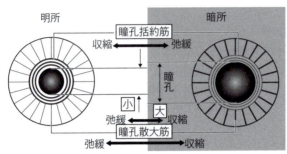

(ウ) **遠近調節**

　角膜で光が屈折し、水晶体ではチン小帯・毛様体の**収縮・弛緩**によって焦点を合わせる。物理の凸レンズと焦点に関する原理と同じである。

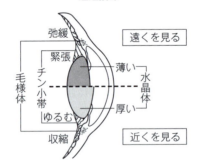

② 聴　覚
(ア) 耳の構造

　ヒトの耳は**外耳**、**中耳**、**内耳**に分けられる。音は空気の振動で、外耳から入った音波は中耳の鼓膜を振動させる。この振動が耳小骨で増幅され、内耳のうずまき管に伝わる。うずまき管内はリンパ液で満たされており、基底膜のコルチ器にある聴細胞が興奮して聴覚が生じる。

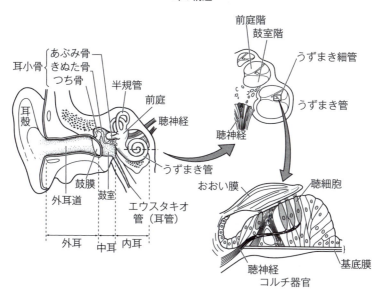

耳の構造

耳の機能

	構　造	機　能
外耳	耳殻、外耳道	外部の音を集める
中耳	鼓膜、耳小骨、耳管	耳小骨にて音の増幅を行う
内耳	うずまき管、前庭、半規管	うずまき管に聴細胞があり、音を受容する

(イ) 平衡覚

耳は、聴感覚以外に平衡覚の中枢でもある。内耳にある前庭では体の傾きに対して平衡石がずれることによって受容される。同じく内耳にある半規管では、リンパ液の動きによって回転を受容する。

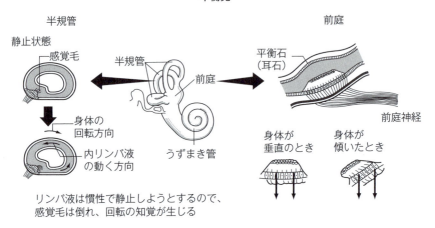

平衡覚

③ 嗅　覚

鼻は、嗅細胞によってにおいを感じ取っている。嗅細胞は個々に特定のにおい分子(化学物質)と結びつくタンパク質があり、これらの組合せによって多くのにおいを感じることができる。

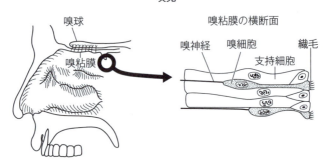

嗅覚

④ 味　覚

舌は、**味細胞**によって味覚を感じ取っている。舌の表面にある乳頭には**味覚芽**があり、味覚には、甘味、苦味、酸味、塩味に加え、旨味が存在する。

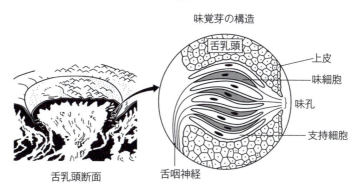

味覚

味覚芽の構造

⑤ 皮膚感覚

皮膚には、接触(圧力)を刺激として受け取る圧点、温度(高温・低温)を刺激として受け取る温点・冷点、痛さを受容する痛点などの感覚点が分布している。これらの感覚点で受け取られた刺激による感覚を触覚、温覚、冷覚、痛覚という。これら感覚点は一様ではなく、部位によって大きく異なる。

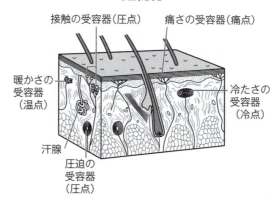

皮膚感覚

6　生物の環境応答

5 効果器

刺激によって、さまざまな反応を行う器官を**効果器**といい、ヒトでいえば主に**筋肉**がこれに該当する。これ以外にも、蛍の発光やカメレオンの変色なども効果器が行う反応である。

公務員試験では筋肉について集中的に出題されるため、ここでは筋肉の詳細を学ぶ。

① 筋組織の分類

筋組織の分類は非常によく出題される。筋組織は**横紋筋**と**平滑筋**という見た目上の分類と、自らの意思で筋肉を動かせるのかどうか(**随意**か**不随意**か)という分類がある。

☆ ☆☆ **筋組織の分類**

	横紋筋		平滑筋
	骨格筋	心　筋	平滑筋
部　位	骨に付着	心臓の壁を構成	内臓
神経支配	運動神経	自律神経	
運　動	随意	不随意	
疲　労	疲労しやすい	疲労しにくい	
力	強い		弱い
核の数	多核	単核	

筋肉は、繊維の縞模様がある**横紋筋**と、縞模様がない**平滑筋**に分けられる。横紋筋はすばやく収縮するが疲労しやすいのに対して、平滑筋はゆっくり収縮し疲労しにくい。横紋筋のうち、手足などの骨についている筋肉を**骨格筋**という。骨格筋は**随意筋**といわれ、意識して動かすことができる筋肉である。これに対して、**心筋**(心臓の筋肉)や**平滑筋**(内臓筋など)は**不随意筋**といわれ、意識して動かすことができない筋肉である。通常、横紋筋は随意筋、平滑筋は不随意筋であるが、心筋は横紋筋でありながら不随意筋である。

横紋筋と平滑筋

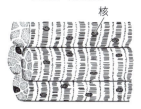

横紋筋（骨格筋）

明暗の横縞がある。すばやく収縮するが疲労しやすい。随意筋。多核体。

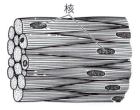

平滑筋（内臓筋）

横縞が見られない。ゆっくり収縮し疲労しにくい。不随意筋。

② 骨格筋の構造

骨格筋は、**筋細胞**(**筋繊維**)が単位となっており、1個の筋細胞は数百個の核を持つ。さらにこれら筋細胞が束になることで骨格筋を形成する。

筋細胞中には**筋原繊維**といわれる円柱状の構造が、細胞長軸方向に平行に並んでぎっしりと詰まっており、筋原繊維は、両端が**Z膜**で仕切られた**サルコメア**(筋節)という単位が長軸方向に繰り返しつながっている(図参照)。サルコメア内には、**アクチンフィラメントとミオシンフィラメント**が長軸方向に規則正しく並んでいる。サルコメア中央(ミオシンフィラメントが集まった部分)はやや暗く見えるため**暗帯**、Z膜の近く(アクチンフィラメントが集まった部分)は明るく見えるため**明帯**といわれる。

③ 骨格筋の収縮

筋収縮は、ミオシンとアクチンの相互作用で起こり、ミオシンがATPのエネルギーを使ってアクチンをたぐり寄せる。つまり、アクチンがミオシンに滑り込むことによって起こる。これを**滑り説**という。

サルコメアは収縮するが、フィラメント(細長い糸のような構造)が収縮しているわけではなく、ミオシンフィラメントもアクチンフィラメントも長さは変わらない。

④ 骨格筋の収縮制御

骨格筋は運動神経に支配されているので、意思により収縮させることができる。このような随意筋は**アセチルコリン**によって制御されており、神経終末から分泌されたアセチルコリンが受容体に結合すると筋細胞に活動電位が発生する。

筋原繊維は**筋小胞体**といわれる筋細胞特有の小胞体によって囲まれており、活動電位が発生すると**カルシウムイオンCa^{2+}**が放出される。この濃度が薄いと筋肉は弛緩しており、筋小胞体から放出されたCa^{2+}によって収縮が起こる。

骨格筋の構造

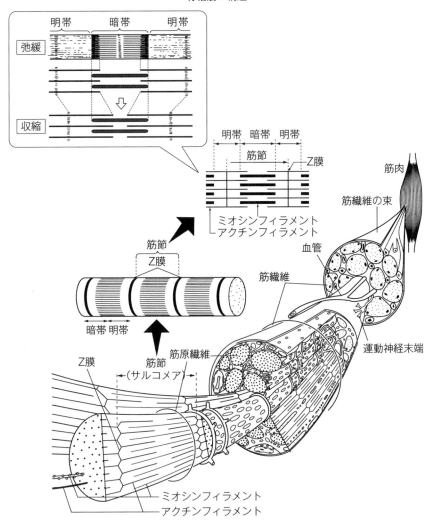

6 動物の組織

　動物の場合、組織は伝統的に上皮組織、筋組織、神経組織、結合組織の四つに分類されてきた。体や器官の表面を上皮組織といい、それらの境界となっている。はたらきは上から保護上皮、腺上皮、感覚上皮などに分かれている。

　すでに扱った、体を動かす筋肉を構成する筋組織、情報伝達をする神経組織などがあり、それら以外をまとめて結合組織という。特徴としては「構造の支持に関与・中胚葉由来」などが挙げられ、細胞間物質などが主である。血液や骨もここに含まれる。

3 動物の行動

　動物の動きの中で、生存や繁殖に意味づけられるものを特に行動という。行動は、遺伝的に伝えられ生まれながらに行う生得的行動と、生まれた後に得た経験によって行う学習行動の2種類に分けられる。

1 生得的行動

① かぎ刺激による行動

　動物が、ある刺激を受けたときに常に決まった行動を起こす場合、この刺激をかぎ刺激(信号刺激)という。

　代表的な例として、トゲウオがほかの雄を攻撃する行動は、腹部の赤い色が「かぎ刺激」である。そのほかにも、クモやハチが決まった形の巣を作ること、鳥の渡りと帰巣行動、サケの回帰性などもかぎ刺激による行動である。

② 定　位

　動物が食物や快適な環境を求めて移動するとき、環境中の刺激を目印に特定の方向を定めている。これを定位という。定位には、走性のように単純なものから鳥の渡りなど長距離の移動を伴うものなどさまざまなものが知られている。

6　生物の環境応答　189

(ア) 走　性

ある刺激を受けた動物が、刺激源に対して方向性を持った同一行動をとる反応を走性という。刺激源に対して体を向ける、あるいは近づくことを正の走性、刺激源に対して背を向ける、あるいは遠ざかることを負の走性という。

一定の走性を示す動物も、環境条件の変化などで、走性が失われたり、走性の種類が転換したりすることもある。

走性の種類

走性の種類	刺　激	正の走性	負の走性
光走性	光	魚、多くの昆虫、ゾウリムシ、ミドリムシ(弱光)	プラナリア、ミミズ、ゴキブリ、ミドリムシ(強光)
化学走性	化学物質	ハエ(アンモニア)、カ(二酸化炭素)、ゾウリムシ(弱酸)	ゾウリムシ(強酸)
重力走性	重力	ミミズ、二枚貝	カタツムリ、ゾウリムシ
水流走性	水流	メダカなどの川魚	
接触走性	接触	ゴカイ、イトミミズ	ミドリムシ

(イ) 太陽コンパス

鳥には渡りをするものが存在するが、長距離であっても正確に定位することができる。これらの鳥は、昼間は太陽の位置情報をもとにして方向を定めており、これを太陽コンパスという。太陽は時間とともに位置が変わるが、生物時計によって時間補正している。夜間は星座情報をもとにして方向を定めており(星座コンパス)、曇り空で太陽コンパスや星座コンパスが使えない場合は地磁気の情報をもとにして方向を定めているといわれている(地磁気コンパス)。

(ウ) 気流を利用した行動

コオロギなどの昆虫は、感覚毛によって空気の流れを受容する。気流の大きな変化は、敵の接近を告げているので、逃避行動で身を守ることができる。

(エ) 音を利用した行動

コウモリやイルカは超音波を利用している。超音波を発することによって周囲の状況を読み取り、捕食などをしている。またコウモリの被食者である蛾は、超音波に対して退避行動をとることで知られている。ほかにも雌の鶏は、ヒナの鳴き声によって救援行動が見られる。

③ 情報伝達

（ア）フェロモン

　生物の体から分泌される化学物質を**フェロモン**といい、フェロモンというかぎ刺激によって、**同種**の**個体**に特定の本能行動を起こさせる。多くの昆虫の生殖行動、アリの道しるベフェロモン・警報フェロモン、ゴキブリの集合フェロモンなどがその代表例である。

（イ）ミツバチのダンス

　ミツバチは、花の蜜が取れる場所を他のミツバチに伝えるために巣に戻りダンスのような行動をとる。これは太陽の位置を利用した行動である。

2 学習行動

① 学 習

　動物は、生まれた後の経験（刺激）によって、新しい行動や目的達成のための行動を習得することができる。これを**学習**という。一般に、神経系の発達した動物ほど学習能力は高く、脊椎動物の中でも哺乳類は特にその傾向が顕著に見られる。

（ア）慣 れ

　同じ刺激を受け続けると反応性が低下することを**慣れ**という。軟体動物のアメフラシのえらに触れるとえらを引っ込めるが（反射）、繰り返すと引っ込めなくなることや、音や臭いの慣れがその代表例である。

(イ) 条件づけ（条件反射）

　生得的に起こるかぎ刺激を**無条件刺激**という。ここに、全く関係ない刺激を同時に与えると、無条件刺激と結びつけることができる。これを**古典的条件づけ**という。このとき、全く無関係な刺激を**条件刺激**という。パブロフの犬がその代表例である。

　レバーを押すとエサが出る装置に動物を入れる。最初は偶然押したレバーによってエサが得られるが、動物はやがて「レバーを押すとエサが得られる」ということを学習する。このようなものを**オペラント条件づけ**という。

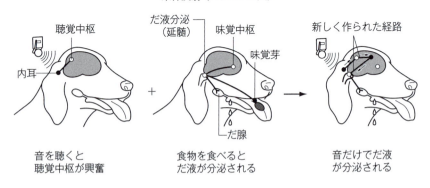

条件反射（パブロフの犬）

音を聴くと聴覚中枢が興奮　　食物を食べるとだ液が分泌される　　音だけでだ液が分泌される

(ウ) 刷込み

　生まれて間もない時期の特定行動の学習を**刷込み**（インプリンティング）といい、鳥の雛が生まれて最初に見たものを親と思い込むことや、サケが産まれた川の臭いを覚えていることなどがその代表例である。

(エ) 試行錯誤

　最初は失敗しても、同じことを繰り返すうちに誤りが減っていくような学習を**試行錯誤**という。オペラント条件づけは試行錯誤の一種といえる。

② 知能行動

　過去の経験そのもので行う行動ではなく、過去の経験から推理したうえで未知の事柄に対して対処する行動を**知能行動**という。知能行動は、大脳の発達した動物ほどよく見られるものである。

第4章

生物

6 生物の環境応答 193

過去問 Exercise

問題1　植物の性質に関する次の記述の A ～ E に入る語句の組合せとして、最も妥当なのはどれか。

東京消防庁Ⅰ類2014

　固定した位置に生育する植物または植物の器官が、刺激の方向に対して決まった方向に屈曲する反応を A といい、刺激源の方向へ屈曲する場合を B の A と呼び、その反対の方向へ屈曲する場合を C の A という。例えば、刺激となる光の光源の方向へ曲がる茎の反応は D の光 A という。また、植物の器官が刺激の方向とは無関係に、一定の方向に屈曲する反応を E という。

	A	B	C	D	E
1	屈性	正	負	正	傾性
2	屈性	負	正	負	傾性
3	傾性	正	負	正	屈性
4	傾性	負	正	正	屈性
5	傾性	負	正	負	屈性

194　第4章　生物

解説

正解 **1**

　植物が刺激に対して、決まった方向に屈曲する反応を屈性（**A**）という。刺激の来る方向に屈曲する反応は正（**B**）の屈性、刺激の来る方向と反対の方向に屈曲する反応は負（**C**）の屈性である。例えば、光源の方向へ曲がる茎の反応は正（**D**）の光屈性であり、光原の方向と反対の方向へ曲がる根の反応は負の光屈性である。

　また、植物が刺激の方向とは無関係に、一定の方向に屈曲する反応を傾性（**E**）という。

問題2　植物ホルモンに関する記述として、妥当なのはどれか。

特別区Ⅰ類2021

❶　エチレンには、果実の成熟や落果、落葉を抑制する働きがある。

❷　ジベレリンには、種子の発芽や茎の伸長を促進する働きがある。

❸　オーキシンには、種子の発芽や果実の成長を抑制する働きがある。

❹　フロリゲンには、昆虫の消化酵素の働きを阻害する物質の合成を促進し、食害の拡大を防ぐ働きがある。

❺　サイトカイニンには、細胞分裂の抑制や、葉の老化の促進、葉の気孔を閉じる働きがある。

解説

正解 ❷

第4章 生物

❶ ✗　エチレンには、果実の成熟や落果、落葉を促進するはたらきがある。

❷ ◯　正しい記述である。

❸ ✗　種子の発芽を抑制するのはアブシシン酸である。なおオーキシンは、伸長成長を濃度によって調節し、屈性の原因となる物質である。

❹ ✗　ジャスモン酸に関する記述である。

❺ ✗　サイトカイニンには、細胞分裂の促進や葉の老化の抑制、葉の気孔を開くはたらきがある。

6　生物の環境応答　197

問題3 植物の環境応答に関する記述として最も妥当なのはどれか。

国家専門職2020

❶ 植物は、乾燥によって水不足の状態に陥ると、気孔が開いて、空気中の水蒸気を取り込む。この調節はアブシシン酸を介して行われており、水不足が体内のアブシシン酸を増加させ、アブシシン酸が孔辺細胞に作用して膨圧が低下し、気孔が開く。

❷ 植物は、氷点以下の低温や高濃度の塩分によるストレスを受けると、オーキシンの含有量が増え、ストレス抵抗性に関わる様々な遺伝子の発現を誘導する。植物が持つこのストレス抵抗性は、繰り返しストレスにさらされた場合よりも、一度に強いストレスを受けた場合の方が高くなる。

❸ 植物は、昆虫による食害などによって傷害を受けると、体内でエチレンを作る。エチレンはタンパク質の合成を阻害する働きを有しており、これによってエチレンを食べた昆虫の成長が妨げられるので、食害の拡大を防ぐのに役立つ。

❹ 植物は、病原性の細菌や菌類などの病原体に感染すると、菌体成分に由来する物質を感知して様々な応答を示す。その一つに、感染部位の周辺で起きる自発的な細胞死があり、これによって病原体を初期に感染した部位に閉じ込め、全身に広がるのを防いでいる。

❺ 植物は、花芽の形成の際に日長のほかに温度の影響を受ける場合がある。カーネーションなどの短日植物では、花芽形成を促進する遺伝子の発現が、夏の高温にさらされることで抑制され、花芽の形成が遅れることがある。この現象を春化という。

解説

正解 **4**

❶ ✗　植物が気孔から水分を取り入れるというようなことはない。また、気孔を開くのはフォトトロピンによる作用で、アブシシン酸は気孔を閉じる作用がある。なお、膨圧が下がると気孔は閉じる。

❷ ✗　オーキシンは伸長を促進する植物ホルモンである。植物のストレス抵抗性は、低温においては、繰り返しさらされることによって耐性をつけていく。

❸ ✗　食害を受けたときの応答はジャスモン酸によって誘導される。なお、エチレンは乾季や冠水などの酸素不足時に葉を下垂させるなどの誘導を行う。

❹ ◯　正しい記述である。

❺ ✗　春化とは、一定期間、低温にさらされることによって花芽形成が促進される現象をいう。

問題4 ヒトの反射に関する記述中の空所A～Cに当てはまる語句の組合せとして、最も妥当なのはどれか。

警視庁Ⅰ類2016

ヒトの意志とは関係なく起こる反応として、反射があり、ひざの関節のすぐ下を軽くたたかれると思わず足が跳ね上がる（ **A** ）がある。この反射の中枢は（ **B** ）にあって、大脳と無関係に素早い反応が起こる。反射における、受容器→感覚神経→反射中枢→運動神経→効果器という興奮伝達の経路を（ **C** ）という。

	A	B	C
1	しつがい腱反射	中脳	体性神経系
2	しつがい腱反射	脊髄	反射弓
3	屈筋反射	延髄	反射弓
4	屈筋反射	中脳	体性神経系
5	屈筋反射	脊髄	反射弓

解説

正解 **2**

A：しつがい腱反射

膝の関節のすぐ下を軽く叩くと思わず足が跳ね上がる反射のことを膝蓋腱反射、熱いものに触ったときに思わず手を引っ込める反射のことを屈筋反射という。

B：脊髄

膝蓋腱反射、屈筋反射の中枢は脊髄にある。中脳および延髄は脳の一部である。

C：反射弓

反射における、「受容器→感覚神経→反射中枢→運動神経→効果器」という興奮伝達の経路を反射弓という。体性神経系とは末梢神経系における分類の一つで運動神経と感覚神経が含まれる。

問題5　次の記述の　A　から　C　に当てはまる語句の組合せとして、最も妥当なのはどれか。

東京消防庁Ⅰ類2014

1個の神経細胞に着目してみると、神経細胞に与える刺激の強さが、ある強さ（　A　）以上ないと　B　は生じない。また、　A　より強い刺激を与えた場合、刺激がどんなに強くても、　B　の大きさはほぼ一定で変化しない。これを、　C　という。感覚器の受容細胞の反応の多くは刺激に対して段階的に変化する。しかし、その信号を脳へと伝える感覚神経繊維は、　C　に従って変化する。

	A	B	C
1	閾値	活動電位	全か無かの法則
2	閾値	静止電位	跳躍伝導
3	適刺激	活動電位	全か無かの法則
4	適刺激	活動電位	跳躍伝導
5	適刺激	静止電位	全か無かの法則

解説

正解 **1**

A：閾値

軸索の興奮は刺激の強さがある一定値以上に達しないと起こらない。この刺激の最小値を閾値という。

B：活動電位

刺激が閾値以上に達したときに発生するのが活動電位である。

C：全か無かの法則

閾値以上の刺激を受けると、刺激をいくら強くしても活動電位の大きさは変わらない。つまり、軸索は刺激に対して全く反応しないか、最大の大きさで反応するかのどちらかである。このことを全か無かの法則という。

問題6 ニューロンとその興奮に関する記述として、最も妥当なのはどれか。

東京消防庁Ⅰ類2020

1 神経系を構成する基本単位はニューロン（神経細胞）と呼ばれる。ニューロンは、無核の細胞体とそこから伸びる多数の突起からなり、長く伸びた突起を軸索、枝分かれした短い突起を樹状突起という。

2 ニューロンは、加えられる刺激の強さがある一定以上でないと興奮しない。興奮がおこる最小限の刺激の強さを閾値といい、それ以上刺激を強くしても興奮の大きさは変わらない。

3 ニューロンが刺激を受けて興奮すると、興奮部と静止部との間で微弱な電流が流れる。これを活動電流といい、この電流が刺激となって隣接部が興奮し、さらに次の隣接部が興奮するというようにして興奮が伝わっていくことを興奮の伝達という。

4 軸索の末端は、せまいすきまを隔ててほかのニューロンや効果器と連絡している。この部分をシナプスといい、アセチルコリンなどの神経伝達物質により次のニューロンの樹状突起や細胞体に興奮が伝えられることを、興奮の伝導という。

5 ニューロンの興奮は、軸索では一方向へしか伝わらない。一方、シナプスでは、化学物質によって仲介されるので、興奮は両方向へ伝わる。

解説

正解 **2**

1 ✗　ニューロンの細胞体は核を持ち、1本の軸索と多数の樹状突起を持つ。

2 ◯　正しい記述である。

3 ✗　興奮の伝達ではなく興奮の伝導に関する記述である。

4 ✗　興奮の伝導ではなく興奮の伝達に関する説明である。

5 ✗　軸索では両方向へ伝わり、シナプスでは一方向にしか伝わらない。

6　生物の環境応答　205

問題7 ヒトの脳に関する記述として、妥当なのはどれか。

特別区Ⅰ類2015

1 大脳は、視床と視床下部に分けられ、視床下部には自律神経系の中枢がある。

2 中脳は、記憶や思考などの精神活動や、さまざまな随意運動の中枢がある。

3 小脳には、眼球運動、瞳孔反射などの中枢がある。

4 間脳には、体の平衡を保つ中枢がある。

5 延髄には、呼吸運動や心臓の拍動、血管の収縮などを支配する中枢がある。

解説

正解 **5**

① ✕　大脳ではなく間脳についての説明である。

② ✕　中脳ではなく大脳についての説明である。

③ ✕　小脳ではなく中脳についての説明である。

④ ✕　間脳ではなく小脳についての説明である。

⑤ ◯　正しい記述である。

6　生物の環境応答　207

問題8	視覚器に関する記述として、妥当なのはどれか。

特別区Ⅰ類2019

1 眼に入った光は、角膜とガラス体で屈折して網膜上に像を結び、視神経細胞により受容される。

2 網膜に達する光量は、虹彩のはたらきによって瞳孔の大きさが変化することで調節される。

3 視細胞のうち錐体細胞は、うす暗い所ではたらき、明暗に反応するが、色の区別には関与しない。

4 視細胞のうち桿体細胞は、網膜の中央部に分布し、盲斑には特に多く分布している。

5 視神経繊維が集まって束となり、網膜を貫いて眼球外に通じている部分を黄斑というが、光は受容されない。

208 第4章 生物

解説

正解 **2**

❶ ✕ 　眼において、網膜上に像を結ぶためのレンズの役割をしているのは、主に水晶体である。

❷ ◯ 　正しい記述である。

❸ ✕ 　錐体細胞ではなく桿体細胞についての説明である。

❹ ✕ 　桿体細胞ではなく錐体細胞についての説明である。

❺ ✕ 　黄斑ではなく盲斑についての説明である。

| 問題9 | 次の図は、ヒトの耳が音波を伝える順番を示している。A～Dを（　）に入る順番に並べているものとして、最も妥当なのはどれか。 |

東京消防庁Ⅰ類2009

図

音波　→（　　）→（　　）→（　　）→（　　）→　大脳　→　聴覚

A　聴細胞の興奮

B　鼓膜の振動

C　耳小骨の振動

D　うずまき管内のリンパ液の振動

1　A → B → D → C

2　A → C → B → D

3　B → C → D → A

4　B → D → C → A

5　C → B → A → D

解説

正解 **3**

　耳殻で集められた音波は、外耳道を通り、鼓膜を振るわせる。その振動は耳小骨によって増幅され、うずまき管内のリンパ液を振動させる。その結果、基底膜が振動し、コルチ器官のおおい膜と聴細胞の感覚毛がこすれて聴細胞が興奮し、その興奮が聴神経を経て大脳の聴覚中枢に伝えられる。

　よって、音波を伝える順番は、音波→鼓膜の振動（**B**）→耳小骨の振動（**C**）→うずまき管内のリンパ液の振動（**D**）→聴細胞の興奮（**A**）→大脳→聴覚となる。

問題10 ヒトの受容器に関する記述として最も妥当なのはどれか。

国家専門職2019

1 近くのものを見るとき、眼では、毛様筋が緩み、水晶体を引っ張っているチン小帯が緩むことで、水晶体が厚くなる。これにより、焦点距離が長くなり、網膜上に鮮明な像ができる。

2 網膜には、薄暗い場所でよく働く桿体細胞と色の区別に関与する錐体細胞の2種類の視細胞が存在する。このうち、桿体細胞は、網膜の中心部の盲斑と呼ばれる部分によく分布している。

3 耳では、空気の振動として伝わってきた音により、鼓膜が振動する。これが中耳の耳小骨を経由し、内耳のうずまき管に伝わり、その中にある聴細胞が興奮することにより、聴覚が生じる。

4 内耳には、平衡覚の感覚器官である前庭と半規管があり、半規管は空気で満たされている。体が回転すると、前庭にある平衡石がずれて感覚毛が傾き、回転運動の方向や速さの感覚が生じる。

5 皮膚には、圧力を刺激として受け取る圧点、温度を刺激として受け取る温点・冷点などの感覚点がある。これらの感覚点は、部位によらず、皮膚全体に均一に分布している。

解説

正解 **3**

1 ✕　近くのものを見るとき、毛様体の筋肉が収縮し、チン小帯が緩むことで、水晶体が厚くなり、焦点距離が近くなる。

2 ✕　盲斑には、視細胞は存在しない。

3 ◯　正しい記述である。

4 ✕　半規管の内部はリンパ液で満たされている。前庭は傾きを受容する。回転を受容するのは半規管である。

5 ✕　感覚点の分布は一様ではなく、指先、口唇などは密度が高い。

問題11　筋肉に関する記述として、妥当なのはどれか。

東京都Ⅰ類2016

1　横紋筋には、骨に付着して体を動かすときに使われる骨格筋と、心臓を動かす心筋がある。

2　平滑筋は、随意筋であり、筋繊維が束状になって、消化管や血管の壁などを形成している。

3　筋原繊維には、暗帯と明帯が不規則に並んでおり、明帯の中央にある細胞膜と細胞膜の間をサルコメアという。

4　筋小胞体は、神経から伝えられた刺激で筋繊維内のミトコンドリアに興奮が生じると、マグネシウムイオンを放出する。

5　アクチンフィラメントは、それ自身の長さが縮むことにより、筋収縮を発生させる。

解説

正解 **1**

❶ ◯　正しい記述である。

❷ ✕　平滑筋は随意筋ではなく不随意筋である。

❸ ✕　暗帯と明帯は規則的に並んでいる。また、明帯の中央にあるのはＺ膜である。なおサルコメア(筋節)とは、両端をＺ膜で仕切られた構成単位である。

❹ ✕　筋小胞体は、アセチルコリン受容体に活動電位が生じると、カルシウムイオンを放出する。

❺ ✕　筋収縮は、アクチンフィラメントがミオシンフィラメントに滑り込むことによって起こるのであり、フィラメント自身の長さが変わっているわけではない。

問題12 動物の行動に関する記述A 〜 Dのうち、妥当なもののみを挙げているのはどれか。

国家一般職2019

A 動物が感覚器官の働きによって、光やにおい(化学物質)などの刺激の方向へ向かったり、刺激とは逆の方向へ移動したりする行動を反射といい、これは、習わずとも生まれつき備わっているものである。一例として、ヒトが熱いものに手が触れると、とっさに手を引っ込めるしつがいけん反射が挙げられる。

B カイコガの雌は、あるにおい物質を分泌し、雄を引きつける。この物質は、性フェロモンと呼ばれ、雄は空気中の性フェロモンをたどって、雌の方向へと進む。このように、動物がある刺激を受けて常に定まった行動を示す場合、この刺激をかぎ刺激(信号刺激)という。

C 動物が生まれてから受けた刺激によって行動を変化させたり、新しい行動を示したりすることを学習という。例えば、アメフラシの水管に接触刺激を与えると、えらを引っ込める筋肉運動を示すが、接触刺激を繰り返すうちにえらを引っ込めなくなる。これは、単純な学習の例の一つで、慣れという。

D パブロフによるイヌを用いた実験によれば、空腹のイヌに食物を与えると唾液を分泌するが、食物を与えるのと同時にブザー音を鳴らすことにより、ブザー音だけで唾液を流すようになる。このような現象は刷込み(インプリンティング)といい、生得的行動に分類される。

1 A、B

2 A、C

3 B、C

4 B、D

5 C、D

解説

正解 ③

A ✕ 　刺激の方向へ向かったり、逆方向へ向かったりする行動は走性である。また、膝蓋腱反射とは、木槌などで膝の下部を叩くと、下腿が跳ねる反射である。

B ◯ 　正しい記述である。

C ◯ 　正しい記述である。

D ✕ 　本記述のパブロフの犬の例は条件反射といい、学習行動に分類される。なお刷込みも学習行動である。

★☆☆

7 生物多様性と生態系

生物の種は、単体で生きていることはほとんどなく、さまざまな場所で互いに関係しながら生活しています。これら生物の個体群による営みと、環境との関係について見ていきます。

① 環　境

ある生物を取り巻く外界を環境といい、環境には非生物的環境と生物的環境がある。

非生物的環境を構成する要素は、光・水・土壌・大気・温度などであり、これらが生物に影響を及ぼすことを作用という。逆に、生物の生活が非生物的環境に影響を及ぼすことを環境形成作用という。

1 さまざまな植生

ある場所に生育している植物の集まりを植生といい、植生を外から見たときの様相を相観という。植生の中で、個体数が多く、背丈が高く、葉や枝の広がりが大きい種を優占種といい、一般に相観は、優占種によって特徴づけられる。

2 バイオーム

地球上の気候は多様であり、植生の相観に大きな影響を与える。ある地域で見られる植生や動物などを含めた生物の集まりをバイオーム(生物群系)といい、植生の相観に基づいて森林、草原、荒原に分類される。

3 土　壌

土壌は、岩石が風化したものや生物の遺骸などで形成される。森林の土壌は発達しており、層状になっている。地上面は落葉・落枝で覆われており、この層を落葉層という。その下には腐植層があり、この層は、落葉・落枝が地中の微生物などによって分解されてできた有機物の層であり、養分が豊富である。熱帯では気温が高

218　第4章　生　物

いため、微生物の活動が活発になり、落葉層や腐植層は薄くなる。

風化した細かい岩石と腐植がまとまった粒状の構造を**団粒構造**といい、保水力や通気性が高い。

2 遷 移

ある空間における生物群集を取り巻く環境を見ると、長期的な視点ではさまざまな変化が一定の方向性で起こっている。これを**遷移**といい、最終的に安定した環境になった状態を**極相（クライマックス）**という。極相に達した森林を**極相林**といい、極相で見られる生物を**極相種**という。極相種における優占種は陰樹(後述)である。一般に、極相に達するまでは千年以上かかると考えられている。

火山の噴火によってできた土地などのように、生物を全く含まない状態から始まるものを**一次遷移**といい、陸上から始まる乾性遷移と湖沼から始まる湿性遷移がある。これに対して、山火事などによって土中に生物や種子などが含まれる状態から始まるものを**二次遷移**といい、遷移のスピードは二次遷移のほうが速い。

1 一次遷移（乾性遷移）

① 裸 地

溶岩や火山灰などで覆われた土地を**裸地**といい、風化などによってわずかながらに薄く土が積もり、その土に**地衣類**(菌類のうちで藻類であるシアノバクテリアなどを共生させることで自活できるようになったもの)が現れる。このように土地に最初に侵入する植物を**先駆植物**(パイオニア植物)という。

② 荒 原

地衣類などの先駆種だけで植物がまばらな環境を**荒原**という。ここに、微生物や地衣類の死骸が薄く積もった土と混ざり、栄養分を含んだ土壌が形成される。土壌にコケ植物が現れると、その死骸と水が蓄えられることによってさらに土壌が増え、ススキなどの草本植物(茎と葉を持つ植物で、果実を生産した後、地上部が枯死する植物)が発芽できる環境になる。

③ 草 原

草本植物が繁栄すると、そこに**草原**が形成される。草原が形成される環境になると、昆虫や小動物が現れ、それらの死骸や排出物によってさらに豊かな土壌になる。そのころから樹木が現れ始める。

7　生物多様性と生態系　219

④ 陽樹林

　光補償点が高い陽生植物の樹木を陽樹という。草原の中に陽樹が侵入してくると、これらは草本植物を上回る高さであることから、草本植物よりも繁栄し、陽樹林が形成される。

⑤ 混交林

　陽樹林が形成されると、林床（森林の最下層部）に光があまり届かなくなり、光補償点の高い陽樹の幼木が育ちにくくなる。すると今度は、光補償点の低い陰樹が残ることになる。陽樹と陰樹の混交林（混合林・混成林）が形成される。

⑥ 陰樹林

　光の少ない林床では陽樹が育たないので、成長した陽樹が枯れていくと、陰樹ばかりが残り陰樹林が形成される。この状態が植物群落における遷移の極相（クライマックス）で、この森林を極相林という。

　極相林になったとしても、自然災害などで森林が破壊されることもあるため、一時的な状況であるといえる。

一次遷移（乾性遷移）

裸地 ➡	草原 ➡	陽樹林 ➡	混交林 ➡	陰樹林
コケ類	ススキ	アカマツ	アカマツ	ブナ
地衣類	イタドリ	コナラ	カシ、シイ	カシ、シイ

2 一次遷移（湿性遷移）

① 沈水植物などの生育

　湖沼に生物の死骸や土砂が堆積すると浅くなっていき、沈水植物（全体が水中にある植物）などが生育するようになる。

② 浮葉植物の生育

　湖沼が浅くなると、浮葉植物（葉が水面に浮いている植物）が生育し、水面を覆う。

③ 湿　原

　浮葉植物などの死骸の堆積、土砂の流入でさらに浅くなると、水分を多く含むコケ植物・草本植物などによって湿原が形成される。

220　第4章　生　物

④ 草 原

さらに植物などの死骸や土砂が堆積し、陸地化が進むことで草原が形成される。この後は、乾性遷移と同様の過程を経て極相林となる。

3 二次遷移

山火事の跡地、森林伐採の跡地、耕作を放棄した場所には、植物の生育に必要な土壌、水分や養分、種子や根、樹木の切り株などが存在し、この状態から遷移が始まる。これを二次遷移という。

4 ギャップ更新

自然災害などによって極相林の一部の高木が倒れ、林床まで光が届くようになることがある。このような場所をギャップという。ギャップが小さい場合は、森林内に差し込む光が弱く、陽樹は成長できないため、陰樹の幼木が成長してギャップを埋めることになる。これに対して、ギャップが大きい場合には、森林内に差し込む光が強く、陽樹の幼木が成長してギャップを埋めることになる。

以上のような理由から、極相林の一部に陽樹が混じっていることがあるが、このようなギャップにおける樹木の入れ替えをギャップ更新という。

3 生態系

生物の集団と、それを取り巻く環境をまとまりとして捉えたものを生態系という。生態系の構造を段階的に見ていくとやがて個体にたどり着くが、生殖があるので単独では生きられない。

ある一定の地域に生息する同種個体の集まりのことを個体群という。個体群を構成する個体は、さまざまな種内関係を保ちながら生活している。個体群どうしもまた、相互に関係を持っているが、このような生物集団のことを生物群集という。さらに、大きなまとまりが生態系である。

生命体が「細胞→組織→器官→個体」という階層を取るように、「個体→個体群→生物群集→生態系」という構造を見て取ることができる。

7 生物多様性と生態系 221

1 種内関係

動物の個体群では、相互にさまざまな影響を及ぼし合いながら統一的な行動をとることがある。このような集団を**群れ**という。群れのサイズは、個体群どうしの作用で、利益と不利益のバランスによって決まる。

生物が生存し子孫を残すためには食物や場所が必要であり、これらをすべて**資源**という。資源には限りがあり、特に同種であれば必要な資源も同じなので、競争が生じる。これを**種内競争**という。

生物の多くは、ある環境で定着すると一定の範囲内を動き回る。この範囲を**行動圏**といい、この中で同種他個体の侵入から防御されている範囲を**縄張り**という。アユなどが縄張りを持つ生物の例である(なお、アユは縄張りを持たない群れアユを形成することもある)。

多数の種で構成される生物群集の中において、資源の利用の仕方はどの種もだいたい決まっている。生物群集内で占めるこのような位置を**生態的地位(ニッチ)**という。

2 種間関係

生態系を構成する生物は、**生産者**と**消費者**に分けられる。消費者のうち、菌・細菌類のようなものを**分解者**という。ある環境内で生活する生物は、他の種類の生物とも相互関係があり、これを**種間関係**という。

中には「食う－食われる」の関係があり、これを**食物連鎖**という。食うものを**捕食者**、食われるものを**被食者**という。自然界での生物どうしの関係は、直線的なものではなく複雑に絡み合っているため、食物連鎖を**食物網**ともいう。

3 生態ピラミッド

生態系において、生産者をスタートとする食物連鎖を考えると段階的に整理することができる。この段階を**栄養段階**といい、個体数や生物量に基づいて積み重ねると、下位の者ほど多く、上位の者ほど少なくなる。これを**生態ピラミッド**という。ただし、形が逆転することもしばしば見られる。

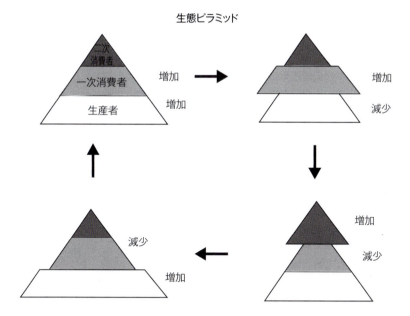

生態ピラミッド

4 成長曲線

　個体群を構成する個体数が増加することを**個体群の成長**という。この増加の様子をグラフ化すると曲線を描く。この曲線を**成長曲線**という。理論上は指数関数を描くが、個体数は一定数以上になると、えさの不足やほかの個体群からの捕食も多くなり、それ以上個体群が大きくならないことが多いため、実際はS字を描く。

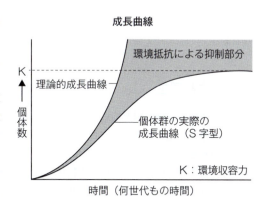

5 個体群の構造

　個体群の中を見ると、さまざまな発育段階の個体から成り立っている。ある時点における個体群内の個体をそれぞれの発育段階に分け、その数や割合を示したものを**齢構成**という。比較的寿命の長い哺乳類、特に人では、年齢で分けることも可能である。

　個体群内の個体を年齢に分けて、それぞれの個体数を若い順に下から積み上げて示したものを**年齢ピラミッド**という。一般的に見るものはヒトや実験個体のものである。

　齢構成において、生殖年齢にある生体の個体数はその後の個体数の増減と密接な関係がある。

　個体数の増加期にある場合、図の左にあるような若齢の個体割合が多いものになり、これを**幼若型**(ピラミッド型)という。これに対し、図の右にあるような若齢が少なく老齢が多いものを**老齢型**(つぼ型)、個体数が安定しているものを**安定型**(つりがね型)などという。

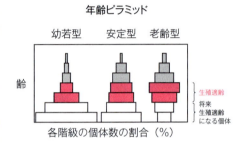

年齢ピラミッド

　ヒトの場合、大きく富士山型、つりがね型、つぼ型に分かれ、現在の日本はつぼ型である。

6 共生と寄生

　異なる種類の生物が同所的に生活し、双方、もしくは一方が利益を得て、害を受けない関係を**共生**という。一方のみが利益を得る**片利共生**と、双方が利益を得る**相利共生**がある。

　一方、ある種の生物が他の種の生物に付着し、栄養を奪うことで生活することを**寄生**という。このとき、寄生される側を**宿主**という。

4 生態系のバランスと保全

　生態系において、生物を含めたすべての環境は絶えず変化している。しかし、長期的な視点で見れば(地球規模の大きな変動がなければ)一定の範囲内でバランスが保たれていると考えられる。

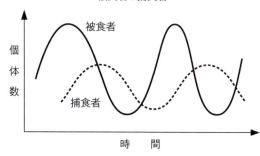

被食者と捕食者

1 キーストーン種

　生態系の中には、栄養段階の上位にいる捕食者で、数が少ないにもかかわらずその生態系のバランスに大きな影響を及ぼす生物が存在する。このような生物を**キーストーン種**といい、生態系によっては、たった1種類のキーストーン種の増減によってバランスが変化してしまう。

　例えばラッコは、ウニを捕食する。ウニはジャイアントケルプという海藻を捕食する。1900年代後半、ヒトによってラッコが乱獲されると、ウニが増殖しジャイアントケルプが駆逐されてしまった。これによって海底の環境は大きく変化したが、この例ではラッコがキーストーン種であったといえる。

2 アンブレラ種

　ある生態系における生体ピラミッド構造、食物連鎖の頂点の消費者を**アンブレラ種**という。アンブレラ種は、個体群維持のために、えさの量など一定の条件が満たされる広い生息地（または面積）が必要な種である。キーストーン種とは異なり、アンブレラ種が生態系から失われても、その生態系に大きな影響が及ぶとは限らない。

　生態ピラミッドの下位にある動植物や広い面積の生物多様性・生態系を、傘を広げるように保護できることに由来する名称である。

3 外来生物

　ある地域に古くから生息している生物を**在来生物**という。それに対して、本来は分布していなかった地域に他の地域から人間によって移入されて定着した生物を**外**

来生物という。外来生物の中には、在来生物を捕食したりするなどで生態系のバランスを変化させているものも少なくない。

環境省では2005年に、日本の自然環境に悪影響を及ぼす海外由来の外来生物を特定外来生物に指定し、飼育・運搬の禁止、駆除などを行っている。アライグマなどはその例である。

4 人間活動と生態系の保全

化石燃料の利用により、大気中の二酸化炭素濃度は増加を続けている。二酸化炭素やメタン、亜酸化窒素、フロンなどは、地球表面から放射される赤外線を吸収し、再び地球表面に放射していることから、温室効果ガスという。

河川や海には、有機物を希釈したり、微生物によって分解したりする作用があり、これらを自然浄化という。自然浄化能力を超えて河川や湖の無機塩類が増えることを富栄養化という。赤潮や水の華(アオコ)などはその例である。

5 生態系と物質生産

1 炭素・窒素の循環

有機化合物は、炭素を骨格とする化合物の総称である。中でも炭素は、有機物の総重量の約半分を占める。炭素は、生態系の中を循環しており、主に無機物としては二酸化炭素の形で循環している。

炭素の循環

窒素は生体において、タンパク質の構成要素として重要な役割を果たしている。

窒素もまた、タンパク質やアンモニウムイオンNH_4^+、硝酸イオンNO_3^-といった形で循環している。

窒素の循環

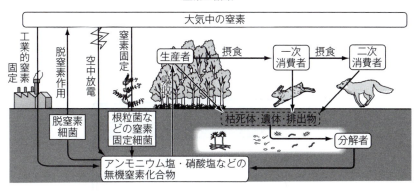

2 窒素同化と窒素固定

① 窒素同化

植物は、光合成で炭水化物を合成すること（炭酸同化）はできるが、窒素を含むタンパク質は合成することができない。そのため、土中のアンモニウムイオンNH_4^+や、亜硝酸菌や硝酸菌などの**硝化菌**によって作られた硝酸イオンNO_3^-などの無機窒素化合物を取り入れ、アミノ酸などの有機窒素化合物を合成する。これを**窒素同化**という。

窒素同化

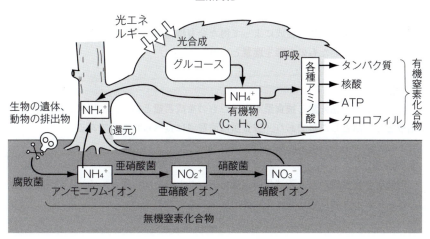

② 窒素固定

マメ科の植物は、根に根粒菌(窒素固定細菌)が共生(細胞内共生)しており、これらが空気中の窒素を取り入れて、土壌にアンモニウムイオンNH_4^+を合成する。またアンモニウムイオンは、**硝化菌**によって硝酸イオンNO_3^-となる。このような反応を**窒素固定**という。

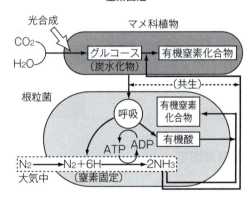

3 生態系における物質収支

生産者が光合成によって物質を生産することや、消費者が有機物から新たな有機物を合成することを**物質生産**という。

① 純生産量

生産者が一定時間に光合成によって得た全有機物量を**総生産量**といい、総生産量から**呼吸量**を引いたものを**純生産量**という。

② 成長量

純生産量から**枯死量**と**被食量**を引いたものを**成長量**という。枯死量とは、枯葉や枯枝として落とした量であり、被食量は消費者に食べられた量である。

③ 同化量

消費者の**摂食量**から、**不消化排出量**を引いたものを**同化量**という。不消化排出量とは、摂食したのに消化されずに排出されたものである。

④ 消費者の生産量

　消費者の、同化量から呼吸量を引いたものを**消費者の生産量**という。

⑤ 消費者の成長量

　消費者は、栄養段階の1段上に捕食されるので、生産量から被食量と死亡量を引いたものを**消費者の成長量**という。

生態系における物質収支

物質収支	式
純生産量	総生産量－呼吸量
成長量	純生産量－（枯死量＋被食量）
同化量	摂食量－不消化排出量
消費者の生産量	同化量－呼吸量
消費者の成長量	生産量－（死亡量＋被食量）

過去問 Exercise

問題1 次の文は、植生に関する記述であるが、文中の空所A〜Cに該当する語の組合せとして、妥当なのはどれか。

特別区Ⅰ類2016

植生を構成する植物のうち、個体数が多く、地表面を広くおおっている種を　A　種という。植生全体の外観を　B　といい、　A　種によって決まる。植生とその地域に生息する動物などを含めたすべての生物の集まりを　C　といい、　B　によって区分される。

	A	B	C
1	先駆	群生相	ニッチ
2	先駆	相観	ニッチ
3	先駆	相観	バイオーム
4	優占	群生相	ニッチ
5	優占	相観	バイオーム

解説

正解 ⑤

A：優占

　ある地域に生育している植物の集団全体を植生といい、植生を構成する植物のうち、個体数が多く地表面を覆い尽くし、群落を特徴づける種のことを優占種という。

　また、先駆種とは、植物群落の遷移の初期に現れる種のことを指す。

B：相観

　植生全体の概観のことを相観といい、相観は一般に優占種によって決まる。

　また、群生相とは、同一種の個体において個体群密度が高密度状態であるときに出現するような個体型を指す。

C：バイオーム

　植生とその地域に生息する動物を含めたすべての生物の集まりをバイオーム（生物群系）という。

　また、ニッチとは生物群の中におけるある種の生態的地位を指す。

7　生物多様性と生態系　　231

| 問題2 | 土壌に関する記述として、妥当なのはどれか。 |

特別区Ⅰ類2014

❶ 　土壌は、岩石が風化して細かい粒状になった腐植土層に、動物や植物の遺骸が分解されてできた無機物が混入してできる。

❷ 　森林では、土壌の上部に落葉・落枝等が堆積した層があり、その下に落葉等の分解によって生じた腐植質を含む層がある。

❸ 　風化した細かい岩石と腐植質がまとまった粒状の構造は団粒構造と呼ばれ、すき間がないので通気性や保水力は低い。

❹ 　落葉・落枝は、ミミズやトビムシ等の土壌動物によってのみ分解され、キノコ等の菌類によって分解されることはない。

❺ 　落葉・落枝の分解速度は、気温の高い場所では遅いため、針葉樹林と比べると、熱帯雨林の土壌は腐植質の層が厚い。

解説

正解 **2**

❶ ✕　動物や植物の遺骸が分解されてできた層を腐植層といい、有機物が豊富である。

❷ ◯　正しい記述である。

❸ ✕　団粒構造は、適度な隙間が存在し通気性や保水性に優れている。

❹ ✕　菌類は分解者である。

❺ ✕　落葉・落枝の分解速度は、気温や葉の炭素／窒素濃度の比等によって左右される。気温が高く、炭素／窒素濃度の比が低いと、速やかに分解されやすい。熱帯雨林では、分解が速く進み、養分が蓄えられにくいので、腐植質の土壌の堆積は薄い。

7　生物多様性と生態系　**233**

問題3

植生の遷移に関する記述で、 A ～ E に入る語句の組合せとして、最も妥当なのはどれか。

東京消防庁Ⅰ類2017

植物も土壌もない裸地には、地衣類やコケ植物などが最初に侵入する場合が多い。土壌の形成が進むと、 A などの草本類が侵入し、草原になる。その後、草原の中に B が侵入し、成長し、森林へと変化して B 林が形成される。 C などからなる B 林は、森林内部の光が減少するため、幼木が林床の弱い光のもとで成長する D などからなる E 林に徐々に変わる。

	A	B	C	D	E
1	スダジイ	陽樹	ブナ	アカマツ	陰樹
2	スダジイ	陰樹	アカマツ	ブナ	陽樹
3	ススキ	陽樹	アカマツ	ブナ	陰樹
4	ススキ	陰樹	スダジイ	アカマツ	陽樹
5	ススキ	陽樹	スダジイ	アカマツ	陰樹

解説

正解 **3**

　裸地にコケ植物などが侵入して土壌の形成が進むと、ススキ（**A**）などの草本類が侵入し草原となる。なお、スダジイは一般にシイと呼ばれるブナ科の常緑広葉樹である。その後、草原の中に陽樹（**B**）が侵入し、成長して森林へと変化し陽樹林が形成される。

　アカマツ（**C**）などからなる陽樹林は、森林内部の光が減少するため、幼木が林床の弱い光のもとで成長するブナ（**D**）などからなる陰樹（**E**）林に徐々に変わる。

7　生物多様性と生態系　235

問題4 生態系や環境に関する次の記述で、 A ～ C に当てはまる語句の組合せとして、最も妥当なのはどれか。

東京消防庁Ⅰ類2021

ある地域に生息する同種の個体のまとまりを A といい、その地域に生息する異種の A 全体を B という。 A は別の種の A と競争や捕食といった相互作用をしながら生活する。また、動物の中には1個体や1家族が空間を占有し、他の個体が侵入してくると追い払う行動を示すものがある。このように防御された空間を C という。

	A	B	C
1	群れ	生態系	行動圏
2	群れ	生物群集	縄張り
3	群れ	生物群集	行動圏
4	個体群	生態系	行動圏
5	個体群	生物群集	縄張り

解説

正解 **5**

第4章 生物

　ある地域に生息する同種の個体のまとまりを個体群（**A**）といい、その地域に生息する異種の個体群全体を生物群集（**B**）という。個体群は別の種の個体群と競争や捕食といった相互作用をしながら生活する。

　また、動物の中には1個体や1家族が空間を占有し、他の個体がその空間に侵入してくると追い払う行動を示すものがある。このように防御された空間を縄張り（**C**）という。

　なお、群れとは、個体が空間的に密な集団を作り統一的な行動をとるものをいう。また生態系とは、生物の集団とそれを取り巻く環境を一つのまとまりとして捉えたものである。行動圏とは、定着した生物がいつも動き回る範囲をいう。

7　生物多様性と生態系　237

| 問題5 | 生物の個体群に関する記述として最も妥当なのはどれか。 |

国家専門職2017

1 個体群の成長の変化の過程を表した成長曲線を見ると、時間の経過につれて、食物や生活空間などに制限がない場合には個体数が際限なく増加していくが、制限がある場合には、成長曲線は逆U字状となり、最初は急速に個体数が増加していくものの、ある一定の個体数に達すると、その後は急速に減少する。

2 年齢ピラミッドは、個体群を構成する各個体を年齢によって区分し、それぞれの個体数を積み重ねて図示したものであり、幼若型と老齢型の二つの型に大別されている。年齢ピラミッドの形からは、個体群間の年齢層を比較できるが、個体群の将来的な成長や衰退などの変化を予想することはできない。

3 動物は、同種の個体どうしで群れを作ることによって、摂食の効率化や繁殖活動の容易化などの利益を得ているが、一定の大きな群れになると敵から見付かりやすくなり、攻撃される危険性が高まる。このため、外敵から身を守るよう、群れは無限に大きくなる傾向がある。

4 種間競争は、食物や生活場所などの要求が似ている異種個体群間で生じる。個体群間の生態的地位（ニッチ）の重なりが大きいほど、種間競争は激しくなるが、ニッチがある程度異なる種どうしであれば共存は可能である。

5 異種の生物が相手の存在によって互いに利益を受けている関係を相利共生といい、一方は利益を受けるものの他方は不利益を受ける関係を片利共生という。片利共生の場合において、利益を受ける方の生物を宿主という。

解説

正解 **4**

❶ ✕　環境抵抗があるときの成長曲線は、Ｓ字型である。

❷ ✕　年齢ピラミッドは、幼若型・安定型・老齢型の三つの型に分類され、個体群の将来的な成長や衰退といった変化を推定することが可能である。

❸ ✕　群れが大きくなると外敵に見つかりやすくなるリスクや、えさ不足や排泄物汚染などといった不利益も生じる。そのため、群れが大きくなりすぎると利益を不利益が上回るので、無限に群れが大きくなるということはない。

❹ ◯　正しい記述である。

❺ ✕　一方は利益を受け他方は不利益を受ける関係は寄生である。

問題6

生態系に関する記述として、最も妥当なのはどれか。

東京消防庁Ⅰ類2021

1 　樹木が行う光合成は光や温度の影響を受けるが、このような影響を環境形成作用という。

2 　一次消費者とは植物食性動物のことを、二次消費者とは動物食性動物のことを指す。

3 　栄養段階が上位の生物ほど、一定面積内に存在するその生物体の総量が多い。

4 　植物が硝酸イオンやアンモニウムイオンをもとに有機窒素化合物を合成する働きを窒素固定という。

5 　ある海域で、ラッコの急激な減少によって、ラッコに捕食されていたウニが爆発的に増え、ジャイアントケルプが食べ尽くされて生態系のバランスが崩れたとき、この海域においてウニはキーストーン種であると言える。

解説

正解 **2**

① ✗　　生物が環境から影響を受けることを作用という。環境形成作用は、逆に生物が環境に影響を与えることをいう。

② ◯　　正しい記述である。

③ ✗　　栄養段階は上位ほど少なくなる傾向があるため、生態ピラミッドと呼ばれているが、個体数や生物量では、形が逆転することもしばしば起こる。

④ ✗　　無機窒素化合物から有機窒素化合物を合成するはたらきを窒素同化という。なお窒素固定とは、硝化菌や根粒菌などが窒素分子から無機窒素化合物を合成する作用をいう。

⑤ ✗　　この場合のキーストーン種はラッコであり、キーストーン種は栄養段階において上位にいる。

7　生物多様性と生態系　241

問題7 生態系における物質収支に関する記述として、妥当なのはどれか。

特別区Ⅰ類2020

❶ 総生産量とは、生産者が光合成によって生産した無機物の総量をいう。

❷ 生産者の純生産量とは、総生産量から現存量を引いたものをいう。

❸ 生産者の成長量とは、純生産量から枯死量と被食量を引いたものをいう。

❹ 消費者の同化量とは、生産量から被食量と死亡量を引いたものをいう。

❺ 消費者の成長量とは、摂食量から不消化排出量を引いたものをいう。

解説

正解 **3**

1 ✕ 総生産量とは、生産者が光合成によって生産した有機物の総量をいう。

2 ✕ 生産者の純生産量とは、総生産量から呼吸量を引いたものをいう。

3 ◯ 正しい記述である。

4 ✕ 消費者の同化量とは、摂食量から不消化排出量を引いたものをいう。

5 ✕ 消費者の成長量とは、生産量から被食量と死亡量と足したものを引いたもの、つまり成長量＝生産量−(被食量＋死亡量)をいう。

7 生物多様性と生態系　243

第5章

地　学

　地学は、宇宙科学と地球科学の分野に大きく分かれます。宇宙科学では惑星や恒星の世界、宇宙進化論など、地球科学では地球の層構造や地震、気候など、実にスケールの大きい事項についての学習が中心となります。

★★★

1 太陽系の天体

46億年前、ほぼ同時に誕生した太陽系の天体。有史以来、天体観測されてわかったこと、さらに数々の惑星探査機などによって解明されてきた星の姿について見ていきましょう。

① 単 位

　天文学では距離が非常に大きいため、通常の単位では桁が多くなり扱いにくい。そこでいくつかの単位を改めて定義し、扱いやすくしている。

1 天文単位 [au]

　地球と太陽の平均距離を基準とした距離で、1 auは約1億5,000万kmである。

2 光 年

　光が1年かけて進む距離で、1光年は約9兆4,600億km、天文単位では約63,000auとなる。

3 パーセク

　1天文単位[au]の年周視差が1秒角（3600分の1°）となる距離で、1パーセクは約3.26光年である。

4 恒星日と太陽日

　地球が360°自転するのに要する時間のことを**1恒星日**といい、23時間56分4秒である。また、太陽が南中してから翌日南中するまでの時間のことを**1太陽日**といい、ちょうど24時間である。図にもあるように、自転で360°回転したとき、地球は公転でもとの場所から移動しているので、太陽はまだ南中していない。この分ずれが生じる。

246　第5章　地学

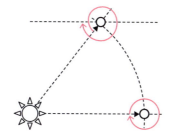

恒星日と太陽日のずれ

❷ 天体とその運動

1 天体の分類

① 恒 星

　自ら光を放つ天体を**恒星**といい、水素やヘリウムなどによる**核融合反応**によってそのエネルギーを生み出している。太陽が代表例で、夜空で観測できる大半の星は恒星である。

② 惑 星

　恒星の周りを公転する天体を**惑星**といい、太陽の周り(太陽系)には8個の惑星がある。これを太陽系の惑星という。天体観測において、星座を作る星と違った動きをするところから惑う星(planetの語源はギリシャ語プラネテス「さまようもの」)の名前がついた。

③ 衛 星

　惑星の周りを公転する天体を**衛星**といい、地球の周りを公転する月がその代表例である。

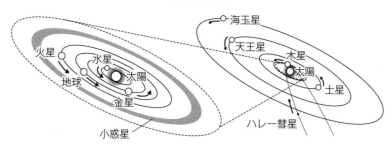

太陽系の天体

2 天 球

　宇宙は光速の速さで広がり続けているといわれているが、天体観測をするうえでは便宜上の宇宙を球体とみなす。この球体を**天球**という。そして恒星は、この天球上の壁面に固定されているものとして考える。この天球上に固定されていない星を惑星と名づけたのが「惑う星」の由来である。

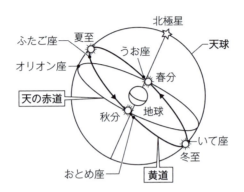

3 自転と日周運動

　天体が自ら回転することを**自転**といい、太陽と太陽系の惑星はすべて自転している。1回転するのにかかる時間を**自転周期**といい、地球の自転周期は1日(≒24時間)である。
　地球は西から東へ自転しているため、地球から他の天体を観察すると、天体が東から西へ1日に1回転しているように見える。この天体の見かけ上の動きを**日周運動**という。

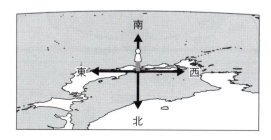

① 転向力

　回転する物体上で現れる見かけの力を転向力、あるいはコリオリの力といい、地球の自転においても同様の現象が観察される。

　地球の自転の証拠として、フーコーの振り子実験がある。振り子を揺らすと、地球の自転の影響を受け、振れる向きが変化する現象である。振り子は慣性によってその場にとどまろうとするので、北半球では、振り子が振れる向きは自転と逆向きの時計回りに変化する。また、地球上において転向力は、極付近で最大、赤道で最小となるので、振り子の動きもその影響を受ける。

② 歳差運動

　コマが回転軸を変化させながら回転するような運動を歳差運動といい、地球も歳差運動をしている。地球の場合、この周期は約25,800年と非常に長く、地軸がずれて北極星が変わるという現象を観察することは人の一生程度ではできない。

4 公転と年周運動

　ある天体が他の天体の周りを回ることを公転といい、太陽系の惑星は、太陽を中心にほぼ同一平面上を楕円軌道で公転している。公転軌道を1周するのにかかる時間を公転周期といい、地球の公転周期は約1年である。

　地球は北から見て反時計回り（西から東）に公転しているため、地球から他の天体を観察すると、天体が東から西へ1年に1回転しているように見える。この天体の

見かけ上の動きを**年周運動**という。地球の公転の証拠として、年周視差、年周光行差がある。

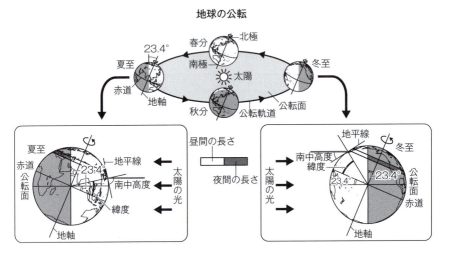

① 年周光行差

観察者(地球)が動いていく場合、光の速度と観察者の動く速度の合成によって、その光がやってくる方向が見かけ上変化する現象を光行差といい、地球が公転していることによって起こる光行差を**年周光行差**という。

雨は、止まって見ると地面に垂直に降っているように見えるが、動きながら見ると斜めに降っているように見える現象と同じである。

② 年周視差

地球が太陽の周りを動くことによって、近くの恒星の位置が見かけ上変化する現象を**年周視差**という。より正確には、太陽－恒星－地球のなす角度を指す。

もし地球が止まっているならば恒星は止まったままに見えるが、地球が公転しているのであれば恒星は見かけ上、動いて見えることになる(図参照)。

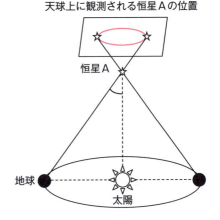

③ 年周視差と恒星までの距離

恒星までの距離は、年周視差を測定することによって求められる。この値は角度の秒["]で表される。年周視差は遠方の恒星ほど小さく、恒星までの距離に反比例する。

ここで光年やパーセクを用いると、年周視差$p["]$と恒星までの距離dとの関係は以下の式で表される。

$$d[パーセク] = \frac{1}{p} \quad \text{または} \quad d[光年] = \frac{3.26}{p}$$

5 太陽の運動

地球上のある地点において、太陽が真南に来たことを**南中**、そのときの太陽高度が角度で表されたものを**南中高度**という。この南中高度は緯度によって異なり、また、同じ地点であっても季節によって異なる。これは、**地軸が公転面に垂直な軸に対して23.4°**（公転面に対して66.6°）傾いていることによって起こる現象である。南中高度は、以下の式で求められる。

・春分・秋分：90°−緯度
・夏至　　　：90°−緯度＋23.4°
・冬至　　　：90°−緯度−23.4°

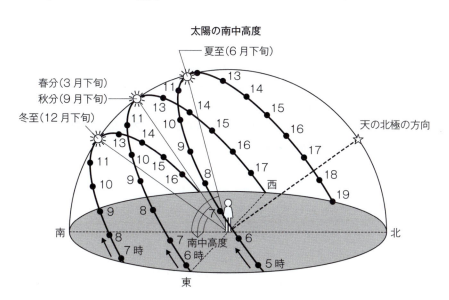

太陽の南中高度

1　太陽系の天体

3 太陽系の惑星

1 惑星の定義

惑星の定義として、以下の3要件を満たすことが必要とされている。
- ・太陽の周りを回る天体であること
- ・十分大きく球体であること
- ・軌道上に同じサイズの天体が存在しないこと

冥王星は三つ目の要件を満たさないため惑星からは除外され、現在は惑星ではなく準惑星に分類されている。

2 惑星の分類

太陽系の惑星は全部で8個ある。分類方法はいくつかあるが、そのうち、星の構成成分などで分けたものがある。水星、金星、地球、火星を地球型惑星といい、木星、土星、天王星、海王星を木星型惑星という。

地球型惑星は、大きさや質量が比較的小さく、表面や内部が固い岩石や金属(主成分は、鉄やニッケルなど)でできているため、密度が大きな惑星である。これに対して、木星型惑星は、大きさや質量が大きいものの、大部分が気体(核があり、主成分は岩石・メタンの氷・鉄などではないかと考えられている)でできているため、密度が小さな惑星である。**木星型惑星はすべてリングを持ち、自転周期は地球型惑星よりも短い**(自転周期:地球型惑星>木星型惑星)。

また、近年では、天王星と海王星は、表面を覆うガスが少なく、中心部は厚い氷の層が取り巻いているという構造であることから、これらを木星型惑星とは別に**天王星型惑星**ということもある。

そのほかに、公転軌道が地球の内側にある水星と金星を**内惑星**、外側にある五つの惑星を**外惑星**とする分類もある。

252　第5章　地　学

惑星の分類

	天体名	赤道直径(地球=1)	質量(地球=1)	平均密度[g/cm³]	太陽からの平均距離(太陽地球間=1)	公転周期[年]	自転周期[日][1]	
内惑星	水星	0.38	0.055	5.43	0.39	0.24	58.65	地球型惑星 比較的小さく質量も小さいが、表面や内部が硬い岩石や金属でできているため、密度が大きい。
内惑星	金星	0.95	0.815	5.24	0.72	0.62	243.02	
	地球	1.00	1.00	5.52	1.00	1.00	1.00	
外惑星	火星	0.53	0.107	3.93	1.52	1.88	1.03	木星型惑星 比較的大きく質量も大きいが、大部分が気体でできているため、密度が小さい。
外惑星	木星	11.2	317.83	1.33	5.20	11.86	0.41	
外惑星	土星	9.4	95.16	0.69	9.55	29.46	0.44	
外惑星	天王星	4.0	14.54	1.27	19.22	84.02	0.72	
外惑星	海王星	3.9	17.15	1.64	30.11	164.77	0.67	
	太陽	109.1	332946	1.41	—	—	25.38	恒星
	月	0.27	0.012	3.34	約1.00	—	27.32	地球の衛星

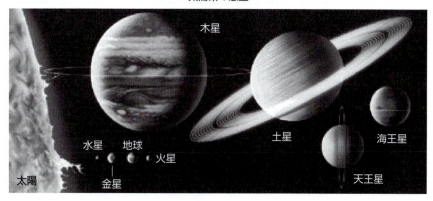

太陽系の惑星

---

[1] 太陽はガス体であるため自転周期には27日〜30日といった幅があり、25.38日は代表値である。

3 地球型惑星

① 水 星

水星は太陽系で最小の惑星であり、衛星を持たず、大気もほとんど存在しない。太陽に最も近く大気も存在しないため、昼間(太陽光が当たる側)の表面温度は約400℃以上、夜間(太陽光が当たらない側)は約−180℃となり、**寒暖の差が600℃と激しい**。また、小天体が衝突した**クレーター**が多数見られる。**公転速度が最も大きく**、公転周期は約88日である。自転周期は約59日で、太陽日(水星の1日)が176日と約3倍もあり、これも温度差に影響を与えている。

② 金 星

金星は半径は地球とほぼ同程度であり、衛星は持たず大気の主成分が**二酸化炭素**である。これによる**温室効果**のため表面温度は約460℃と水星よりも高温で、**太陽系の惑星で最も高い**。公転周期は約224.7日、自転周期は約243日である。

太陽、月に続く3番目の明るさで、明けの明星(明け方に東の空)、宵の明星(日没後に西の空)といわれる。**自転方向と公転方向が異なり**、北極方向から見て**時計回りに自転**している(ほかの太陽系惑星はすべて自転も公転も反時計回り)。

③ 地 球

地球は太陽系で唯一、水が液体で存在するハビタブルゾーン[2]に位置する惑星であり、自転周期は23時間56分4秒(恒星日)である(太陽日は24時間)。自転軸(地軸)が公転面と垂直な軸に対して約**23.4°**(公転面に対して約**66.6°**)傾いているため、日の長さや南中高度の変化によって、四季が存在する。太陽系の惑星の中で**平均密度が最も大きい**。生命の存在が確認されている唯一の天体である。

月は地球の衛星で、地球から月までの距離は約38万kmである。

---

2 H_2Oが液体の水として存在でき、宇宙空間で生命が生存するのに適した領域をハビタブルゾーンといい、太陽系では地球のみがその中に含まれている。ハビタブルゾーンが成立するのは、太陽に該当する天体からの距離が0.95〜1.4au(天文単位)ほどといわれ、非常に狭い。

④ 火　星

　火星は直径は地球の半分程度であり、フォボスとダイモスという二つの衛星を持つ。大気の主成分は二酸化炭素であるが、地球と比べて質量は$\frac{1}{10}$程度と小さく重力は$\frac{1}{3}$程度のため、大気圧は地球の$\frac{1}{170}$程度しかない。地表に含まれる酸化鉄によって赤茶色に見える。地表は、両極付近に氷とドライアイス（二酸化炭素の固体）からなる極冠（きょっかん）、クレーター、水が流れた痕跡（流水痕（りゅうすいこん））などが見られる。代表的な地形として、標高26,000〜27,000mのオリンポス火山、赤道地帯を東西に走る長さ4,000km以上の大峡谷であるマリネリス峡谷などがある。自転周期は約24時間37分と地球に近く、自転軸が公転面に垂直な軸に対して約25.2°傾いているため、地球同様に四季が存在する。

4 木星型惑星

① 木　星

　木星は質量、半径ともに太陽系最大の惑星であり、80個の衛星（2021年12月現在の報告数）を持つ。鉄や岩石からなる核があり、大気の主成分は水素とヘリウムである。太陽系の惑星の中で自転周期が最短である（約10時間）。そのため、表面は大気の流れによってできた縞模様が観測され、大赤斑（だいせきはん）（ハリケーンに似た巨大な大気の渦）という地球の３倍ほどもある渦が観測できる。また、リング（環）を持つ（木星型惑星はすべてリングを持つ）。

　木星の衛星のうち、イオ、エウロパ、ガニメデ、カリストの四つの衛星を特にガリレオ衛星という。いずれも非常に大きく、特にガニメデは水星よりも大きい。

- ・イオ　　：大気があり、火山活動が活発で、木星に最も近い。
- ・エウロパ：氷の地殻の下には海洋が存在し、生命が存在する可能性がある。
- ・ガニメデ：太陽系最大の衛星であり、水星よりも大きい。
- ・カリスト　：表面に多数のクレーターが存在する。

② 土 星

土星の半径は木星に次いで2番目に大きく、86個の衛星を持つ（2021年12月現在の報告数）。**タイタン**が有名で、ガニメデに次いで2番目に大きな衛星である。タイタンも水星より大きく、窒素を主成分とする大気、海洋、有機物の存在などから原始生命が存在する可能性がある。土星の大気の主成分は**水素**と**ヘリウム**である。薄い**リング（環）**を持っており、その幅は約7万kmだが、厚さは最大数百mと非常に薄い。リングを形成している塊は主に直径1mほどの**氷**、岩片であると考えられている。密度は約0.7g/cm³と太陽系で**最も小さく**、扁平率[3]は約0.1と**最も大きい**。

③ 天王星 [4]

天王星の半径は地球の約4倍で、大気の主成分は**水素**と**ヘリウム**であるが、**メタン**によって赤い光が吸収され、青白く見える。自転軸が公転面に垂直な軸から約98°傾いているため、自転軸は**公転面とほぼ平行**な状態で公転している。27個の衛星（2021年12月現在の報告数）、**リング（環）**を持つ。

④ 海王星

海王星は天王星とほぼ同じ大きさで、天王星同様に、大気に含まれる**メタン**によって青色をしている。**大暗斑**という地球程度の大きさの巨大な嵐が見られる。14個の衛星（2021年12月現在の報告数）、**リング（環）**を持つ。惑星の自転方向と反対方向に公転する逆行衛星の**トリトン**が有名である。トリトンには大気があり、火山活動が観測されている。

---

3 扁平率とは、$1 - \dfrac{\text{楕円面の最も短い半径}}{\text{楕円面の最も長い半径}}$ で算出される値をいう。

4 天王星と海王星は、ボイジャー2号の探査によってその姿が明らかになった。

5 その他の天体

① 太陽系外縁天体

それまで惑星であった冥王星の外側に、それよりも大きな星が見つかった。そのため、2006年に惑星の定義が見直され、それまで惑星だった冥王星を含め、海王星より外側を公転している小天体を**太陽系外縁天体**と呼ぶことになった。また、その中でも大きな四つ(冥王星、エリス、マケマケ、ハウメア)と、メインベルトにあるケレス(セレス)を合わせた五つを**準惑星**という。

② 小惑星帯(アステロイド・ベルト)

太陽系の小天体のうち、ガスや塵を放出しないものを小惑星といい、小惑星が集まっているものを**小惑星帯**(アステロイド・ベルト)という。

火星と木星の間に位置する小惑星帯を**メインベルト**といい、海王星の公転軌道のさらに外側を公転する小惑星帯を**エッジワース・カイパーベルト**という。

③ 彗 星

主に氷や塵などでできていて、太陽に近づくと氷などが気化し、コマというガスや塵で尾を形成するものを**彗星**という。大部分が**氷**によってできており、太陽に接近すると、太陽風の影響で太陽の反対側に長い**尾**を形成する。これらの彗星は、太陽系の外縁部(**オールトの雲**といわれる領域)から楕円軌道や放物線軌道でやってくると考えられている。

太陽系とオールトの雲

オールトの雲

太陽系

1 太陽系の天体　257

4 天文現象

　地球から見た惑星の動きや太陽に対する位置などについての現象を**天文現象**といい、特に惑星に関するものを**惑星現象**という。外惑星が太陽と同じ方向になることを**合**といい、太陽と反対の方向になることを**衝**という。また、内惑星が太陽と同じ方向になることを**内合、外合**という(内惑星の位置によって異なる)。

- 合　　：外惑星にのみ見られる現象で、惑星が太陽と同じ方向になることをいう。
- 衝　　：外惑星にのみ見られる現象で、惑星は地球から見て太陽と反対側にある。
- 内合：内惑星にのみ見られる現象で、惑星は太陽と地球の間にある。
- 外合：内惑星にのみ見られる現象で、惑星は太陽の向こう側にある。

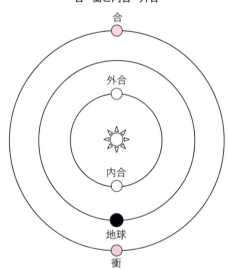

合・衝と内合・外合

1 太陽・内惑星・地球の関係

水星と金星の最大離角

地球から内惑星を見たときに、太陽から最も離れて見える角度を**最大離角**(地球と内惑星の軌道との接線とのなす角度のこと)といい、水星で約28°、金星で約48°である。東方最大離角のときは日没後に西の空、西方最大離角のとき明け方に東の空で最も長い時間観測できる。

東方最大離角の際、日没後に西の空に見える金星を宵の明星といい、西方最大離角の際、明け方に東の空に見える金星を明けの明星という。

2 太陽・外惑星・地球の関係

衝は、惑星が太陽と反対側に来ることなので外惑星にしか起こらない。衝の位置に外惑星がある場合、一晩中、観測が可能である。

3 ケプラーの法則

16世紀後半、デンマークの天文学者ティコ・ブラーエは、天球上における火星の見かけの位置を精密に観測した。1600年、その助手になったケプラーは、ブラーエの観測結果に基づき、惑星の軌道に関する以下の三つの法則を発見した。

惑星の公転運動を説明する法則であるケプラーの法則を以下に示す。

① 第1法則

惑星は太陽を一つの焦点とする楕円軌道上を動く。

② 第2法則

太陽と惑星を結ぶ線分は、等しい時間に等しい面積を描く(面積速度一定の法則)。つまり、太陽に最も近い近日点では公転速度が最大で、太陽から最も遠い遠日点では公転速度が最小になる。

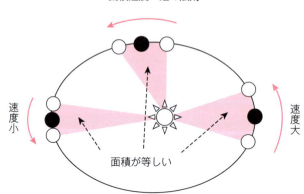

面積速度一定の法則

③ 第3法則

公転周期pの2乗と、太陽から惑星までの平均距離aの3乗は比例する。

$$\frac{a^3}{p^2} = 一定$$

$$a^3 = 一定 \times p^2$$

太陽から遠い惑星ほど公転周期が長い、と言い換えてもよい。

4 惑星の視運動

　地球から見た惑星の見かけの運動を**視運動**という。惑星は夜空を彩る恒星とは異なり、地球の近くを公転しているため、見かけ上、ほかの天体とは異なった動きを観察できる。つまり、一般的な天体は天球上を動かないが、惑星は天球上を移動する。ここから惑う星の名がついた。

　地球から見た惑星が、天球上を西から東へ移動することを**順行**、止まって見える状態を**留**、逆に東から西へ動くことを**逆行**という。これは、内惑星に地球が追い越されたとき、地球が外惑星を追い抜くときに観測される現象である。

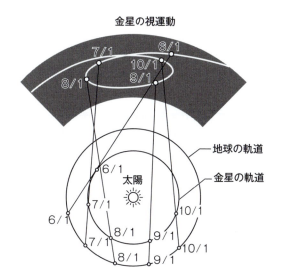

金星の視運動

5 太　陽

1 太陽の特徴

太陽系は約46億年前、ほぼ同時に誕生したと考えられている。その中でも中心となる太陽は、太陽系の質量の99.8%を占める。**水素**(92%)と**ヘリウム**(8%)を主成分とする超高温のガス体で、**核融合反応**によってエネルギーを生み出している。半径は約70万km（地球の半径の約109倍）、平均密度は約1.4 [g/cm³]、表面温度は約6,000 [℃またはK]で、中心部の温度は約1,600万[℃またはK]にもなる[5]。また、黒点の移動により**自転**していることが観察され、赤道付近で約27日、極付近で約30日と異なるが、これは太陽が気体であるためである。

2 太陽の大気

① 光　球

地球から可視光線として観測できる太陽の表面を<ruby>光球<rt>こうきゅう</rt></ruby>といい、厚さ約500kmの薄い層である。表面温度は約6,000 [℃またはK]で、<ruby>粒状斑<rt>りゅうじょうはん</rt></ruby>という模様が見られる。粒状斑は表層のガス対流の渦で、内部からエネルギーが運ばれていることを示している。

② 彩　層

光球を取り巻く薄い大気の層を<ruby>彩層<rt>さいそう</rt></ruby>という。光球より光が弱いため肉眼では通常見ることはできないが、皆既日食のときには太陽の周りで赤く輝いて見える。

③ コロナ

彩層の外側に広がる薄い大気の層を**コロナ**という。約200万[℃またはK]と高温であるため、水素やヘリウムなどの原子から電子が剥ぎ取られ、イオンが生じる。これらが**太陽風**として宇宙空間へ流れていく。皆既日食のときに白い輪として観測できるが、コロナが光球と比べて著しく高温になる理由はわかっていない。

---

[5] Kと℃の差273は6,000や、まして1,600万に比べると誤差の範囲になる。

3 太陽に見られる現象

① 黒　点

太陽の表面に見られる黒い点を**黒点**という。約4,000[℃またはK]あり、周辺部分よりも**温度が低い**。磁場によってエネルギーが遮られているものと考えられている。その寿命は平均10日前後であるが、大きいものでは2か月に及ぶこともある。

黒点が多いときは、太陽が活発に活動しているとき(極大期)であり、黒点の数が変化する周期は**約11年**である。この黒点の移動によって太陽の自転が確認できる。

黒点とは逆に温度の高い**白斑**なども見られる。

② プロミネンス（紅炎）

彩層の外側に張り出して見える巨大な赤い炎のようなものを**プロミネンス**という。彩層に見える暗く長い筋模様をフィラメントといい、位置によって見え方が違うだけで同じものである。

③ フレア

黒点に近い彩層が突然明るく輝く現象を**フレア**という。これが起こると、強力な電磁波や強い**X線**が放出され、8分後に地球に到達して通信障害などを起こす。これを**デリンジャー現象**という。このときの太陽風は、オーロラが発生する原因となることがある。フレアは爆発現象を指す用語なので、プロミネンスと混同しないようにすること。

④ 太陽風

コロナから飛び出した荷電粒子で構成された粒子を**太陽風**という。実体は荷電粒子であることから、**放射線**であるといえる。

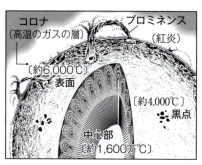

太陽の表面と内部

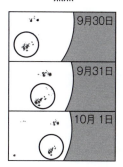

黒点

4 太陽のスペクトル

太陽が放出する電磁波にはさまざまな波長のものが含まれ、これを調べることによって太陽の成分を知ることができる。

電磁波の強度を波長によって分けたものを**スペクトル**という。これを用いて太陽が放出する光をプリズムで分けた場合、連続スペクトルの中に**暗線**ができる。これを**フラウンホーファー線**といい、太陽から光が放出されるときに、太陽大気によって、暗線部分の波長の光が吸収されていることを意味する。よって、暗線の波長や強度から、太陽大気の原子組成がわかる。

第5章

地 学

1 太陽系の天体 265

過去問 Exercise

問題1　天体に関する次のA ～ Cの記述の正誤の組合せとして最も適当なものはどれか。

裁判所一般職2017

A　太陽や恒星などの天体の日周運動は、その天体自体が運動しているのではなく、地球の自転によって起こる見かけの運動で、太陽の日周運動は恒星の日周運動とほぼ同じである。

B　ある星座を観測し、1時間後にその星座を見るとその星座が東から西に約15度移動したように見える。これは、地球が西から東に自転しているためである。

C　ある星座を観測し、後日、同じ時間に同じ地点から同じ星座を観測すると、その星座は西から東に移動したように見える。

	A	B	C
1	正	正	正
2	正	正	誤
3	正	誤	正
4	誤	正	誤
5	誤	誤	正

解説

正解 **2**

A ◯　正しい記述である。

B ◯　正しい記述である。

C ✕　地球は北極側から見ると太陽の周りを反時計回りに公転しているため、後日、同時刻・同地点で同じ星座を観測するとその星座は東から西に移動したように見える。これを年周運動という。

問題2　東京都本庁舎近くの東経139.7°、北緯35.7°、高度０m の地点での夏至の日の南中高度として、妥当なのはどれか。ただし、地軸の傾きは23.4°とする。

東京都Ⅰ類2017

1　12.3°

2　30.9°

3　54.3°

4　59.1°

5　77.7°

解説

正解 ⑤

夏至の南中高度は（90°−緯度）+23.4°なので、

　（90°−35.7°）+23.4° =77.7°

なお、問題文に与えられている経度は解答に関係ない。

問題3

太陽系の惑星に関する記述として、妥当なのはどれか。

裁判所一般職2020

1 太陽系には8個の惑星があるが、8個のうち最も小さいものは金星であり、最も大きいものは土星である。

2 金星、地球には厚い大気があるが、木星、土星には大気がほとんどない。

3 太陽系の惑星は、その特徴から地球型惑星と木星型惑星にわけられるが、木星型惑星は地球型惑星に比べると、密度が大きい。

4 液体の水は、太陽系の惑星のうち水星と地球には存在するが、その他の惑星には存在しない。

5 木星型惑星は、地球型惑星に比べると、質量が大きく、リングや多数の衛星を持っている。

解説

正解 **5**

❶ ✗　最も小さいものは水星、最も大きいものは木星である。

❷ ✗　木星や土星はその大部分が気体なので、大気が厚いといえる。

❸ ✗　密度が大きいのは地球型惑星である。

❹ ✗　宇宙空間において、水が液体で存在できる領域をハビタブルゾーンというが、太陽系の惑星では地球だけが当てはまる。

❺ ◯　正しい記述である。

| 問題4 | 太陽系の惑星に関する記述として、妥当なのはどれか。 |

特別区Ⅰ類2019

1 　金星は、地球と同じような自転軸の傾きと自転周期をもち、極地方はドライアイスや氷で覆われている。

2 　火星は、地球とほぼ同じ大きさであるが、自転速度は遅く、自転と公転の向きが逆である。

3 　木星は、太陽系最大の惑星であり、60個以上の衛星が確認されているが、環(リング)をもっていない。

4 　土星は、平均密度が太陽系の惑星の中で最も小さく、小さな岩石や氷の粒からなる大きな環(リング)をもっている。

5 　天王星は、大気に含まれるメタンによって青い光が吸収されるため、赤く見える。

解説

正解 **4**

1 ✕ これは金星ではなく火星についての説明である。

2 ✕ これは火星ではなく金星についての説明である。

3 ✕ 木星を含め、木星型惑星はすべてリングを持つ。

4 ○ 正しい記述である。

5 ✕ メタンによって吸収されるのは赤い光である。よって天王星は青く見える。

| 問題5 | 太陽系の天体に関する記述として、妥当なのはどれか。 |

特別区Ⅰ類2020

1 惑星は、太陽の周りを公転する天体であり、地球型惑星と木星型惑星に分類されるが、火星は地球型惑星である。

2 小惑星は、太陽の周りを公転する天体であり、その多くは、木星と土星の軌道の間の小惑星帯に存在する。

3 衛星は、惑星などの周りを回る天体であり、水星と金星には衛星はあるが、火星には衛星はない。

4 彗星は、太陽の周りをだ円軌道で公転する天体であり、氷と塵からなり、太陽側に尾を形成する。

5 太陽系外縁天体は、冥王星の軌道よりも外側を公転する天体であり、海王星は太陽系外縁天体である。

解説

正解 **1**

1 ◯ 正しい記述である。

2 ✕ 太陽系の小惑星帯は主に火星と木星の間(メインベルト)にある。

3 ✕ 水星と金星に衛星はなく、火星にはフォボスとダイモスがある。

4 ✕ 彗星の尾は、太陽風の影響で太陽の反対側にできる。

5 ✕ 海王星の外側の軌道にあるものを太陽系外縁天体という。なお、海王星までが惑星で、冥王星の公転軌道はその外側である。

問題6 惑星現象に関する記述として、最も妥当なのはどれか。

警視庁Ⅰ類2016

① 内惑星が太陽から最も離れて見えるときを、最大離角という。

② 外惑星では地球から見て惑星が太陽の方向にある時を外合、太陽と反対の方向にあるときを内合という。

③ 外惑星は内合の時に最も地球に近づく。

④ 内惑星では地球と太陽の間にきた時を合、地球から見て太陽の後方にきたときを衝という。

⑤ 内惑星は衝の時に最も地球に近づく。

解説

正解 ①

外惑星に対しては外合・内合という用語が使われることはなく、同様に、内惑星に対して衝や合という用語が使われることはない。そこに注目すると、消去法から正解がわかる。

❶ ◯　内惑星が太陽から最も離れて見えるときを最大離角といい、東方最大離角と西方最大離角がある。

❷ ✕　外惑星では地球から見て惑星が太陽の方向にあるときを合、反対の方向にあるときを衝という。

❸ ✕　外惑星は、衝のとき地球に最も近づく。

❹ ✕　内惑星は、地球と太陽の間に来たときを内合、地球から見て太陽の後方に来たときを外合という。

❺ ✕　内惑星は内合のときに地球に最も近づく。

1　太陽系の天体　277

問題7 次の文は、惑星の運動におけるケプラーの法則に関する記述であるが、文中の空所A～Cに該当する語の組合せとして、妥当なのはどれか。

特別区Ⅰ類2016

第1法則とは、「惑星は、太陽を1つの焦点とするだ円軌道を描く」という法則のことである。

第2法則とは、「太陽と惑星を結ぶ線分が一定時間に描く　A　は一定である」という法則のことである。

第3法則とは、「惑星と太陽との平均距離の　B　は、惑星の公転周期の　C　に比例する」という法則のことである。

	A	B	C
①	角度	2乗	3乗
②	角度	3乗	2乗
③	面積	2乗	2乗
④	面積	2乗	3乗
⑤	面積	3乗	2乗

解説

正解 **5**

第5章 地学

ケプラーの第2法則とは、「太陽と惑星を結ぶ線分が一定時間に描く面積（**A**）は一定である」という法則のことである。

ケプラーの第3法則とは、「惑星と太陽との平均距離の3乗（**B**）は、惑星の公転周期の2乗（**C**）に比例する」という法則のことである。

1　太陽系の天体　279

| | 問題8 | 次の文は、太陽を構成する元素に関する記述であるが、文中の空所A～Cに該当する語の組合せとして、妥当なのはどれか。 |

特別区Ⅰ類2018

太陽光をプリズムに通すと、光の帯の $\boxed{\text{A}}$ が見られる。太陽光の $\boxed{\text{A}}$ には、多くの吸収線（暗線）が見られ、$\boxed{\text{B}}$ 線と呼ばれている。$\boxed{\text{B}}$ 線によって、太陽の大部分を構成する $\boxed{\text{C}}$ 、ヘリウムなどの元素を知ることができる。

	A	B	C
①	オーロラ	アルベド	水素
②	オーロラ	フラウンホーファー	窒素
③	ケルビン	アルベド	窒素
④	スペクトル	フラウンホーファー	水素
⑤	スペクトル	アルベド	窒素

解説

正解 **4**

第5章
地学

A：スペクトル

　太陽の光をプリズムに通し、波長ごとに帯状に分けたものをスペクトルという。

　なお、オーロラは空が光って見える天文現象の一つであり、ケルビンは絶対温度の単位である。

B：フウラウンホーファー

　太陽光のスペクトルの中に現れる暗線をフラウンホーファー線という。

　なお、アルベドは天体における外部からの入射光エネルギーに対する反射光エネルギーの比のことである。

C：水素

　太陽の大部分を構成しているのは水素とヘリウムであり、これらはフラウンホーファー線によって知ることができる。

1　太陽系の天体　281

問題9 太陽に関する記述として、妥当なのはどれか。

東京都Ⅰ類2015

① 黒点は、磁場が弱く周囲の光球より温度が高いため黒く見え、その数は変化しない。

② フレアから発生する強いX線は、地球の大気圏に影響を与え、通信障害などを引き起こすことがある。

③ 太陽を構成する元素は、ヘリウムが大部分を占めており、次いで酸素、鉄の順に多い。

④ 中心核では、核分裂反応が繰り返されており、大量のエネルギーが発生している。

⑤ 太陽系の惑星は、太陽を中心に公転しており、太陽に近い位置の惑星から順に、水星、金星、火星、地球、土星、木星、海王星、天王星、冥王星である。

解説

正解 ❷

第5章 地学

❶ ✕ 黒点は磁場の強い場所で、磁力線の作用により内部からの高温のガスが運ばれにくく、周囲の光球よりも約1,500〜2,000K温度が低いために黒く見える。また、その数は約11年周期で増減している。

❷ ◯ 正しい記述である。

❸ ✕ 太陽を構成する元素は、水素が大部分を占めており(約92%)、次に多いものはヘリウム(約8%)である。

❹ ✕ 太陽の中心核で起こっているのは核分裂反応ではなく、4個の水素原子核を1個のヘリウム原子核に変える核融合反応である。

❺ ✕ 太陽系の惑星は、太陽から近い順に、水星、金星、地球、火星、木星、土星、天王星、海王星の八つである。2006年まで9番目の惑星とされていた冥王星は、現在では太陽系外縁天体(準惑星)に分類されている。

1 太陽系の天体 283

★★☆

2 恒星と宇宙

観測技術の向上により、ブラックホールの撮影に成功するなど、宇宙の姿がより鮮明になってきました。恒星とそれを取り囲む宇宙について見ていきましょう。

1 恒 星

自ら光を放つ天体を恒星といい、水素の核融合反応によってエネルギーを生み出している。太陽をはじめ、夜空に輝く星のほぼすべては恒星である。

1 実視等級と絶対等級

天文学において、等級とは明るさを表す尺度である。2,000年以上前の古代ギリシャで、肉眼で見える最も明るい星を1等級、かろうじて見えるものを6等級とした。そこから5等級の差をちょうど100倍の比と定義したもので、1等級で約2.5倍（100の5乗根：$x^5=100$のとき、$x=2.51\cdots$）違うことになり、より明るい星・暗い星でも等級で表せるようになった。

① 実視等級

地球から見たときの星の明るさを実視等級といい、これらはあくまで見かけ上の明るさである。例えば、太陽が明るい（−27等級）のは、近くにあるというだけで、実態を表してはいない。

② 絶対等級

そこで、相対的に恒星を比べることを考える。恒星を10パーセク（約32.6光年）の距離に置いたときの明るさを絶対等級といい、これによると太陽は4.8等級となる。これはごく標準的な恒星であるといえる。地球から見て太陽の次に明るい恒星のシリウスは絶対等級が1.4等級（実視等級−1.46）なので、シリウスのほうが太陽よりも明るいことがわかる。

284　第5章　地　学

2 恒星の色と表面温度

恒星は、赤色、黄色、青白色、青色などさまざまな色をしているが、これは恒星の表面温度と関係している。ウィーンの変位則により、恒星の**表面温度が高いほど波長は短く（青色）、低いほど波長は長く（赤色）**なる。

恒星の表面温度によってスペクトル型が決定され、O型（青色）、B型（青白色）、A型（白色）、F型（黄白色）、G型（黄色）、K型（橙色）、M型（赤色）に分類される。

① ウィーンの変位則

物体の温度を上げていくと（暗いところで見れば600℃くらいから）赤色に光り始め、やがて青白色になり、白色化する。これは物体の放射する光の波長が温度の上昇につれて短いほうに変位していくためである。特に黒体からの放射では法則性があり、これを**ウィーンの変位則**という。

これにより、太陽の表面温度などがわかる。

$$\lambda T = 2900 \text{（一定）}$$

λ：物体の最大波長［μm］、T：物体の表面温度［K］

② スペクトル型

先述した**スペクトル**を用いて恒星が放出する光をプリズムで分けた場合、連続スペクトルの中に**フラウンホーファー線**ができる。恒星をフラウンホーファー線の現れ方で分類したものを**スペクトル型**という。

スペクトル型による恒星の分類

スペクトル型	表面温度	色	主な恒星
O型	50,000K	青色	―
B型	20,000K	青白色	リゲル（オリオン座）、スピカ（おとめ座）
A型	10,000K	白色	シリウス（おおいぬ座）、ベガ（こと座）
F型	7,000K	黄白色	プロキオン（こいぬ座）
G型	6,000K	黄色	太陽
K型	4,000K	橙色	アルデバラン（おうし座）
M型	3,000K	赤色	アンタレス（さそり座）、ベテルギウス（オリオン座）

2　恒星と宇宙　285

3 恒星の種類

　縦軸に恒星の絶対等級、横軸にスペクトル型(表面温度)をとり、グラフで表したものを**ヘルツシュプルング・ラッセル図(H・R図)**という(図参照)。これにより、恒星は大きく**主系列星**、**超巨星**、**(赤色)巨星**、**白色矮星**に分類される。この分類に従えば、太陽は主系列星に分類される。この図によると主系列星は、表面温度と明るさには正の相関があり、表面温度が高いほど明るく、低いほど暗いといえる。また、質量と明度にも正の相関があり、重い星ほど明るく、軽い星ほど暗いともいえる。

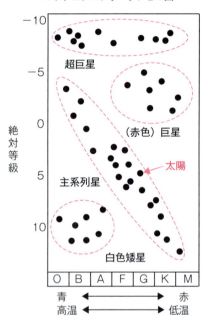

ヘルツシュプルング・ラッセル図

4 恒星の誕生と進化

① 星間物質と星間雲

宇宙空間には星間物質があり、これらは星間ガスと星間塵からなる。星間ガスは水素が主成分であり、星間塵は固体粒子である。これらが周囲より高密度の部分を星間雲という。特に密度の高い星間雲は、近くの恒星などに照らされ散光星雲として観測され、逆に恒星の光を散乱・吸収すると暗黒星雲として観測される。

② 原始星から主系列星へ

星間雲の中でも特に密度の高いところでは、重力によって星間物質が集まり、さらに密度を大きくし巨大化していく。すると内部が高温になり、中心部が輝き始める。この段階を原始星という。さらに質量が大きくなるとともに重力が大きくなり、残された周囲の星間物質や固体粒子と合体する。やがて内部の温度が1,000万Kを超えると水素が核融合反応を始める。この段階になったものを主系列星といい、恒星は一生のほとんどをこの主系列星の状態で過ごすことになる[1]。

③ 主系列星から赤色巨星へ

水素の核融合反応はヘリウムを作るが、中心部の水素がヘリウムに変わり核ができると、水素はその周囲で核融合反応を始める。これに伴い、星が外側に膨張し始め、表面温度が低下していく。すると赤色巨星(巨星)となる。

④ (赤色)巨星から白色矮星へ

質量の小さい恒星(太陽質量の7倍より小さいもの)は、巨星となったあと、外層のガスを放出しそれが広がって惑星状星雲となる。この中心に残された高温の小さな天体を白色矮星という。白色矮星は核融合反応を起こさないので、次第に冷えて暗くなっていく。これが恒星の最後である。

質量の大きい恒星(太陽質量の7倍以上のもの)の場合、中心が重い元素になっていくので超新星爆発[2]を起こす。そのあとは、すべて星間物質として飛び散ったり(太陽質量の7〜8倍の恒星)、さらに高密度の中性子星(同8〜10倍の恒星)やブラックホール(同10倍以上の恒星)が形成されたりすると考えられている。

---

1 太陽の寿命(主系列星である時間)は約100億年と見積もられている。

2 アンタレス(さそり座)やベテルギウス(オリオン座)などは、近く超新星爆発が起こるのではないかと予想されている(すでに起こっている可能性があると指摘する学者もいる)。

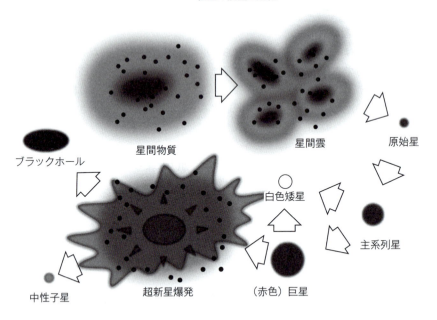

恒星の誕生と進化

5 恒星の明るさと寿命

　恒星は一生の大半を主系列星として過ごすが、質量と明るさには相関があり、**質量が大きいものほど明るい**ことがわかっている（明るさはおおむね質量の4乗に比例）。明るさは水素消費量に比例するので、これをもとにおよその寿命を推測することができる。

　太陽の5倍の質量の恒星を例にすると、明るさは$5^4=625$倍、水素量は5倍だが625倍の速度で消費する。よって$5\times\dfrac{1}{625}=\dfrac{1}{125}$となり、おおむね質量が大きな星ほど寿命は短いことがわかる。

2 銀河と宇宙

1 銀河と銀河系

　膨大な数の恒星と星間物質からなる大集団のことを<u>銀河</u>といい、太陽系を含む銀河を<u>銀河系</u>という。銀河系はアンドロメダ銀河などとともに銀河群を作り、さらに大きな銀河の集団を形成している。

　銀河系は約2,000億個の恒星、水素ガスや塵などの星間物質からなり、我々の眼には<u>天の川</u>として観測することができる。つまり天の川は「地球の中から見た銀河系」ということになる。銀河系は**直径約10万光年**で、太陽系はその中心から約2.8万光年のところに位置している。真上から見ると渦巻き構造をしていて、真横からでは凸レンズのような形だと考えられている。

　横から見た中心部の厚みを**バルジ**といい、それに続く円盤状の領域を**円盤部（ディスク）**という。太陽系はこの円盤部にあり、**散開星団**や多くの星間物質が存在する。一方、円盤部を球状に取り巻く領域を**ハロー**といい、**球状星団**がまばらに存在している。

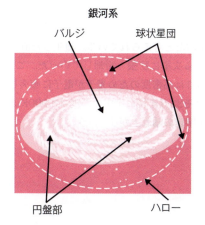

銀河系

　銀河にはさまざまな形状のものがあるが、アンドロメダ銀河や他の銀河など、50個ほどをまとめた大きな銀河の集団のことを**局部銀河群**という。この局部銀河群の外側にはさらなる**銀河群**が存在している。これら数百から数千の集まりを**銀河団**といい、さらに大きいものを**超銀河団**という。

　これらの分布を調べることにより、宇宙の大規模構造が把握されてきた。それによると、宇宙全体は、銀河が多く集まった場所とそうでない場所に大別される。これらが泡状に見えることから**泡構造**という。

宇宙の構造

　なお、銀河の中には非常に活動的な（通常の銀河の1,000倍ものエネルギーを放出する）中心を持つものがあり、これらは**クェーサー**といわれている。クェーサーは古い銀河と考えられており、宇宙の初期状態を知るのに重要な天体である。

2 膨張する宇宙

　アメリカの天文学者ハッブルが、銀河のスペクトルのずれから、遠くの銀河ほど高速で遠ざかっており、宇宙全体が**膨張**していることを発見した。これを**ハッブルの法則**という。

　つまり、ハッブルの法則から逆算すれば、宇宙の始まりは一点であったことになり、これは**約138億年前**だと考えられている。誕生した直後は超高密度、超高温の火の玉宇宙で、そこから次第に膨張・冷却していった。これを**ビッグバンモデル**という。誕生からしばらくは高密度のため光子が電子に衝突し直進できないような状態だった。それがおよそ38万年後に宇宙の温度は3,000Kほどまで下がり、光が拡散していった。これを**宇宙の晴れ上がり**という。

第5章

地学

2 恒星と宇宙 291

過去問 Exercise

問題1 恒星の進化に関する次の図の空欄A～Dに当てはまる語句の組合せとして、妥当なのはどれか。

東京都Ⅰ類2014

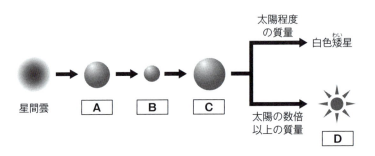

	A	B	C	D
1	原始星	主系列星	巨星	超新星
2	原始星	超新星	主系列星	巨星
3	主系列星	巨星	原始星	超新星
4	超新星	巨星	原始星	主系列星
5	超新星	原始星	巨星	主系列星

解説

正解 **1**

　恒星の進化は順に、星間雲→原始星（**A**）→主系列星（**B**）→（赤色）巨星（**C**）である。

　質量の小さい恒星は、外層のガスを放出して惑星状星雲の段階を経て中心部が重力収縮して白色矮星が形成される。

　一方、質量の大きい恒星では、（赤色）巨星の中心部でさらなる核融合反応が進行し、最後に大爆発を起こして超新星（**D**）として観測される。質量が太陽質量の約8〜10倍の恒星は超新星爆発後に中性子星となり、約10倍以上の恒星はブラックホールとなると考えられている。

問題2 次の文は、太陽に関する記述であるが、文中の空所A ～ Cに該当する語の組合せとして、妥当なのはどれか。

特別区Ⅰ類2014

太陽の中心部では水素を　A　に変換する　B　が起こっており、中心部の水素を消費しつくすまで、太陽は安定して輝き続ける。このように安定して輝いている段階の星を一般に　C　という。

	A	B	C
1	オゾン	核融合反応	赤色巨星
2	オゾン	核融合反応	主系列星
3	オゾン	プロミネンス	赤色巨星
4	ヘリウム	核融合反応	主系列星
5	ヘリウム	プロミネンス	赤色巨星

解説

正解 **4**

　太陽の中心部の中心核は、温度が約1,600万K、圧力が約2,400億気圧の高温高圧の状態であり、4個の水素原子核（陽子）が1個のヘリウム（**A**）原子核となる核融合反応（**B**）が起こっており、このとき失われた質量がエネルギーとなり放射されている。太陽の中心部では全水素を消費し尽くすまで、安定して輝き続ける。

　このように、中心部で水素の核融合反応を起こしており、安定して輝いている段階の星を主系列星（**C**）という。恒星はその一生の大部分を主系列星の段階として過ごす。ちなみに、太陽の寿命は約100億年と考えられている。

2　恒星と宇宙　**295**

問題3 銀河系の構造に関する記述中の空所ア～ウに当てはまる語句の組合せとして、妥当なのはどれか。

警視庁Ⅰ類2019

銀河系は中央の半径1万光年程度の球状の膨らみ部分である（　ア　）と、それに続く半径約5万光年の（　イ　）、そしてこれらを取り巻く半径約7万5000光年の領域の（　ウ　）からなる。

	ア	イ	ウ
1	バルジ	ディスク	ハロー
2	バルジ	ハロー	ディスク
3	ディスク	バルジ	ハロー
4	ディスク	ハロー	バルジ
5	ハロー	ディスク	バルジ

解説

正解 **1**

ア：バルジ

　銀河系の構造のうち、中心部の厚みを持った部分をバルジという。

イ：ディスク

　銀河系の構造のうち、バルジに続く円盤状の領域をディスクという。太陽系はこのディスクの中にある。

ウ：ハロー

　バルジやディスクを取り巻く領域をハローといい、球状星団がまばらに存在している。

3 地球の構造

地表は岩石を試料に直接調べることができますが、地球の内部のことは、地震波など限られた手がかりしかないため不明な領域が多くあります。

1 地 球

1 地球の外観

　地球は半径約6,400km、表面積の海洋：大陸の比がおよそ7：3の、ほぼ球形をした惑星であり、太陽の周囲を公転しながら自転している。

　月食のときの陰や緯度による恒星の高度の違い、遠くの景色の見え方から、地球が球形であることは古代から知られていた。しかし、自転による遠心力の影響で完全な球体ではなく、赤道方向にやや膨らんだ楕円体をしている。もっとも、地形が複雑であるため楕円体にはならず、平均海水面からモデル化したものを考える。これを**ジオイド**といい、南半球に膨らんだ洋ナシのような形となる。

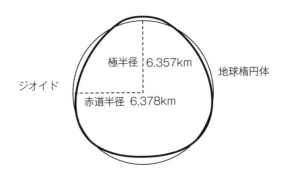

2 地球の内部構造

　人類が掘った最深部は約12kmで、地球の半径と比べるとごくわずかである。そこで、地球の内部構造は、地震波の伝わり方の違いをもとに分析され、**地殻**、**マントル**、**核**（**外核**、**内核**）に分かれていることがわかっている。おおよその体積比は、地殻：マントル：核＝1：83：16であり、表面の地殻はごくわずかである。

それぞれの境目は不連続面で構成されており、地殻とマントルの境目を**モホロビチッチ不連続面**（モホ面）、マントルと外核の境目を**グーテンベルク不連続面**、外核と内核の境目を**レーマン不連続面**という。

地球の内部構造

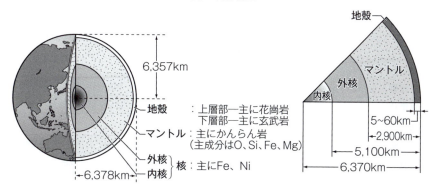

① 地殻

地殻は、**大陸地殻**と**海洋地殻**に分けられる。大陸地殻の上部は主に**花崗岩**、下部は主に斑れい岩（玄武岩質）からできており、海洋地殻は主に**玄武岩**・斑れい岩（玄武岩質）からできている。

大陸地殻の厚さは30～60km、海洋地殻の厚さは5～10kmと、海洋地殻のほうが薄い。また一般に、地下の温度は深さとともに高くなっていき、大陸地殻では100mにつき2～3℃ほど上昇する。

② マントル

モホロビチッチ不連続面から深さ約2,900kmまでの部分を**マントル**という。地球内部は深いほど密度が大きいため、特に深さ410kmと660kmで急激な地震波速度の増加が観察される。

この深さ660kmを境に**上部マントル**と**下部マントル**に分けられる。上部マントルは**かんらん岩**からなる。

③ 核

深さ約2,900kmから中心(約6,400km)までの部分を**核**という。主に鉄(およそ9割)と少量のニッケルなどでできている。核のうち5,100kmまでを**外核**といい、5,100kmから中心までを**内核**という。

外核は地震波のS波が伝わらないため、金属が融けて**液体**になっており、融けた鉄の対流によって地球の磁力が発生していると考えられている。

地球の化学組成

[地殻]

元素	O	Si	Al	Fe	Ca	Mg	Na	K	その他
質量(%)	45.1	25.9	8.1	6.5	6.3	3.1	2.2	1.6	1.2

[核]

元素	Fe	Ni	その他
質量(%)	90.8	8.6	0.6

[地球全体]

元素	Fe	O	Si	Mg	その他
質量(%)	30.7	29.7	17.9	15.9	5.8

3 アイソスタシー(地殻均衡説)

地殻はマントルよりも密度が小さいので、水に浮かぶ氷のように、マントルに地殻が浮いていると考えることができる。このとき、体積が大きいほど質量が大きくなるので、より深く沈みこんでつり合うことになる。このような考え方、またはこのつり合いを**アイソスタシー**という。地殻とマントルの境目(モホ面)が不連続なのは、これによって説明することができる。つまり、標高が高い場所ほど、モホ面が深くなる。

アイソスタシーにおける地殻の均衡

海面

例えば、北欧のスカンジナビア半島において、氷河が融けることによって地殻全体が軽くなり、つり合いがより高い位置で取られる、すなわち土地が隆起していることを説明できる。

2 プレートテクトニクス

地球上における火山活動や地震の分布を調べると、一様ではなく特定の地域に広がっていることが確認できる。これは地球が厚さ数10～200kmほどのプレートという岩盤で覆われていて、地球の活動がこのプレートの移動によって起こっていることから説明できる。この考え方をプレートテクトニクスという。

1 リソスフェアとアセノスフェア

地球の表面、地殻と上部マントルの硬い部分を合わせたものをリソスフェアといい、プレートのことである。地球は14～15枚の大きなプレートで覆われていて、それらが速いところで年間数cm程度移動している。また、その下の高温で軟らかく流動性のあるマントル上部をアセノスフェアといい、マントルは固体であるが下部は高温で流動性があるのでプレートが移動できる。

プレートテクトニクスによる地球の構造

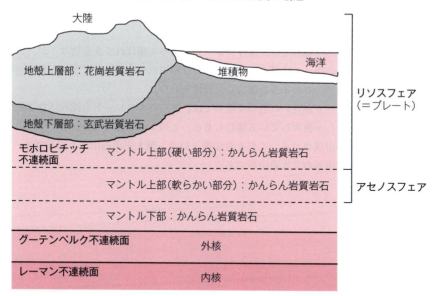

2 プレート境界と地形

　プレートは、隣り合うプレートとの相対的な動きによって3種類の境界を生じる。いずれのプレート境界でも地震が発生するので、特に震源の浅い地震の分布はプレート境界とほぼ一致している。

① 拡大する境界

　海底には海嶺と呼ばれる大山脈が連なっているところがある。海嶺は、新しくプレートが作られる場所で、このような拡大する境界に見られる大地形である。

② 収束する境界

　大陸と海洋の境界付近の海底には、深さ1万mに達する大規模な谷地形が見られることがある。これを海溝という。海溝は、海洋プレートと大陸プレートが互いに近づき、海洋プレートが大陸プレートの下に沈み込んでいるところ（**沈み込み境界**）である。

　海溝より陸側には**島弧**（日本列島のような地形）や**陸弧**（アンデス山脈のような大陸縁の山脈）ができる。海溝と陸弧・島弧からなる地域を**島弧－海溝系**という。日本列島は典型的な島弧－海溝系である。

　プレートの沈み込み境界では、海洋プレートによって運ばれてきた物などが、プレートの沈み込みに伴って陸側のプレートに削り取られるようにして次々と張りついていくことがある。このような部分を付加体という。

　二つの大陸プレートが互いに近づく境界では、どちらのプレートも沈み込むことができず大陸どうしが衝突している場合もある。このような場所では、ヒマラヤ山脈などの大山脈が形成される。これを造山帯という。環太平洋造山帯とアルプス・ヒマラヤ造山帯は世界の2大造山帯である。

③ **すれ違う境界**

　海嶺では境界面が広がるようにプレートが動いて小さな地震が発生するが、軸がずれ、海嶺と海嶺に挟まれたような地形ができる（図参照）。これを**トランスフォーム断層**といい、やはり地震が発生する。**サンアンドレアス断層**は世界有数のトランスフォーム断層である。

トランスフォーム断層とホットスポット

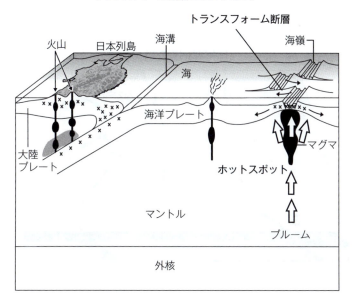

3 日本付近のプレート

　日本列島付近には四つのプレートがあり、**北アメリカプレート**（北米プレート）に**太平洋プレート**が、**ユーラシアプレート**に**フィリピン海プレート**が沈み込んでいる。そのため、日本は世界でも有数の地震大国である。日本付近では、東北地方太平洋沖地震（2011年）を引き起こした、太平洋プレートと北アメリカプレートの間に**日本海溝**がある。また、フィリピン海プレートとユーラシアプレートの間には**南海トラフ**（海溝より少し浅い溝）がある。こちらは近年大地震が起こると予測されている。

日本列島付近のプレート

4 マントル対流とホットスポット

　マントルは固体の岩石であるが、ゆっくり移動して地球内部を対流していると考えられている。この大規模な対流を**マントル対流**といい、特に地球内部から上昇する流れを**プルーム**という。地球全体のプルームのことを**プルームテクトニクス**といい、これがプレートテクトニクスの根拠となって**大陸移動説**[1]を説明することができる。ハワイ諸島を調べると、形成された時代が直線状に並んでいることがわかる。これは海底の固定された場所からマグマが供給され、その上部をプレートが移動したことによって作られたものと考えられる。この固定されたマグマ供給部を

---

[1] 大陸移動説はウェゲナー（独）が提唱した学説で、かつて地球はパンゲアという超大陸で構成されていたが、ローラシア大陸（北アメリカ、ヨーロッパ、アジアなど）、ゴンドワナ大陸（アフリカ、南アメリカ、オーストラリア、南極、インドなど）に分裂し、現在のような形になったというものである。化石や地質などの研究から提唱されたが、当時の科学では大陸を移動させる原因が不明であったため評価されなかった。

ホットスポットという。

3 地 震

1 震源と震央

　地球全体で見ると、地震はプレート境界において集中的に発生していることがわかる。
　地下で地震が起こった場所を震源といい、震源の真上の地表面上の点を震央という。観測点から震源までの直線距離を震源距離といい、震央から震源までの直線距離を震源の深さという。震央が同じでも震源が浅いと、震源距離は短くなる。

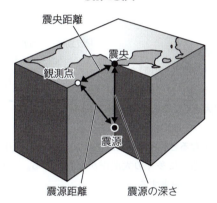

震源と震央

2 地震の尺度

① 震　度

　ある地点での揺れの大きさを表したものを**震度**といい、日本では気象庁により、震度は**10段階**で表され、0～7のうち、5と6がそれぞれ弱と強の2段階に分かれている。一般的に、震源・震央から離れた地点ほど小さくなるが、震度は地盤の硬さにも影響を受け、地盤が軟らかい地域で大きくなり、硬い地域で小さくなる。

　震央や震源は、3か所の観測点から割り出すことができる。

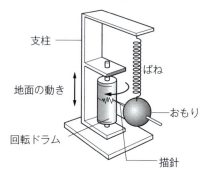

地震計と揺れの記録

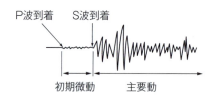

② マグニチュード (M)

　地震のエネルギーの大きさ(規模)を表したものを**マグニチュード**という。マグニチュードが**2大きくなる**と地震のエネルギーの大きさは**1,000倍**になる。そのため、**1大きくなる**と**約32倍**(正確には$\sqrt{1,000}=10\sqrt{10}$倍)である。

　日本は地震大国で、過去に多くの大地震が起きている。これは日本が四つのプレートの境目にあることに由来する。

主な日本の大地震

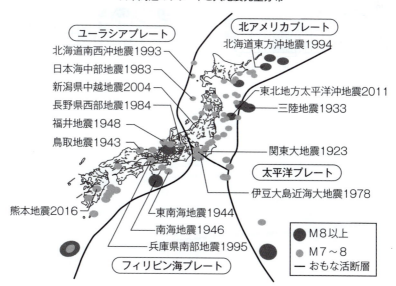

日本周辺のプレートと大地震発生分布

3 地震波

地震には大きく分けてP波による初期微動とS波による主要動がある。

① P波とS波

最初の小さな揺れである**初期微動**を発生させる波を**P波**(Primary wave)といい、5〜7 km/sの速さで伝わる。振動方向と波の進行方向が平行な**縦波(疎密波)**で、**固体・液体・気体中**を伝わる。

P波の後に訪れる大きな揺れの**主要動**を発生させる波を**S波**(Secondary wave)といい、3〜4 km/sの速さで伝わる。振動方向と波の進行方向が垂直な**横波**で、**固体中**のみを伝わる。

P波とS波

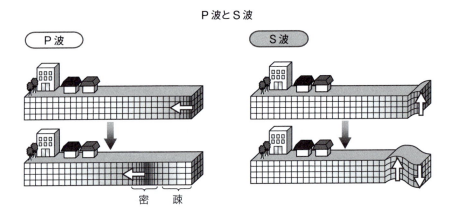

② 初期微動継続時間（P－S時間）

P波とS波の速さが異なることで、P波到達からS波到達までに時間差が生じる。この到着時間の差を初期微動継続時間といい、**震源からの距離に比例する**。

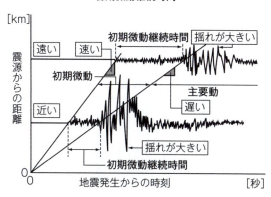
初期微動継続時間

③ 大森公式

初期微動継続時間は震源からの距離に比例するが、これを以下のように一般化できる。

観測地点から震源までの距離をd[km]、P波の速さをP[km/s]、S波の速さをS[km/s]、初期微動継続時間をt[s]とすると、$\dfrac{d}{S} - \dfrac{d}{P} = t$となる。これを変形すると、

$$t = \dfrac{d}{S} - \dfrac{d}{P} = \dfrac{dP}{PS} - \dfrac{dS}{PS} = \dfrac{dP - dS}{PS} = d \times \dfrac{P-S}{PS}$$

よって、$d = \dfrac{PS}{P-S} \times t$となる。ここで、$\dfrac{PS}{P-S}$を$k$とすると、

$$d = kt$$

が成り立つ。これを大森公式という。

④ 緊急地震速報

気象庁は、大きな揺れが来る前に震度の大きさを知らせる**緊急地震速報**というシステムを提供している。このシステムでは、震源付近のP波の情報で地震の発生時刻・震源・地震の規模（マグニチュード）を即座に決定し、震源からの距離とマグニチュードから各点の震度を推計する。ただし、P波とS波の速度差は大きくなく、速報受信から短時間で有効策を立てることがポイントになる。

緊急地震速報

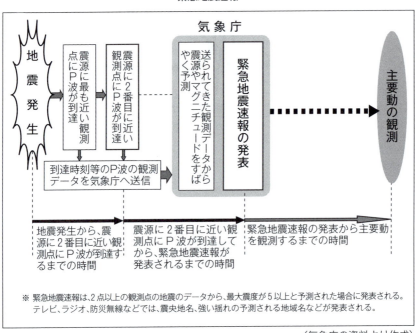

（気象庁の資料より作成）

4 地震の種類

地震は、プレートの移動により地殻内に蓄えられた弾性エネルギーが、岩盤の崩壊で開放されることによって起こる。

① 海溝型地震

大陸プレートの下に海洋プレートが沈み込む場所を海溝といい、このときのエネルギーで発生する地震を**海溝型地震**という。東北地方太平洋沖地震や十勝沖地震がその代表例である。

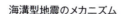

海溝型地震のメカニズム

 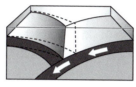 

② プレート内地震

数十万年前〜最近にかけて繰り返し活動をした断層のうち、これからも活動する可能性が高い断層を**活断層**という。活断層は、海洋プレートに押し込まれた大陸プレートの内部でひずみによるエネルギーができた場所で、100年ほどの周期で定期的に活動が起こる。これによってもたらされる地震を**プレート内地震**という。海溝型地震に比べエネルギーは小さいが、人の住む場所が震源となるので、大きな被害が起こる場合もある。内陸部での直下型地震である**兵庫県南部地震、新潟県中越地震、熊本地震、北海道胆振東部地震**がその代表例である。

プレート内地震のメカニズム

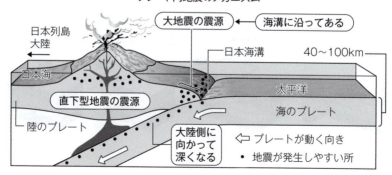

5 津波

　海底地震による地盤のずれで、その上部の海水が大きく移動することで起こる波を津波という。地震の揺れで起こるわけではない。

　津波は水深が深いほど速く、浅いほど遅く進む。水深5,000mでは800km/h、水深10mでは36km/h程度である。一方、浅瀬ほど波高は高くなり、海岸線では沖合の数倍の高さになる。

6 断層と褶曲

① 断　層

　岩盤(地層)に複数の方向から力が加わり、ずれが生じた地層のことを断層といい、断層の境界面を断層面という。断層型地震は主にこの断層面で起こり、正断層、逆断層、横ずれ断層の三つがある。大きな地震ほど、このずれが大きくなる。

(ア) 正断層

　地層に対して、両側から引っぱりの力が上下逆向きに加わることで生じる断層を正断層という。上盤が引きずり落ちることによって形成される。

(イ) 逆断層

　地層に対して、両側から圧縮力が上下逆向きに加わることで生じる断層を逆断層という。上盤がのし上がることによって形成される。

(ウ) 横ずれ断層

　地層に対して、水平力が加わったために生じる断層を横ずれ断層という。

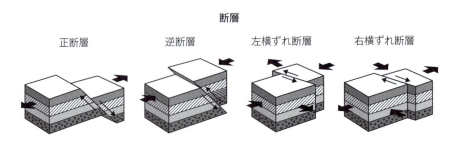

断層

正断層　　逆断層　　左横ずれ断層　　右横ずれ断層

② 褶曲

地層に対して両側に圧縮力が加わり、地層が波打ったような状態になったものを**褶曲**という。山状に盛り上がった部分を**背斜**、谷状にくぼんだ部分を**向斜**という。地層が軟らかい場合には褶曲を形成し、硬い場合には逆断層を形成する。

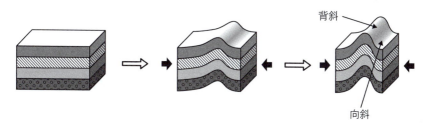

7 余 震

大きな地震(本震)の場合、その後に引き続き多くの地震が起こる。これを**余震**といい、余震の震源が分布する範囲を**余震域**という。余震は震源断面層で発生するものが多く、数日は注意が必要である。またその数は、時間の経過とともに急速に減る。

大きな地震の場合、複数回にわたって大規模な揺れが起こるが、一連の地震活動において最も大きなものを**本震**という。この本震の前の揺れを**前震**、後の揺れを**余震**という。つまり、どれが本震に当たるのかは、最初の大きな揺れからは判断できない。

4 火 山

1 マグマと火山の噴火

マントル上部や地殻下部において、岩石が融けたものを**マグマ**という。マグマは液状であるので密度が小さく、地表に向かって上昇する。このとき、一時的に地下に蓄えられたものを**マグマだまり**という。マグマだまりがそのまま冷えて固化すると深成岩を形成する。

また、マグマが地上に吹き出すと噴火が起こる。マグマが地上に流出したものや、それが固形化したものを**溶岩**という。

2 火山噴出物

　火山の噴火で地表に放出されたものを**火山噴出物**という。**火山ガス**、溶岩、火山砕屑物などがある。火山ガスの主成分は90％以上が**水蒸気**であるが、二酸化炭素CO_2、二酸化硫黄SO_2、硫化水素H_2Sなども含まれる。火山砕屑物の主なものは**火山灰**、**火山礫**、**火山岩塊**、**火山弾**、**軽石**などである。

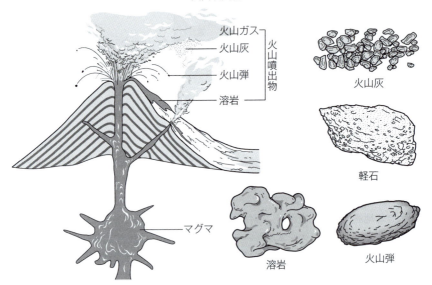

火山噴出物

3 活火山

　過去1万年以内に噴火した火山を**活火山**という。世界には多くの活火山がある[2]が、その大半は、太平洋を取り囲む**環太平洋造山帯**に存在する。環太平洋造山帯（火山帯）には日本列島も含まれ、世界中の活火山の7％以上が日本に集中している[3]。また、**大西洋中央海嶺**にも多くの海底火山が存在する。

　火山は岩石の成分や噴火の様式で分類される。岩石は**二酸化ケイ素**SiO_2が多く含まれるほど白くなり、もととなるマグマの粘性が高い。そのため、爆発的な激しい噴火を起こす。一方、二酸化ケイ素SiO_2が少ないと粘性が低く穏やかな噴火となる。二酸化ケイ素を多く含むものは**流紋岩質マグマ**、少ないものは**玄武岩質マグマ**である。

---

[2] 内閣府による『平成26年防災白書』によれば世界の活火山は1,551か所とされる。

[3] 2017年に栃木県の男体山が新たに加わり、現在111か所となっている。

4 火山の形による分類

火山の形状は、**溶岩の粘性・噴火の激しさ・火山岩の色**などによって分類される。ここでの粘性の違いは、火山の大きさや高さに影響し、粘性が低いほど面積の大きな火山になる(図参照)。

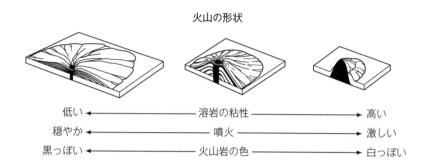

火山の形状

低い ←―― 溶岩の粘性 ――→ 高い
穏やか ←―― 噴火 ――→ 激しい
黒っぽい ←―― 火山岩の色 ――→ 白っぽい

① 溶岩ドーム(溶岩円頂丘)

溶岩ドーム(溶岩円頂丘)はマグマの粘性が高く、ドーム状の火山である。また、**流紋岩質**で白っぽい色をしている。日本では**雲仙普賢岳、昭和新山、有珠山**などが有名である。

② 成層火山

成層火山は粘性が中程度で、円錐形になる。溶岩と火山砕屑物が交互に層をなしている。日本では**富士山、浅間山、桜島**などが有名である。

③ 盾状火山

盾状火山は粘性が低く流れやすいので、傾斜が緩やかな形になる。**玄武岩質**で黒っぽい色をしていて、巨大なものではデカン高原などの溶岩台地を形成する。現在、日本には盾状の活火山はなく、ハワイの**マウナケア、マウナロア、キラウェア**などが有名である。

5 その他の学習事項

① カルデラ

大規模な噴火により、地下にあった物質がすべて吐き出されてしまった結果、地表が陥没することでできる凹地形を**カルデラ**という。熊本の阿蘇山が有名である。カルデラ内部に水が溜まったものを**カルデラ湖**という。

② 単成火山と複成火山

一度の噴火のみでできた火山を**単成火山**といい、あまり高くはならない。一方、複数回の噴火でできた火山を**複成火山**といい、度重なる噴火により、高い山ができる。複成火山は富士山が有名で、古いものから順に先小御岳火山、小御岳火山、古富士火山の三つの火山が隠されており、その上に新富士火山が積み重なるという4層構造となっている。

③ 火砕流

粘性の高いマグマの噴火では、山頂にできた溶岩ドームが崩壊し、軽石や溶岩が高温の火山ガスや火山灰と混合しながら高速で山腹を流れ下る現象が起きる。これを**火砕流**といい、1991年雲仙普賢岳で発生した際には43名が亡くなっている。

④ 火山の分布

太平洋を取り巻く環太平洋火山帯など、世界の主な火山帯は、プレートの沈み込み境界に沿って、海溝側から大陸側へ100〜300km程度離れたところに分布している。

これは、沈み込んだプレートがある程度の深さに達したところでマグマが発生するからである。このような、火山の分布の海溝側限界線を**火山前線**（火山フロント）という。

5 火成岩

　岩石はその生成過程によって火成岩、堆積岩、変成岩の3種類に分類できる。このうち、マグマが冷え固まってできた岩石を**火成岩**という。

1 火山岩と深成岩

　火成岩は、その冷却の過程によって、さらに火山岩と深成岩に分類される。

① 火山岩

　マグマが地表付近で急激に冷え固まってできた岩石を**火山岩**という。結晶になり切れなかった部分を**石基**(主にガラス質)、石基の中でできた結晶を**斑晶**という。このような組織を**斑状組織**という。

② 深成岩

　マグマが地下の深いところでゆっくり冷え固まってできた岩石を**深成岩**という。大きな結晶のみで構成され、このような組織を**等粒状組織**という。

　マグマが地殻に貫入し、地表に出ることなく冷えて固化したものを**貫入岩体**という。貫入岩体には種類があり、例えば**岩床**は、マグマが地層面にほぼ平行に板状で貫入したものである。また**岩脈**は、マグマが割れ目を作って地層面を切るように貫入したものである。造山帯の地下深くでは直径10kmを超えるような大規模な花崗岩体が形成されており、これらが地殻変動などにより地表に露呈したものを**バソリス(底盤)**という。

2 有色鉱物と無色鉱物

　火成岩の造岩鉱物は、**有色鉱物**(苦鉄質鉱物)と**無色鉱物**(珪長質鉱物)に分類される。

① 有色鉱物(苦鉄質鉱物[4])

　色のついた鉱物で、かんらん石、輝石、角閃石、黒雲母などがある。有色鉱物は酸化マグネシウムMgOや酸化鉄FeOなどを多く含む。

② 無色鉱物(珪長質鉱物)

　酸化鉄を含まない白色や透明の鉱物で、斜長石、カリ長石、石英などがある。

4　苦鉄質鉱物の「苦」は、マグネシウムMgを意味する。

火山岩と深成岩

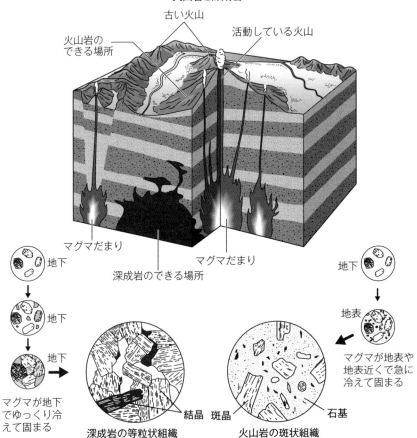

火山岩・深成岩の造岩鉱物

	角閃石	輝石	長石	かんらん石	石英	黒雲母
鉱物						
形	長い柱状・針状	短い柱状・短冊状	柱状・短冊状	丸みのある四角形	不規則	板状・六角形
色	濃い緑色〜黒色	緑色〜褐色	白色・薄桃色	黄緑色〜褐色	無色・白色	黒色〜褐色

3 火成岩の化学組成と分類

火山岩と深成岩は、その鉱物の種類や割合、化学組成によってさらに分類される。大きくは、二酸化ケイ素SiO_2の割合と造岩鉱物の割合による。

火成岩に最も多く含まれるのは二酸化ケイ素で、含有量が多いものから順に**珪長質岩**(酸性岩)、**中間質岩**(中性岩)、**苦鉄質岩**(塩基性岩)、**超苦鉄質岩**(超塩基性岩)に分けられる。

また、有色鉱物の割合をパーセントで表したものを色指数という。二酸化ケイ素含有量の多いものほど白っぽい色をしており、色指数の値は低くなる。

火成岩の化学組成と分類

SiO_2(質量%)	珪長質岩 63%〜	中間質岩 63〜52%	苦鉄質岩 52〜45%	超苦鉄質岩 45〜40%
火山岩(斑状組織)	流紋岩 デイサイト	安山岩	玄武岩	－
深成岩(等粒状組織)	花崗岩	閃緑岩	斑れい岩	かんらん岩
造岩鉱物	石英 カリ長石 黒雲母	斜長石 角閃石	輝石	かんらん石
色	白 ←		→ 黒	
密度	小 ←		→ 大	
火山の形	△	△	▱	－
具体例	雲仙普賢岳 昭和新山 有珠山	富士山 浅間山 桜島	マウナケア マウナロア キラウェア	－

3 地球の構造　319

6 堆積岩

1 堆積岩

　流水のはたらきなどで河口へ運ばれた砕屑物などが押し固められてできた岩石を堆積岩という。地層を形成したりするが、堆積岩による地層はその形成過程から海底、湖底でしか形成されない。

2 堆積岩の形成

① 地表の変化

(ア) 風　化

　地表の岩石は、環境のさまざまな影響により細かく砕かれる。これを**風化**という。温度変化や水、乾燥などによる風化を**物理的風化**という。また、水に含まれている化学成分が岩石と反応し、岩石を溶解させたり成分を変化させたりする風化を**化学的風化**という。

(イ) 流水のはたらき

　流水のはたらきで、地表の岩石が削られる作用を**侵食**、運ばれる作用を**運搬**、積もる作用を**堆積**という。これにより、山地では**V字谷**、山地から平野へ出るところでは**扇状地**、河口付近では**三角州**の地形を形成する。

　また、堆積物が圧縮され、堆積岩になる作用を**続成作用**という。

② 海底の変化

　海岸から水深200mまでの海域を**大陸棚**といい、流水のはたらきで海底にもたらされた砕屑物によって形成されている。約1万8,000年前の最後の氷期のころは、いまよりも海面が120mほど低かったと考えられており、大陸棚はその当時の平野であった。

　大陸棚の先は**大陸斜面**となっており、水深が急激に変化する。この境目では**混濁流**と呼ばれる土砂の崩壊が起こる。混濁流は海底谷を形成し、混濁流によって堆積した地層を**タービダイト**という。

320　第5章　地　学

3 堆積岩の分類

① 砕屑岩

さまざまな砕屑物が風化や侵食などで堆積してできた岩石を砕屑岩という。粒の大きさによって泥岩、砂岩、礫岩に分類される。構成粒子は、流水のはたらきによって丸みを帯びている。

② 火山砕屑岩（凝灰岩）

火山灰や軽石などが固まってできた岩石を火山砕屑岩といい、主に凝灰岩である。構成粒子は角ばっている。

③ 生物岩

生物の遺骸や殻などが固まってできた岩石を生物岩といい、炭酸カルシウム $CaCO_3$ に富む貝殻・サンゴ・フズリナ・ウミユリなどによってできた石灰岩と、二酸化ケイ素 SiO_2 に富むケイソウ・放散虫などによってできたチャートがある。石灰岩の場合、塩酸をかけると二酸化炭素が発生する。

④ 化学岩

海水などの成分が、化学的な沈殿によって堆積したものを化学岩という。

堆積岩の分類

分類	堆積物	岩石
砕屑岩	礫（粒子2mm以上）	礫岩
	砂（粒子 $\frac{1}{16}$ ～2mm）	砂岩
	泥（粒子 $\frac{1}{16}$ 未満）	泥岩
火山砕屑岩	火山灰と火山礫	凝灰角礫岩
	火山灰	凝灰岩
生物岩	フズリナ、サンゴ、貝殻（$CaCO_3$）	石灰岩
	放散虫（SiO_2）	チャート
化学岩	炭酸カルシウム $CaCO_3$	石灰岩
	二酸化ケイ素 SiO_2	チャート
	塩化ナトリウム $NaCl$	岩塩
	石膏 $CaSo_4 \cdot 2H_2O$	石膏

3　地球の構造

7 変成岩

岩石中の鉱物は、熱や圧力によって固体のまま化学組成が変化する。このような作用を**変成作用**といい、変成作用を受けた岩石を**変成岩**という。変成岩は広域変成岩と接触変成岩に分類される。

1 広域変成岩

プレートの沈み込み境界では圧力や温度が高いため、特徴的な変成作用が起こる。これを**広域変成作用**といい、広域変成作用によってできた変成岩を**広域変成岩**という。

① 結晶片岩
結晶片岩は高い圧力により、細粒で強く変形している。片状構造(片理)を持つ。

② 片麻岩
片麻岩は熱の影響を強く受けていて、結晶粒が粗く、縞模様を持つ。

2 接触変成岩

高温のマグマに接触することによって特徴的な変成作用が起こったものを**接触変成作用**といい、接触変成作用によってできた変成岩を**接触変成岩**という。

① ホルンフェルス
砂岩や泥岩がマグマによって硬く緻密に変性したものをいう。

② 結晶質石灰岩 (大理石)
石灰岩が接触変成作用を受けてできたものをいう。方解石が主な構成成分で、古代より建築材料や彫刻に用いられてきた。

変成岩の分類

変成岩	
広域変成岩	接触変成岩
・結晶片岩	・ホルンフェルス
・片麻岩	・結晶質石灰岩

322　第5章　地　学

第**5**章

地
学

3　地球の構造　323

過去問 Exercise

問題1 次の文は、地球内部の層構造に関する記述であるが、文中の空所A～Cに該当する語の組合せとして、妥当なのはどれか。

特別区Ⅰ類2015

地球は内部を構成している物質の違いによって、地殻、マントル、核の大きく3つの層に分けられる。地殻は大陸地殻と海洋地殻に分けられ、海洋地殻は主に
 A から構成されている。マントルの上部は主に B 、核は主に C から構成されていると考えられている。

	A	B	C
❶	花こう岩質岩石	かんらん岩質岩石	玄武岩質岩石
❷	花こう岩質岩石	玄武岩質岩石	かんらん岩質岩石
❸	玄武岩質岩石	花こう岩質岩石	かんらん岩質岩石
❹	玄武岩質岩石	花こう岩質岩石	鉄
❺	玄武岩質岩石	かんらん岩質岩石	鉄

324 第5章 地学

解説

正解 **5**

Ａ：玄武岩質岩石

　地球を構成する三つの層のうち、地殻はさらに大陸地殻と海洋地殻に分けられる。このうち、海洋地殻は主に玄武岩質岩石で構成されている。

Ｂ：かんらん岩質岩石

　地球を構成する三つの層のうち、マントルは深さ660kmを境に上部マントルと下部マントルに分けられる。このうち、上部マントルは主にかんらん岩質岩石で構成されている。

Ｃ：鉄

　地球を構成する三つの層のうち、核は主に鉄で構成されている。

問題2 次の文ア〜ウは、地球内部の構造に関する記述であるが、文中の空所A〜Cに該当する語の組合せとして、妥当なのはどれか。

特別区Ⅰ類2009

ア 深さ30〜60km に地震波速度が変化する不連続面があり、この面を A 不連続面といい、この不連続面より上を地殻、下をマントルという。

イ 深さ約70km より深いところに、海洋部の地震波速度が少し遅くなる低速度層があり、その上の地殻とマントル上部の硬い層をプレート又は B という。

ウ 深さ2900km から5100km を外核といい、Ｓ波が伝わらないことから C であると考えられている。

	A	B	C
①	モホロビチッチ	リソスフェア	液体
②	モホロビチッチ	アセノスフェア	固体
③	モホロビチッチ	アセノスフェア	液体
④	グーテンベルク	アセノスフェア	固体
⑤	グーテンベルク	リソスフェア	液体

解説

正解 ①

A：モホロビチッチ

　地殻とマントルの境目に当たる不連続面をモホロビチッチ不連続面という。グーテンベルク不連続面はマントルと外核との境目である。

B：リソスフェア

　地殻と上部マントルの堅い部分を合わせたものをリソスフェア、またはプレートという。アセノスフェアとはマントル上部のうちリソスフェアの下にあり、高温で流動性のある部分を指す。

C：液体

　地球を構成する層のうち、外核はＳ波が伝わらないことから液体であると考えられている。地殻・マントルも含め他の層はすべて固体である。

地球と火山に関する次のA～Eの記述の正誤の組合せとして最も適当なものはどれか。

裁判所一般職2015

A　平均海面を陸地にも延長して、地球を覆った海面を仮定し、この面をジオイドと呼ぶ。

B　リソスフェアとアセノスフェアの境界はモホ不連続面と呼ばれる。

C　水が非常に温度の高い物質と接触することにより気化されて発生する爆発現象を水蒸気爆発といい、2014年9月の御嶽山の噴火はこの例とされている。

D　プレートの動きは、地球の中心を通る軸を中心とした回転運動であり、回転の軸から離れるほど、移動速度は小さくなる。

E　スカンジナビア半島では、氷期に形成された氷床が融解し、加重が減少したため、アイソスタシーにより隆起している。

	A	B	C	D	E
1	正	誤	誤	正	正
2	正	誤	正	誤	正
3	正	正	誤	正	誤
4	誤	正	誤	正	正
5	誤	正	正	正	誤

解説

正解 **2**

A ◯　正しい記述である。

B ✕　地殻とマントルの境界をモホロビチッチ不連続面という。地殻とマントルを合わせた数10〜100kmの厚さの硬い部分をリソスフェアといい、その下の軟らかく流れやすい部分をアセノスフェアという。地殻とマントルは物質の違い、リソスフェアとアセノスフェアは硬さの違いで分けている。

C ◯　正しい記述である。

D ✕　プレートは地軸を中心に回転しているわけではない。

E ◯　正しい記述である。

3　地球の構造　329

問題4 日本周辺のプレートに関する記述中の空所A 〜 Dに当てはまる語句の組合せとして、最も妥当なのはどれか。

警視庁 I 類2016

日本の周辺では、（ **A** ）プレートが日本海溝から、（ **B** ）プレートが南海トラフから日本の下に沈み込んでいる。また（ **C** ）プレートと（ **D** ）プレートの境界は日本を通っていると考えられている。

	A	B	C	D
1	太平洋	フィリピン海	北米	ユーラシア
2	太平洋	フィリピン海	北米	インド・オーストラリア
3	フィリピン海	太平洋	北米	ユーラシア
4	フィリピン海	太平洋	北米	インド・オーストラリア
5	フィリピン海	太平洋	ユーラシア	インド・オーストラリア

解説

正解 ①

第5章 地学

　日本列島付近にある四つのプレートのうち、日本海溝から日本の下に沈み込んでいるのは太平洋（**A**）プレートである。また、南海トラフから日本の下に沈み込んでいるのはフィリピン海（**B**）プレートである。残りの二つのプレートは北米（**C**）プレート（北アメリカプレート）とユーラシア（**D**）プレートである。

　北アメリカプレートとユーラシアプレートは大陸プレート、太平洋プレートとフィリピン海プレートは海洋プレートである。

問題5 地球の内部構造に関する記述として、妥当なのはどれか。

特別区Ⅰ類2020

1 地球の内部構造は、地殻・マントル・核の3つの層に分かれており、表層ほど密度が大きい物質で構成されている。

2 マントルと核の境界は、モホロビチッチ不連続面と呼ばれ、地震学者であるモホロビチッチが地震波の速度が急に変化することから発見した。

3 地殻とマントル最上部は、アセノスフェアという低温でかたい層であり、その下には、リソスフェアという高温でやわらかく流動性の高い層がある。

4 地球の表面を覆うプレートの境界には、拡大する境界、収束する境界、すれ違う境界の3種類があり、拡大する境界はトランスフォーム断層と呼ばれる。

5 地殻は、大陸地殻と海洋地殻に分けられ、大陸地殻の上部は花こう岩質岩石からできており、海洋地殻は玄武岩質岩石からできている。

解説

正解 **5**

1 ✕ 内部ほど重力が大きいので、内部ほど密度も大きい。

2 ✕ マントルと核の境目はモホロビチッチ不連続面ではなく、グーテンベルク不連続面である。

3 ✕ リソスフェアとアセノスフェアが逆である。

4 ✕ 拡大する境界は海嶺という大山脈を形成する。なおトランスフォーム断層は、すれ違う境界にできる地形である。

5 ◯ 正しい記述である。

問題6　地震に関する記述として、妥当なのはどれか。

特別区Ⅰ類2014

1　地震が発生した場所を震央、震央の真上の地表点を震源、震央から震源までの距離を震源距離という。

2　Ｓ波による地震の最初の揺れを初期微動といい、最初の揺れから少し遅れて始まるＰ波による大きな揺れを主要動という。

3　地震による揺れの強さを総合的に表す指標を震度といい、気象庁の震度階級は、震度０から震度７までの10階級となっている。

4　地震の規模を表すマグニチュードは、１増すごとに地震のエネルギーが10倍になる。

5　海洋プレートが大陸プレートの下に沈み込む境界面をホットスポットといい、その付近では巨大地震が繰り返し発生する。

解説

正解 ③

❶ ✕ 　震源と震央の説明が逆である。地震波が発生した場所を震源、震源の真上の地表の地点を震央、観測点から震源までの距離を震源距離という。

❷ ✕ 　Ｐ波とＳ波の説明が逆である。Ｐ波による地震の最初の揺れを初期微動といい、最初の揺れから少し遅れて始まるＳ波による大きな揺れを主要動という。

❸ ◯ 　正しい記述である。

❹ ✕ 　マグニチュードの値が２増すごとに地震のエネルギーは1,000倍となる。すなわち、マグニチュードが１増すごとに地震のエネルギーは約32倍($\sqrt{1,000}$倍)となる。

❺ ✕ 　海洋プレートが大陸プレートの下に沈み込む場所を沈み込み境界という。

3　地球の構造　335

問題7	地震に関する記述として最も妥当なのはどれか。

国家専門職2015

1 地震発生と同時に、地震波であるP波とS波は震源から同時に伝わり始めるが、縦波であるP波の方が横波であるS波より速く伝わる。両者の波の観測点への到達時間の差を初期微動継続時間といい、震源から観測点までの距離に比例してこの時間は長くなる。

2 地球内部は地殻、マントル、核の三つに分けられる。マントルは、地震が発生した際にS波が伝わらないことから固体であると推定され、核は、P波が伝わる速度がマントルに比べて速いことから液体であると推定される。

3 世界で起きる地震は、プレート内部の地殻深部で起きるものが多い。我が国で地震の発生が多いのは、日本列島全体が太平洋プレートの上にあるからであり、アルプス－ヒマラヤ地域で比較的多いのも、この地域がユーラシアプレートの中央に位置しているからである。

4 地震の大きさは、通常、マグニチュードと震度で表される。マグニチュードは地震の規模を示し、地震波のエネルギーは、マグニチュードが1大きくなると約2倍になる。一方、震度は地震の大きさを示し、震度が1大きくなると、地震の伝達範囲は4倍に広がる。

5 断層は地震による地層のずれで発生し、ずれ方によって正断層と逆断層の二つのいずれかに分類される。逆断層は、断層面が滑りやすく地震が発生するたびにずれる断層で活断層とも呼ばれる。一方、正断層は一度ずれると断層面が固着するので、再び地層がずれることはない。

解説

正解 **1**

1 ◯　正しい記述である。

2 ✕　マントルが固体であるというのは正しいが、固体中のみを伝わるS波はマントルを伝わる地震波である。一方、核のうち外核はS波が伝わらないため液体であると考えられている。

3 ✕　日本で地震が頻発するのは、日本列島全体が単一のプレート上にあるからではなく、四つのプレートの境界上に位置しているためである。

4 ✕　マグニチュードが1大きくなると地震のエネルギーは2倍ではなく約32倍となる。

5 ✕　断層は正断層、逆断層、横ずれ断層の三つに分類される。

問題8 火山に関する記述として、妥当なのはどれか。

東京都Ⅰ類2020

1 火砕流は、噴火によってとけた雪など多量の水が火山砕屑物と混ざって流れ下る現象である。

2 大量の火山灰や軽石が一度に大量に噴出すると、インドのデカン高原のような大規模な溶岩台地が形成される。

3 ハワイ式噴火は、粘性の高いマグマが間欠的に爆発的噴火を引き起こすものであり、例としてハワイ島のマウナロア火山の噴火がある。

4 粘性が低い玄武岩質のマグマが繰り返し噴出すると、富士山のような円錐形の成層火山が形成される。

5 ホットスポットは、アセノスフェア内の特に温度の高い狭い部分から高温のプルームが上昇して火山活動を行う地点である。

解説

正解 **⑤**

第5章
地学

❶ ✕ 　火砕流は溶岩ドームなどが崩壊し、高温マグマなどの火山砕屑物に気体が混ざって流れ下る現象である。融けた雪などの多量の水ではない。

❷ ✕ 　デカン高原は、白亜紀後期の複数回に及ぶ噴火でのマグマ噴出によってできた玄武岩台地である。面積は50万km^{2}もあり、地球上で最も広大な火成活動の痕跡である。

❸ ✕ 　ハワイの火山は基本的に盾状火山、つまり溶岩の粘性の低いものである。

❹ ✕ 　成層火山は粘性の高いマグマや低いマグマなど、さまざまなマグマの噴出によって形成される。

❺ ◯ 　正しい記述である。

3　地球の構造　339

問題9　火成岩に関する次のA〜Dの記述の正誤の組合せとして最も妥当なものはどれか。

裁判所一般職2019

A　マグマが冷え固まってできた岩石を火成岩といい、火成岩には、地表や地下の浅いところで急速に冷えてできた火山岩と、地下深くでゆっくり冷えてできた深成岩とがある。

B　マグマが急速に冷えると、鉱物がよく成長し、粒が大きく、大きさの揃った結晶の集合体になる。

C　火成岩のうち、ガラス質を多く含むのは、地表や、地下の浅いところでできた火山岩である。

D　かんらん石や輝石など鉄やマグネシウムを含む鉱物は、無色または淡い色をしており、このような鉱物を多く含んだ火成岩は、白っぽい色をしている。

	A	B	C	D
1	正	誤	正	誤
2	正	正	誤	誤
3	誤	誤	正	正
4	誤	正	誤	正
5	誤	誤	正	誤

解説

正解 **1**

A ◯   正しい記述である。

B ✕   マグマが急速に冷却されると、鉱物の結晶は十分に成長できないので、石基と斑晶を持つ斑状組織となる。

C ◯   正しい記述である。

D ✕   かんらん石や輝石などの、鉄やマグネシウムを含む鉱物は有色鉱物である。

問題10 次の文は、火山岩に関する記述であるが、文中の空所A 〜 Cに該当する語の組合せとして、妥当なのはどれか。

特別区Ⅰ類2016

　火山岩はマグマが急速に冷えるとできる岩石で、細かい結晶やガラス質の物質からなる　A　と、大きな結晶の　B　からできている。　A　と　B　から構成される組織を、　C　組織という。

	A	B	C
1	石基	バソリス	等粒状
2	石基	斑晶	斑状
3	バソリス	斑晶	斑状
4	斑晶	石基	斑状
5	斑晶	バソリス	等粒状

解説

正解 ❷

A：石基

　火山岩が急速に冷やされた際に、大きな結晶として固まることのできなかった細かな結晶やガラス質からなる部分を石基という。

B：斑晶

　火山岩が急速に冷やされる前に、ゆっくりと冷やされたことで大きな結晶として固まった部分を斑晶という。なお、バソリスとは底盤とも呼ばれる深成岩の一種である。

C：斑状

　火山岩のように石基と斑晶から構成される組織を斑状組織という。なお、深成岩のように比較的粒のそろった大きな結晶で構成される組織を等粒状組織という。

3　地球の構造　**343**

問題11 次の文は、火成岩に関する記述であるが、文中の空所A〜Dに該当する語の組合せとして、妥当なのはどれか。

特別区Ⅰ類2012

火成岩をつくる主な鉱物の中で、Fe、Mgを多く含み、色がついているものを有色鉱物と呼び、 A は、その1つである。これに対して、 B は、Fe、Mgをほとんど含まず、無色又は淡い色をしているので、無色鉱物と呼ばれている。

また、火成岩の中の有色鉱物の占める割合を、火成岩の色指数という。色指数が低いものを C と呼び、 D などがある。

	A	B	C	D
1	かんらん石	石英	珪長質岩	流紋岩
2	かんらん石	輝石	超苦鉄質岩	流紋岩
3	かんらん石	石英	珪長質岩	玄武岩
4	斜長石	輝石	珪長質岩	玄武岩
5	斜長石	石英	超苦鉄質岩	玄武岩

344 第5章 地学

解説

正解 ①

　火成岩を作る主要造岩鉱物は、SiO_4四面体を基本構造とする珪酸塩鉱物で、黒っぽく、色がついている有色鉱物（苦鉄質鉱物）と、白っぽく、無色または淡い色をしている無色鉱物（珪長質鉱物）に分けられる。有色鉱物は Fe、Mg を多く含み、かんらん石（**A**）、輝石、角閃石、黒雲母がある。それに対して無色鉱物は Fe、Mg をほとんど含まず、斜長石、カリ長石、石英（**B**）がある。

　また、火成岩中の有色鉱物（苦鉄質鉱物）の体積％を色指数といい、色指数の値によりいくつかの種類に分類されている。色指数が高く、有色鉱物（苦鉄質鉱物）が多いものを超苦鉄質岩、苦鉄質岩という。超苦鉄質岩としてはかんらん岩があり、苦鉄質岩としては玄武岩と斑れい岩がある。色指数が低く、無色鉱物（珪長質鉱物）が多いものを珪長質岩（**C**）といい、流紋岩（**D**）、花崗岩などがある。

問題12 堆積岩の種類に関する次の表の空欄 $\boxed{A}$ ～ $\boxed{D}$ に当てはまる語句の組合せとして、妥当なのはどれか。

警視庁Ⅰ類2013

	堆　積　物	堆　積　岩
砕せつ物	泥 砂 れき	泥岩 砂岩 れき岩
溶けた物質	$\boxed{A}$ を主成分とするもの ── $\boxed{C}$ $\boxed{B}$ を主成分とするもの ── $\boxed{D}$	
生物の殻など	紡錘虫やサンゴなど ──────── $\boxed{C}$ 放散虫などの殻 ───────── $\boxed{D}$	
火山砕せつ物	火山れきと火山岩片 ── 凝灰角れき岩など 火山灰 ──────── 凝灰岩	

	A	B	C	D
1	$CaCO_3$	SiO_2	石灰岩	チャート
2	$CaCO_3$	NaCl	石灰岩	石こう
3	SiO_2	$CaSO_4$	石こう	チャート
4	SiO_2	$CaSO_4$	チャート	石こう
5	NaCl	$CaCO_3$	チャート	石こう

解説

正解 ①

　堆積物が長い年月の間に圧縮され、脱水して緻密になり、さらに粒子間に新しい鉱物が沈殿して固結し、堆積岩が形成される。堆積岩が形成されるはたらきを続成作用という。

　堆積岩は、もとになる堆積物の種類によりいくつかに分類されるが、生物の殻などの遺骸が堆積岩となったものを生物岩という。このうち、紡錘虫やサンゴなどの遺骸からなるものは石灰岩（**C**）、放散虫などの殻からなるものはチャート（**D**）である。

　石灰岩は炭酸カルシウム $CaCO_3$（**A**）を、チャートは二酸化ケイ素 SiO_2（**B**）を主成分としている。

問題13 地球の岩石に関する記述として、妥当なのはどれか。

東京都Ⅰ類2019

1 深成岩は、斑晶と細粒の石基からなる斑状組織を示し、代表的なものとして玄武岩や花こう岩がある。

2 火山岩の等粒状組織は、地表付近でマグマが急速に冷却され、鉱物が十分に成長することでできる。

3 火成岩は、二酸化ケイ素(SiO_2)の量によって、その多いものから順に酸性岩、中性岩、塩基性岩、超塩基性岩に区分されている。

4 火成岩の中で造岩鉱物の占める体積パーセントを色指数といい、色指数の高い岩石ほど白っぽい色調をしている。

5 続成作用は、堆積岩や火成岩が高い温度や圧力に長くおかれることで、鉱物の化学組成や結晶構造が変わり、別の鉱物に変化することである。

解説

正解 ③

① ✗ 深成岩は斑状組織ではなく等粒状組織を持つ。また、玄武岩は深成岩ではなく火山岩である。

② ✗ マグマが急速に冷却されると鉱物の結晶は十分に成長できないので、石基と斑晶を持つ斑状組織となる。等粒状組織はマグマがゆっくり冷え固まった岩石に見られる組織である。

③ ⭕ 正しい記述である。

④ ✗ 色指数は有色鉱物の割合であり、色指数の高い岩石ほど黒っぽい色調となる。

⑤ ✗ 続成作用ではなく変成作用についての説明である。続成作用は長い年月をかけて堆積物が堆積岩を形成する作用である。

★★☆

4 地球の歴史

地球誕生から46億年、その歴史の大半は文献（人によって記されたもの）ではありません。地層や化石などから紐解く地球史について概観しましょう。

1 地 層

1 地層累重の法則

水流などで運ばれた砕屑物が海底などで堆積すると、ほぼ水平な面を形成する。これを**層理面**（**地層面**）といい、古い層ほど下のほうに形成される。これを**地層累重の法則**という。地層を観察すると、構成される粒子の大きさや成分の違い、重なり方の違いなどが見られる。これらが堆積した当時の様子などを知る手がかりとなる。

2 整合と不整合

一連の地層が連続的に堆積すると、水平な地層が形成される。このような地層の重なり方を**整合**という。これに対し、地殻変動などの理由で堆積が一時的に止まり、侵食作用などが起こり、そのあとに再び堆積するなどして、不連続な地層が形成されることがある。この不連続な地層の重なり方を**不整合**という。また、その不連続面を**不整合面**という。

一般に、堆積は海底（湖底）でのみ起こり、侵食作用は陸上でのみ起こるので、不整合は土地の隆起や沈降の重要な手がかりとなる。

350　第5章　地　学

整合と不整合

❶Aが堆積する

連続した平行な重なり方を**整合**という

❷大地の変動によって、Aの一部が陸になる

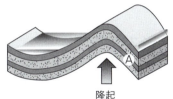

隆起

❸陸になったAの表面を水が削る

❹大地の変動により陸が**沈降**し、Bが堆積する

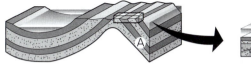

水が大地を削りとるはたらきを**侵食**という

A層とB層の境の面を**不整合面**という

2 化 石

　生物の体の一部などが地層の中に残されていることがある。これを**化石**といい、堆積した当時の環境を知る手がかりとなるものを**示相化石**、堆積した時代を知る手がかりとなるものを**示準化石**という。

1 示相化石

　示相化石はその場所の当時の環境だけでなく、定点観測によって「ある地点の環境の時代ごとの変化」を知る手がかりにもなる。
　　サンゴ：暖かくて浅いきれいな海
　　シジミ：川、湖などの淡水、河口付近などの淡水と海水が混じり合う場所(汽水域)
　　シュロ・ソテツ：暖かい環境

2 示準化石

示準化石は、世界中の広い範囲でごく短い期間に繁栄して絶滅した生物の化石である。

　　古生代：フズリナ、三葉虫
　　中生代：アンモナイト、恐竜、イノセラムス
　　新生代：ビカリア、マンモス、貨幣石

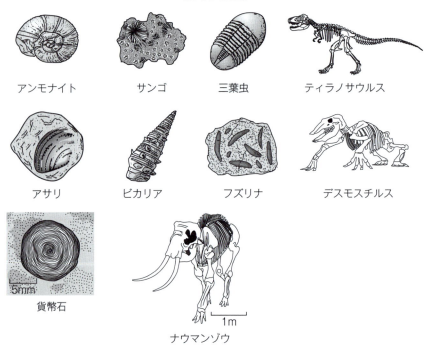

さまざまな化石

3 地質時代

およそ46億年前の地球誕生から現在までのうち、地層でのみ過去を知る手がかりとなる時代を**地質時代**、地質時代以降に到来した、文献などで記録が残っている数千年を**有史時代**という。地質時代はカンブリア大爆発(約5億4,100万年前)を境に、現代までの化石が豊富に残されている**顕生代**と、それ以前の地球史の大半(約40億年)を占める**先カンブリア時代**に分かれる。

1 相対年代と絶対年代

　地質年代の区分は、化石によって判断していた。これを**相対年代**という。相対年代では、ある程度の範囲をもってしか時代を推測できなかったが、科学の進歩により具体的な年代まで測定できるようになった。これを**絶対年代**という。絶対年代は放射性炭素^{14}Cによって測定する炭素年代測定法(動植物限定)や、カリウム・アルゴンを用いたカリウム・アルゴン法(火成岩)などがある。いずれも放射性同位体の**半減期**を用いて測定している。

　以下、相対年代の区分を見ていくことにする。

2 先カンブリア時代

① 冥王代(約46億〜40億年前)

　冥王代は、いまだ岩石が存在しない時代である。微惑星[1]の衝突・合体により地球が誕生した。微惑星との衝突により、含まれていた水蒸気、二酸化炭素、窒素が**原始大気**を作った。このことから**温室効果**が起こって地球の表面温度は約1,500℃に達し、マグマが地表を覆っていたと考えられている。これを**マグマオーシャン**という。ここから比重の大きな鉄は底に沈み核を作り、比重の小さな岩石成分が浮き上がってマントルができた。やがて地表の温度が下がると原始地殻が形成され、同時に大気の温度も下がり、大気中の水蒸気は凝結して雨を降らせた。これによって**原始海洋**が形成された。

② 太古代(約40億〜25億年前)

　太古代(始生代)は、地球に生命の誕生した時代である。地球最古の岩石は約40億年前の変成岩であり、約38億年前の堆積岩、枕状溶岩があることから、このころに海洋が形成され、地球最古の生命は海中で生まれたと考えられている。海嶺付近の海底では、マグマに暖められた熱水が噴き出している場所(熱水噴出孔)があり、生命に必要なアミノ酸が合成された。約35億年前のチャートから、核膜を持たない**原核生物の化石**が発見されている(世界最古の化

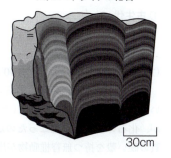

ストロマトライトの化石

30cm

---

[1] 微惑星とは、太陽系などが作られる以前に存在した直径数kmほどの小惑星をいう。

石）。約27億年前、最初の光合成生物として**シアノバクテリア**（ラン藻類）という原核生物が登場し、**ストロマトライト[2]**という化石が世界中から発見されている。

③ 原生代（約25億～5億4,100万年前）

原生代は、多細胞生物が出現した時代である。シアノバクテリアの登場により、大気中に酸素が放出されるようになると、海水中の鉄イオンが酸素と反応して酸化鉄になり、海底に堆積した。これにより**縞状鉄鉱層**が形成された。日常利用される鉄のほとんどは、原生代に形成されたこの縞状鉄鋼層から採掘されている。この縞状鉄鉱層から最古の真核生物（核模を持つ生物）である**グリパニア**が発見されている。

また、光合成生物の増加により、大気中の二酸化炭素濃度が低下した。そのため地球は、温室効果の影響が小さくなり極端に寒冷化した。約23億年前と約7億年前の2回、**全球凍結**（スノーボールアース）を起こした。全球凍結で光合成生物が減り、再び温室効果によって地球が温暖化したことで、**真核生物**が出現したと考えられている。原生代中ごろには多細胞生物が現われた。2回目の全球凍結後、エアマット状の体構造で硬い殻を持たない大型の無脊椎動物が現われた。これを**エディアカラ生物群**といい、多細胞生物の急速な進化が見て取れる。

3 顕生代

顕生代は古生代（約5億4,100万～2億5,100万年前）、中生代（約2億5,100万～6,600万年前）、新生代（約6,600万年前～現在）に区分される。顕生代に入ると、肉眼で見ることのできる生物が生息するようになる。

① 古生代

古生代は、生物が多様化し、海から陸に上陸する生物が現れた時代である。

（ア）カンブリア紀（約5億4,100万～4億8,500万年前）

古生代になると、急激に化石の種類・数が増加する。これを**カンブリア大爆発**という。遺伝的にはその少し前（カンブリア大爆発より約3億年前）に多様化しているが、化石の多様化が起こったのがこのときである。石灰質（フズリナなど）やキチン質の硬い殻を持つ無脊椎動物が出現したことによって、化石に残りやすくなったともいわれている。現存する生物の起源（門）がすべて出揃ったのがこの時期である。

---

2 ストロマトライトは、光合成細菌（シアノバクテリア）などが堆積してできた化石をいう。

カンブリア紀前期の澄江動物群、中期のバージェス動物群には多様な無脊椎動物や魚類(原始脊椎動物)なども見られる。頭足類(イカ、オウムガイなど)の登場もこの時期である。節足動物の三葉虫は古生代の示準化石として非常に重要である。

(イ) オルドビス紀（約4億8,500万～4億4,400万年前）

　海中では筆石やサンゴなどが現われた。光合成生物の繁栄により、大気中の酸素濃度は現在とほぼ同じになり、成層圏に**オゾン層**が形成された。オゾン層が太陽からの紫外線を吸収し始めると、生物が陸上へ進出する準備が整った。最初の陸上生物はこの時期の節足動物といわれている。また、**コケ**が陸上に進出した。顕生代の大量絶滅は5回あったと推測されているが、1回目の大量絶滅でオルドビス紀は終焉した。

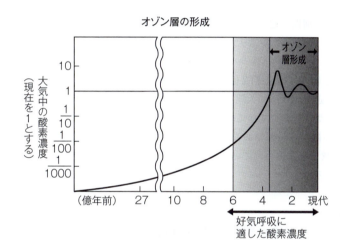

(ウ) シルル紀（約4億4,400万～4億1,600万年前）

　オゾン層の形成により、陸上にダニやムカデなどの節足動物をはじめ、さまざまな生物が進出した。コケを除く最初の陸上生物は**クックソニア**といわれるシダ植物で、シルル紀に現れた。

(エ) デボン紀（約4億1,600万〜3億5,900万年前）

　魚類から分かれた脊椎動物である両生類の**イクチオステガ**が初めて陸上へ上陸した。陸上では**シダ植物**が急速に大型化し、**アーケオプテリス**などによって最古の森林が形成された。また、維管束を持つ植物の最初期である**リニア**などが現れた。この時期に節足動物の中から**昆虫類**が現れた。2回目の大量絶滅により、デボン紀は終焉した。

(オ) 石炭紀（約3億5,900万〜2億9,900万年前）

　陸上では**ロボク、リンボク、フウインボク**などのシダ植物が繁栄し森林が広がった。これらの遺骸が現代の石炭のもとになっている。大型の昆虫類(70cmのトンボや2mのムカデなど)も繁栄した。**単弓類**(ほ乳類の祖先)などが出現した。この時期の酸素濃度は35％になったといわれ、大量の光合成によって二酸化炭素濃度は低下し、氷河期を迎える。この氷河期が石炭紀と二畳紀の境目となる。古生代の示準化石として重要な**フズリナ**(紡錘虫)はこの時期に大繁栄する。

(カ) 二畳紀（ペルム紀、約2億9,900万〜2億5,100万年前）

　プレート運動によって大陸が合体し、**超大陸パンゲア**が形成された。超大陸パンゲアは、地球上のほぼすべての陸地が一つの大陸としてつながっていた。**は虫類**が出現したのはこの時期である。3回目の大量絶滅は史上最大規模で、地球上の約95％が絶滅したといわれている。これによって二畳紀だけでなく古生代そのものも終焉となる。

② 中生代

　中生代は、陸上生物が多様化を見せる年代である。

(ア) 三畳紀（トリアス紀、約2億5,100万〜2億0,100万年前）

　二畳紀の上に3層の地層が形成されていることから三畳紀という名がつけられた。**放散虫**などが中生代の示準化石として重要である。海中では古生代の中ごろに現れた**アンモナイト**が繁栄した。このため、アンモナイトも中生代を代表する示準化石として重要である。4回目の大量絶滅により、三畳紀(トリアス紀)は終焉する。

（イ）ジュラ紀（約2億0,100万〜1億4,500万年前）

　その名のとおり恐竜の時代である。三畳紀（トリアス紀）の大量絶滅から生き残った生物が繁栄し、恐竜もその一つである。ジュラ紀末には鳥類が恐竜から分化したといわれているが、正確なことはわかっていない。始祖鳥が出現したのはこの時期だが、いまでは鳥の祖先ではないことがわかっている。陸上では裸子植物が繁栄し、後期には被子植物も出現した。

（ウ）白亜紀（約1億4,500万〜6,600万年前）

　この時代の境目は特に大きな環境変化は起こっておらず、アンモナイトの種類によってジュラ紀と白亜紀に分けられる。パンゲアの分化により地理的な隔離が起きたため、生物の多様性はさらに進んだ。5回目の大量絶滅により、中生代そのものが終焉を迎えるが、この原因がユカタン半島への隕石の衝突であることは、多くの学者が支持している。

③ 新生代

　新生代は、ほ乳類が大繁栄を見せる時代である。

（ア）古第三紀（約6,600万〜2,300万年前）

　現在のほ乳類の祖先のほとんどが出現した。石灰質の殻と網状の仮足を持つ原生生物である貨幣石が増え始め、新生代で全盛を迎えた。このため、貨幣石は新生代の重要な示準化石である。

（イ）新第三紀（約2,300万〜260万年前）

　汽水域に生息していた巻貝のビカリアが繁栄した。ビカリアは新生代新三紀の重要な示準化石である。海辺ではほ乳類のデスモスチルスが繁栄した。

（ウ）第四紀（約260万年前〜現在）

　大陸を氷河が覆う寒冷な氷期と、氷期に比べ温暖な間氷期が繰り返された。マンモスやナウマンゾウは日本でも化石が見つかっている。すでに絶滅していて、この時代の示準化石である。

地質時代の区分と動植物の出現・繁栄

代	紀	繁栄した植物	出現した植物	繁栄した動物	出現した動物
新生代	第四紀	被子植物		ほ乳類	
	新第三紀				人類
	古第三紀				
中生代	白亜紀	裸子植物		は虫類	
	ジュラ紀		被子植物		鳥類
	三畳紀(トリアス紀)				ほ乳類
古生代	二畳紀(ペルム紀)	シダ植物		両生類	
	石炭紀				は虫類
	デボン紀		シダ植物 裸子植物	魚類	両生類
	シルル紀			無脊椎動物	
	オルドビス紀	藻類			魚類
	カンブリア紀				脊椎動物

4 日本列島の構造

1 日本列島の形成

　日本列島はアジア大陸の一部であったが、白亜紀ごろに大陸から分離し始め（この時点ではまだ浅い海の中にあった）、中央構造線の形成、四万十帯などの付加を経て、**新生代第三紀**に日本海の拡大に伴い形成される。

　地質学的には東北日本と西南日本に分けることができ、東北日本が反時計回りに、西南日本が時計回りに回転して現在の日本列島の主要部分が形成された（境界部分は糸魚川－静岡構造線）。その後、フィリピン海プレートの移動により、約500万年前には丹沢山地、約100万年前には伊豆半島が衝突によって形成され、南アルプスなどが隆起した。

2 構造線

日本列島は、大陸周縁に位置する**弧状列島**であるが、国土が一様な地質を持っているわけではなく、**構造線**という大きな断層で区切られている。

① 糸魚川－静岡構造線

東北日本と西南日本を分ける構造線を**糸魚川－静岡構造線**という。糸魚川－静岡構造線のすぐ東側は**フォッサマグナ**といわれる地溝帯であり、日本海が拡大する際に形成され、その後、堆積物で埋まることで陸になった。

糸魚川－静岡構造線は「線」であるのに対して、フォッサマグナは地溝帯という名前が示すように「面」である。

構造線とフォッサマグナ

② 中央構造線

関東山地から九州東部にかけて走っている断層を**中央構造線**という。

3 付加体

海洋プレートの沈み込みにより、堆積物が陸側に寄せられ付加された地形を**付加体**という。美濃・丹波帯（主に中生代ジュラ紀）、秩父帯（主に中生代ジュラ紀）、太平洋側の四万十帯（白亜紀～新生代第三紀）、秋吉帯（主に古生代石炭紀）がその代表例である。

過去問 Exercise

問題1　次は地質時代に関する記述であるが、A～Dに当てはまるものの組合せとして最も妥当なのはどれか。

国家専門職2011

　地質学においては、地層や化石をもとに、地球の歴史を解き明かす試みがなされている。

　進化の速度が速く、種類としての存続期間が限定されていて、しかも地理的分布が広い生物の化石は、その地層ができた時代を決めるのに有効である。このような化石を　A　といい、紡錘虫（フズリナ）は　B　後期を特徴づける　A　として知られている。

　また、その生物が生息していた当時の自然環境を知る手掛かりとなる化石を　C　と呼び、その例として、温暖で浅い海にしか繁殖しない造礁サンゴなどがある。ただし、　C　となり得るには、それらの化石が元の生息地に近いところで化石となることが必要である。

　岩石や鉱物に含まれる　D　元素は、一定の割合で崩壊して他の元素に変わっていくが、その速度は、それぞれ元素によって決まっている。これを利用することで、岩石や鉱物ができてから何年経過したかを測定できるようになり、地質時代の相対的な新旧関係を示す相対年代を、絶対年代（数値年代）で表現することが可能となった。

	A	B	C	D
1	示準化石	古生代	示相化石	放射性
2	示準化石	中生代	示相化石	揮発性
3	示準化石	中生代	示相化石	放射性
4	示相化石	古生代	示準化石	放射性
5	示相化石	中生代	示準化石	揮発性

360　第5章　地　学

解説

正解 **1**

　化石が含まれている地層ができた時代を決めることのできる化石を、示準化石（**A**）という。示準化石となり得る条件としては、進化の速度が速く、種類としての存続期間が限定されている、地理的分布が広い、個体数が多い、等が挙げられる。紡錘虫（フズリナ）は、石炭紀・二畳紀（ペルム紀）の、すなわち古生代（**B**）後期の示準化石である。また、その生物が生息していた当時の環境を知ることのできる化石を、示相化石（**C**）という。示相化石の条件としては、生物の生活の場所が限定されている、生息していた場所で化石になった、等が挙げられる。

　地質時代の相対年代は、地層に含まれる生物の出現、絶滅等をもとに決定される。地質時代の絶対年代を決定するためには、岩石や鉱物等に含まれる放射性（**D**）元素（放射性同位体）を用いる。

問題2 地球に関する以下の記述のうち、最も妥当なのはどれか。

警視庁Ⅰ類2017

1 約46億年前に微惑星が衝突を繰り返して地球が形成された際、地球の材料となった微惑星に含まれていた酸素や窒素が気体として放出され、現在のような酸素の豊富な大気が作られた。

2 約46億年前に誕生した地球は、微惑星の衝突による多量の熱でマグマオーシャンの状態であったが、微惑星の減少とともに地球は冷え始め、約40億年前までに金属鉄に富む縞状鉄鉱層が大規模に形成された。

3 約46億年前から5億4200万年前までの時代をカンブリア時代といい、この時代の化石は多く産出され、地球や生命の進化を明らかにしている。

4 約25億年前までにはシアノバクテリアと呼ばれる原核生物が出現しており、シアノバクテリアの活動によって固まってできた構造物をストロマトライトという。

5 約7億年前には地球の平均気温が約−40〜−50℃まで低下して地球全体が厚い氷に覆われていたが、この時代に恐竜などの脊椎動物は絶滅した。

362 第5章 地学

解説

正解 **4**

❶ ✕ 地球上の酸素は、縞状鉄鋼層の形成された原生代初期（約25〜20億年前）に急激に増加したと考えられている。

❷ ✕ 縞状鉄鉱層が形成されたのは約25億〜20億年前と考えられている。

❸ ✕ カンブリア紀は、約5億4,100万〜4億8,500万年前である。

❹ ◯ 正しい記述である。

❺ ✕ 恐竜は約6,600万年前の中生代末期における巨大隕石の衝突により絶滅したと考えられている。

問題3 カンブリア紀の状況に関する記述として、最も妥当なのはどれか。

警視庁 I 類2013

① 節足動物に属する三葉虫のほか多様な動物が爆発的に出現した。

② 大気中の酸素濃度が高まり、核膜をもった真核生物のグリパニアが出現した。

③ 原核生物のシアノバクテリアが出現し、浅い海でストロマトライトをつくった。

④ 地球が温暖化し、エディアカラ生物群と呼ばれる動物群が出現した。

⑤ クックソニアやリニアなどの植物が陸上に出現した。

解説

正解 ①

---

❶ ◯　正しい記述である。

❷ ✕　グリパニアが出現したのはカンブリア紀ではなく原生代である。

❸ ✕　シアノバクテリアによるストロマトライトはカンブリア紀ではなく先カンブリア時代の化石である。

❹ ✕　エディアカラ生物群が出現したのはカンブリア紀ではなく原生代である。

❺ ✕　クックソニアが出現したのはシルル紀、リニアが出現したのはデボン紀である。

問題4 地質時代に関する記述として、妥当なのはどれか。

東京都Ⅰ類2016

1 三畳紀は、新生代の時代区分の一つであり、紡錘虫（フズリナ）が繁栄し、は虫類が出現した時代である。

2 ジュラ紀は、中生代の時代区分の一つであり、アンモナイト及び恐竜が繁栄していた時代である。

3 第四紀は、新生代の時代区分の一つであり、頭足類及び始祖鳥が出現した時代である。

4 デボン紀は、中生代の時代区分の一つであり、三葉虫及び多くの種類の両生類が繁栄していた時代である。

5 白亜紀は、新生代の時代区分の一つであり、無脊椎動物が繁栄し、魚類の先祖が出現した時代である。

解説

正解 **2**

第5章 地学

❶ ✕ 三畳紀は、中生代の時代区分の一つである。また、紡錘虫(フズリナ)が繁栄し、は虫類が出現したのは古生代である。

❷ ◯ 正しい記述である。

❸ ✕ 第四紀は、新生代の時代区分の一つであるが、頭足類(オウムガイやアンモナイト、イカなど)は古生代に出現しており、始祖鳥は中生代に出現している。

❹ ✕ デボン紀は、古生代の時代区分の一つである。

❺ ✕ 白亜紀は、中生代の時代区分の一つである。また、無脊椎動物が繁栄し、魚類の先祖が出現したのは古生代である。

4 地球の歴史 367

| 問題5 | 地質時代に関する記述として最も妥当なのはどれか。 |

国家一般職2011

1 　地球は約46億年前に誕生したとされており、地質時代は大きく先カンブリア時代、古生代、中生代、新生代に区分される。このうち約20億年前まで続いた先カンブリア時代に、カレドニア造山運動などの大きな変動が起こり、ほぼ現在の大陸が形成された。

2 　古生代石炭紀には、ロボク、リンボク、ウミユリなど、高さ20～30mにも達する巨大なシダ植物が大森林を形成し、それらの植物が石炭のもととなった。また、森林ではシダ植物を主な食料とする初期の恐竜が隆盛した。

3 　中生代は古い方から三畳紀、ジュラ紀、白亜紀の三つに区分される。この時代は、海ではアンモナイト、陸上では恐竜などの爬虫類が隆盛した。また、植物界では裸子植物が優勢であったが、白亜紀には被子植物も繁茂するようになった。

4 　中生代白亜紀末には、陸上では恐竜類が、海中ではアンモナイトなど多くの動物がほぼ同時に絶滅した。これは白亜紀末に氷河期が訪れたことによるものとされており、最後の氷河期が終わった後の時代を新生代と呼ぶ。

5 　生息していた期間が短く、広い地域に分布していた生物の化石は、地層の地質時代を決めるのに有効であるが、そのような化石を示相化石と呼ぶ。例えば、中生代ではアンモナイト、三葉虫、マンモスが示相化石に相当する。

368　第5章　地　学

解説

正解 ❸

第5章 地学

❶ ✕ 地球は約46億年前に誕生したと考えられており、地質時代は古いものから、先カンブリア時代、古生代、中生代、新生代に区分されるが、先カンブリア時代は地球誕生から約5.4億年前までである。また、カレドニア造山運動は古生代前半の変動であり、大陸がほぼ現在の形になったのは、中生代末期以降である。

❷ ✕ 古生代石炭紀には、ロボク、リンボク、フウインボクなどの巨大なシダ植物が大森林を形成し、その時代の植物が石炭のもととなったと考えられている。ウミユリは古生代にも繁栄し、現在も海に生息する動物である。また、恐竜が隆盛を極めたのは、中生代である。

❸ ◯ 正しい記述である。

❹ ✕ 中生代末の生物の大量絶滅は、直径10km程度の巨大隕石の衝突が原因の一つと考えられている。氷河期と間氷期が繰り返し訪れるようになったのは、新生代第四紀である。

❺ ✕ 前半部分は示相化石ではなく示準化石についての説明である。アンモナイトは中生代の示準化石であるが、三葉虫は古生代の、マンモスは新生代の示準化石である。一方、生息していた環境が限られていた生物の化石は、地層の堆積した環境を知るのに有効であり、このような化石を示相化石という。

4 地球の歴史

問題6　わが国の地質に関する次のA～Eの記述の正誤の組合せとして最も適当なものはどれか。

裁判所一般職2014

A　地質学的観点からみたとき、東北日本と西南日本の境界は中央構造線である。

B　日本海は新第三紀になって開き、このとき、東北日本は反時計回りに、西南日本は時計回りに回転した。

C　四万十帯は典型的な付加体であり、その形成年代は白亜紀～新第三紀である。

D　中央日本では西南日本から続いた地質の帯状構造が屈曲している。これは、伊豆火山弧が北方に衝突しているためである。

E　秋吉台でみられる石灰岩にはフズリナ類の化石が含まれており、中生代に海山で形成されたものと考えられている。

	A	B	C	D	E
1	誤	正	誤	正	正
2	誤	正	正	正	誤
3	正	誤	誤	正	正
4	正	誤	正	誤	正
5	正	正	誤	正	誤

解説

正解 ❷

A ✗　東北日本と西南日本に分けたときの境界は、糸魚川―静岡構造線、つまりフォッサマグナの西縁である。中央構造線は本州、四国、九州をほぼ東西に通っている。

B ○　正しい記述である。

C ○　正しい記述である。

D ○　正しい記述である。

E ✗　秋吉台で見られる石灰岩は古生代(石炭紀〜二畳紀)に海底火山の上に堆積したサンゴ礁石灰岩であり、フズリナも含まれる。これらの石灰岩は、古生代二畳紀に、日本列島となる大陸縁に付加体として付加された。

5 気象と海洋

地球の地表における大気や海洋の流れは、空間的にも時間的にも非常に変化に富んでいます。これらの動きは太陽や月の引力、また地球の自転の影響などさまざまな要因が重なって起こっています。

❶ 大気の構造

地球を取り巻く大気の層を**大気圏**という。窒素N_2 78％、酸素O_2 21％、アルゴンAr 0.93％、二酸化炭素CO_2 0.04％の四つで大気の99.99％以上を構成する。大気圏は上空500kmほどで、その上空(500～700km)を外気圏という。大気圏は上空ほど気圧が低くなるが、気温の変化の違いによって、地上に近いほうから**対流圏、成層圏、中間圏、熱圏**の四つに分類される。

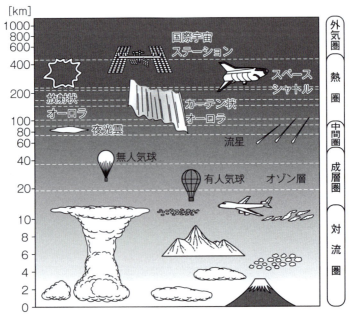

大気圏

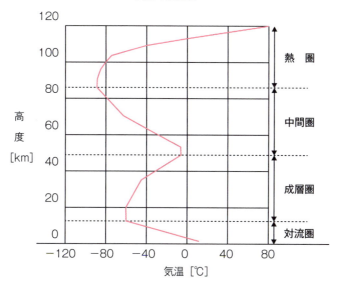

大気の層構造

1 大気の区分

① 対流圏

地表から上空9〜17kmの範囲を**対流圏**といい、**上空ほど気温は下がる**。空気の対流が起こりやすく、地球上では水蒸気がほぼここのみに存在するので、気象の変化はこの対流圏のみで起こる。

地表付近に比べて上空ほど気圧が低く、断熱膨張によって、気温は平均して100m上昇するごとに約0.65℃下がる。この割合のことを**気温減率**という。気温減率は大気圏で最大である。つまり、大気圏の中で高度による気温の変化は対流圏が一番大きい。

対流圏と成層圏の境界付近を**圏界面**といい、平均で11kmであるが、高緯度では9km、低緯度では17kmと、緯度によって異なる。**ジェット気流**という特に強い偏西風が吹いている。

② 成層圏

高度約50kmまでの範囲を**成層圏**といい、**上空ほど気温は上がる**。高度15〜30kmの範囲にはオゾンO_3濃度が高い**オゾン層**が存在する。成層圏の温度が高いのは、このオゾンが紫外線を吸収し熱を発生させるためである。

③ 中間圏

高度約50〜80kmの範囲を中間圏といい、**上空ほど気温は下がる**。大気の組成は上空100kmくらいまでは一定であるので、中間圏までは大気は一様といえる。日の出前や日没後には夜光雲が観測され、日中には電離層[1]が存在する。

④ 熱　圏

中間圏より上の、高度約80〜500kmの範囲を**熱圏**といい、**上空ほど気温は上がる**。大気を構成している酸素O_2や窒素N_2が太陽からのX線や紫外線を吸収して高温になっている。そのため、酸素分子が原子となり、大気の主成分となっている。また、高緯度地方で観測される**オーロラ**は、太陽風の影響で荷電粒子が大気中の酸素や窒素に衝突し発光する現象で、この熱圏で起こる。

⑤ 外気圏

熱圏の外側で高度約500〜1,000kmの範囲を**外気圏**といい、水素H_2、ヘリウムHeなどの元素で構成される。太陽風や宇宙線からの粒子が地球の磁場に捉えられて形成されたヴァン・アレン帯というドーナツ状の放射線帯が存在する。

2 水と気象

地球上の水蒸気のほとんどは対流圏にある。そのため、気象の変化は対流圏でのみ起こるが、これには水の状態変化が深く関わっている。

地球の表面の水分はおよそ97％が海水である。また、陸にある残り3％ほどのうち6割は氷河などの氷であり、次いで地下水であるので、河川や湖沼はほんのわずかである。これらの水は蒸発と降水を繰り返し、地球上を循環している。

① 潜　熱

状態変化において、固体より液体、液体より気体のほうがエネルギーが大きい。つまり、蒸発するときは周囲から熱を奪い、凝結するときは熱を放出する。このように、状態変化に伴って出入りする熱を**潜熱**という。水蒸気はエネルギーが大きい状態であるので、水蒸気の移動はエネルギーを輸送していると考えることができる。これを**潜熱輸送**という。

---

[1] 大気中の原子や分子が太陽からのX線や紫外線によって電離し、イオンと電子になっている。この部分を電離圏という。電離圏のイオンや電子は層状になっており、これを電離層という。電波をよく反射するので、無線通信にとって重要になっている。太陽活動が活発になり太陽風が強くなると、デリンジャー現象による通信障害などが起こる。

② 湿度と雲

　大気が含むことのできる水蒸気量には限界があり、温度によって変化する。これを**飽和水蒸気量**といい、単位[g/m³]で表す。一般に、大気中の水蒸気量は圧力で表現することが多く、飽和状態のときを**飽和蒸気圧**という。これを用いて、以下のように相対湿度を定義する。

$$相対湿度[\%]＝\frac{水蒸気圧（量）}{飽和水蒸気圧（量）}×100$$

　飽和水蒸気圧は温度とともに小さくなるので、ある空気が冷やされ水蒸気圧が飽和水蒸気圧より大きくなると、一部が凝結して水滴となる。このときの温度を**露点**という。

③ フェーン現象

　前述のとおり、対流圏では上空ほど気温が下がる。空気塊が上昇すると、気圧の低下によって(周囲との熱のやり取りなしに)膨張し温度が下がる。これを**断熱変化**という。飽和していない空気塊の場合、断熱変化による割合はおおよそ100mで1.0℃である。これを**乾燥断熱減率**という。一方、空気塊が飽和していると、凝結時に潜熱が放出されるので温度低下の割合が小さくなる。これを**湿潤断熱減率**といい、おおよそ100mで0.5℃である。

　水蒸気を含んだ空気塊が山脈を超えるとき、上昇する空気塊は乾燥断熱減率に従って気温が下がるが、途中で露点に達するため、その後は湿潤断熱減率に従って気温が変化する。一方、山頂を超えた空気塊に含まれている水蒸気は少なく、気温が上昇するだけであるので、乾燥断熱減率に従って気温が変化する。よって、山を越えた風下側では気温が上昇する現象が見られる。これを**フェーン現象**という。

フェーン現象

この高さの分だけ気温の上昇が大きくなる

100mで1.0℃上昇

100mで0.5℃低下

積乱雲

100mで1.0℃低下

太平洋　　　　日本列島　　　　日本海

5　気象と海洋　375

2 地球のエネルギー収支

1 太陽放射エネルギー

① 太陽放射エネルギー

地球が受ける太陽の放射を**太陽放射**(日射)といい、放射量は地球と太陽が平均距離($1.5×10^8$km)にあるとき、1.37kW/m^{2}である。これを**太陽定数**という。地球全体が受ける太陽放射のエネルギー量は、この値に地球の断面積を掛けたものとなり、平均すると約0.34kW/m^{2}であるが、高緯度ほど小さく低緯度ほど大きくなる。

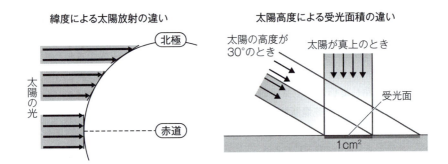

② 可視光線

目に見える光のことを**可視光線**という。可視光線は**電磁波**の一種であり、電磁波は波長によって区分されている。短いものから順にγ線、X線、紫外線、可視光線、赤外線、電波である。太陽放射において、波長別エネルギーの強さは可視光線が最も強い。

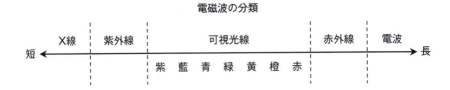

2 地球のエネルギー収支

　地球に入射する太陽放射の一部は、地表で反射されたり、雲や大気によって宇宙空間へ放出されたりする。地表に吸収されるのは50％ほどで、3割が宇宙空間、2割が大気や雲に吸収される。

　地球から大気に放出されるエネルギーを**地球放射**といい、これは可視光線よりも波長の長い赤外線であるので**赤外放射**とも呼ばれる。地表の平均気温は長い間においてほぼ一定であるが、これは太陽放射と地球放射がつり合っているからである。このエネルギーのやり取りを**エネルギー収支**（**熱収支**）といい、これによって地球環境は安定しているといえる。

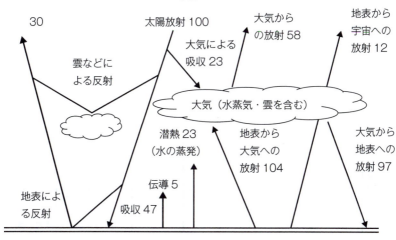

地球のエネルギー収支

3 温室効果と放射冷却

　地球放射は主に**赤外線**という形でエネルギーを放出している。その大半は大気中の水蒸気や二酸化炭素に吸収され、再び地表へ放出され地面が温められている。この仕組みを**温室効果**という。水蒸気やメタンなども温室効果ガスに含まれる。現在の地球の平均気温は約15℃であるが、温室効果ガスが大気になければいまよりも30℃ほど低くなると考えられている。

　また、雲などがなく放射が多いと、地表に向かうエネルギーがなくなり、地表の

気温が下がる。これを放射冷却という。

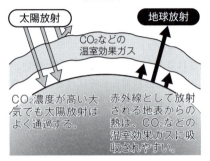

3 大気の大循環

1 等圧線

気圧の等しい地点を結んだ線を等圧線といい、等圧線の幅が広い地点は風が弱く、狭い地点は風が強い。等高線のようにこれを空気の傾斜と考えるとわかりやすい。

2 風の流れを決める力

空気の流れを風というが、風は気圧の高い地点から低い地点に向かって吹く。これを気圧傾度力という。気圧傾度力は気圧差が最も大きくなる等圧線に垂直な向きにはたらき、密なところほど大きくなる。また、風はほかにも、転向力(コリオリの力)、摩擦力などの影響を受ける。風の流れ方や向き[2]はこれらの組合せにより決ま

---

[2] 風向きとは風が吹いてくる向きであり、風向きが北であれば、風は北から吹いてくることになる。「北寄りの風」も北から吹いてくる風である。

る。

① 気圧傾度力

気圧差によって生じる力で、**高圧側→低圧側**の方向に等圧線に垂直にはたらく。

② 転向力（コリオリの力）

地球の自転の影響によって生じる力で、**北半球では進行方向右向きに生じる**。また、流れが強いほど転向力も大きくなる。

③ 摩擦力

空気と地面との接触により生じる力であり、**風の進行方向と反対向きに生じる**。そのため、上空ではこの摩擦力は生じない。

3 風

① 地衡風と地上風

地上1,000m以上の範囲では、風が吹く際に地表との摩擦力が生じないため、気圧傾度力と転向力のみを受ける。このような風を<u>地衡風</u>という。北半球では進行方向（等圧線に垂直）に対して常に右側に転向力を受けるので、最終的に気圧傾度力と転向力がつり合い、**地衡風は等圧線と平行に吹く**。

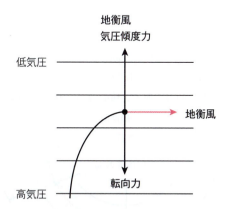

一方、地表付近では、風が吹く際に地表との間で摩擦が生じるため、進行方向逆向きに力を受ける。よって、気圧傾度力は転向力と摩擦力の合力とつり合うことになる。このような風を<u>地上風</u>という。だいたい日本付近（北半球）では、等圧線と平

行な直線方向に対して、摩擦の大きい陸上では30〜45°、摩擦の小さい海上では15〜30°低圧側に傾いて風が吹く。また、山脈などの地形の高低差が大きいところでは、この角度はより大きくなる。

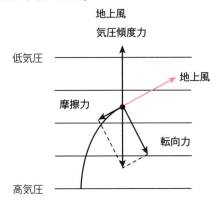

地衡風と地上風

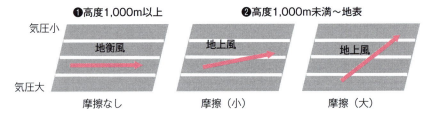

② 傾度風

　北半球では、低気圧の周りでは反時計回り、高気圧の周りでは時計回りに風が吹く。摩擦力のはたらかない上空で、円形の等圧線に沿って吹く風を**傾度風**という。この場合、気圧傾度力と転向力に加え、遠心力が円の外向きにはたらく。

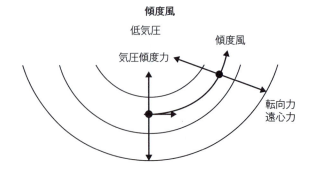

③ 海陸風

海岸付近で吹く風を**海陸風**といい、昼間に海から陸に吹く風を**海風**、夜に陸から海に吹く風を**陸風**という。陸地は海に比べ温まりやすく冷めやすいため、気圧の変化が生じ、風が吹く。また、海風と陸風が入れ替わる無風の状況を**凪**という。

海風と陸風

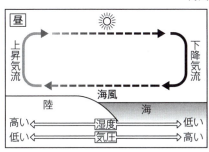 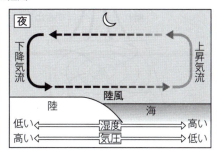

4 高気圧と低気圧

気圧が周囲より高い領域を<u>高気圧</u>、周囲より低い領域を<u>低気圧</u>という。このため、1か所の気圧だけでは高・低を決められない。

風は理論上、等圧線に対して垂直に吹くことになるが、実際の風は転向力(コリオリの力)や摩擦力によって**北半球では右に傾いて吹く**。

① 高気圧

北半球の地表付近では、中心から外側に向かって**右回り(時計回り)**に風が吹き出し、**下降気流**が発生する。そのため、雲ができにくく天気はよい。

② 低気圧

北半球の地表付近では、中心に向かって**左回り(反時計回り)**に風が吹き込み、**上昇気流**が発生する。そのため、雲ができやすく天気が悪くなる。低気圧には、熱帯で発生する**熱帯低気圧**、温帯で発生する**温帯低気圧**がある。温帯低気圧は前線を伴う。

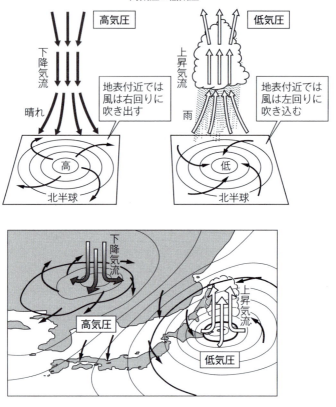

5 大気の大循環

　大気は地球全体を循環しながら、低緯度地方から高緯度地方へ熱を運んでいる。緯度による風向きの違いは15世紀の大航海時代にはすでに知られていて、航海に利用されてきた。

① ハドレー循環

　地球が受ける太陽放射のエネルギーは低緯度地方で大きい。つまり、赤道付近は最も多くのエネルギーを受けている。この地域を**熱帯収束帯（赤道低圧帯）**といい、上昇気流が発生する。ここで上昇した大気は圏界面（対流圏と成層圏の境目）で高緯度地方へ移動し、転向力（コリオリの力）を受けて西風となる。これらはやがて20〜30°の中緯度で下降し高圧帯を作る。これを**亜熱帯高圧帯**という。この一部は赤

道付近へ向かい、一連の対流を作る。これを**ハドレー循環**という。この赤道付近に吹き込む風は転向力を受け東風となる。これを**貿易風**という。

② フェレル循環

一方、極付近はエネルギーが少ないので、相対的に気温が低く、下降気流が発生する。ここでは赤道付近とは逆の循環が起こる。これを**極循環**という(図参照)。そして、この極循環とハドレー循環の間の見かけ上の循環を**フェレル循環**という。転向力は赤道付近で弱く、極付近で強くなるため、ここでは地球を周回する大気の流れができる。これを**偏西風**という。偏西風は上空(圏界面に近い)ほど強く、これをジェット気流という。

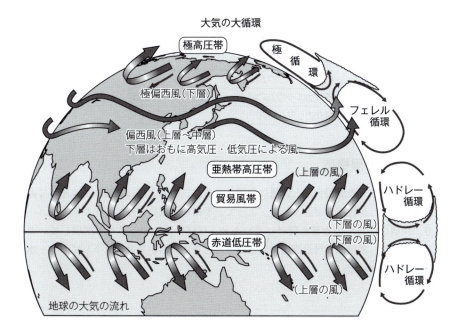

大気の大循環

4 海水の循環

1 海水の組成

海洋は**地表の70%**を占め、地球上の水の97%以上を占めている。海水に溶けている塩類を塩分といい、塩分は、海洋の場所や深さ、季節などによって多少変化するが、概ね3.5%である。塩類の組成比は表のとおりであり、塩化ナトリウムNaClが最も多く、次いで塩化マグネシウムMgCl$_2$である。これは世界中どこでも同じであり、それほどに海洋はよく混合されているといえる。

海水における塩類の組成比

塩　類	質量%
塩化ナトリウムNaCl	78%
塩化マグネシウムMgCl$_2$	10%
硫酸マグネシウムMgSO$_4$	6%
硫酸カルシウムCaSO$_4$	4%
塩化カリウムKCl	2%

2 海洋の層構造

海洋は大きく**表層混合層**と**深層**に分けられる。表層混合層は太陽エネルギーで温められ、それが波風で混合される。よって、季節や地域によって変化が大きい。一方、深層はそれらの影響を受けにくいため、ほぼ一様でゆっくりと循環している（深層循環）。表層混合層と深層の間は深さとともに水温が急激に低下しており、**水温躍層**と呼ばれる。

3 海　流

海洋の表層は比較的**水温が高く**、ほぼ一定方向に海水が流れており、これを**海流**という。海流は風向きに従うことが多く、低緯度地方では貿易風、中緯度地方では偏西風と同じ向きに流れている。また、亜熱帯地域では**転向力（コリオリの力）**の影響で、北半球では時計回り、南半球では反時計回りの海流ができている。これを**環流**という。日本付近では、日本海流（黒潮）、対馬海流などの暖流と、千島海流（親潮）、リマン海流などの寒流がある。海洋全体としては低緯度から高緯度へ熱輸送をしている。

主な海流

北大西洋海流
カナリア海流
季節風海流
親潮
北太平洋海流
黒潮
北赤道海流
赤道反流
カリフォルニア海流
北赤道海流
ベンゲラ海流
南赤道海流
ペルー海流
ブラジル海流
西風海流

4 ▷ 深層循環

　塩分濃度や温度の違いは密度差を生み、海水の鉛直方向の流れをもたらす。高緯度地方では低温や濃度上昇に伴い密度が大きくなり、深部に流れていく。また、それらが赤道方向へ流れ循環が起こる。これを**深層循環**という。深層循環は表層に比べ非常に遅く、**1000年〜2000年周期**と見積もられている。この海水の大循環を**コンベア・ベルト**という。

5 ▷ 海洋と気候

　水は空気よりも比熱が小さく、温まりにくく冷めにくいので、持っているエネルギーは大きい。そのため、海洋の熱輸送は地球の気候に大きな影響をもたらしている。

① エルニーニョ現象

　太平洋の赤道付近の貿易風が弱まり、それに伴って海流が弱くなると、高温域が東に広がって、赤道太平洋東部の広い範囲で**海水温上昇**が起こる。これを**エルニーニョ現象**という。日本付近では**冷夏・暖冬**になる。

② ラニーニャ現象

　エルニーニョ現象とは反対に、貿易風が強まることにより、同じ範囲で**海水温低下**が起こる。これを**ラニーニャ現象**という。日本付近では**猛暑・厳冬**になる。

5 日本の気象

1 前　線

　一様な性質を持った空気のかたまりを**気団**という。性質の異なる気団どうしがぶつかり合ったとき、互いに混ざり合うことはなく境目が生じる。この境目を**前線面**といい、前線面と地表との境目を**前線**という。前線は、大きく、**寒冷前線、温暖前線、停滞前線、閉塞前線**の四つに分類される。

① 寒冷前線

　寒気が暖気を押し上げるときにできる前線を**寒冷前線**という。日本付近の温帯低気圧では西側にできる。激しい上昇気流が発生し、**積乱雲**が形成されるため、短時間に激しい雨をもたらす。通過後、気温は下がり、風向きが南寄りから北寄りに変化する。

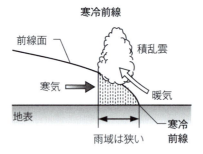

② 温暖前線

　暖気が寒気に這い上がるようにぶつかるときにできる前線を**温暖前線**という。緩やかな上昇気流が発生し、広範囲に**乱層雲**が形成されるため、長時間にわたり穏やかな雨が降る。通過後、気温は上がり、風向きが東寄りから南寄りに変化する。

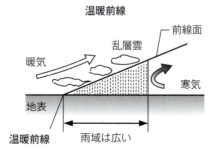

寒冷前線と温暖前線の性質

	風向き		気　温
	前線通過前	前線通過後	
寒冷前線	南寄りの風	北寄りの風	下がる
温暖前線	東寄りの風	南寄りの風	上がる

③ 停滞前線

　寒気と暖気がぶつかり、その勢力が均衡を保つときに生じる前線を**停滞前線**という。**梅雨前線**や**秋雨前線**は停滞前線である。

④ 閉塞前線

　日本付近では、北に寒冷、南に温暖な空気があり、転向力の影響により偏西風が吹いているので温帯低気圧は西からやってくる。そしてその発生原理上、西側に寒冷前線、東側に温暖前線という配置になっている。このとき、寒冷前線のほうが温暖前線よりも移動速度が速いため、やがて追いつくことになる。このようにして生じた前線を**閉塞前線**という。閉塞前線は一部だけ重なることが多く(閉塞部)、やがて消滅する。

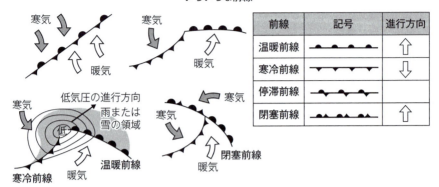

いろいろな前線

2 日本周辺の気団

　日本列島の周辺には主に四つの気団が存在し、これらはすべて高気圧である。また、季節風や偏西風が吹いており、日本の気候に影響を与えている。それぞれの気団の特質と影響を与える季節について見ていこう。

① シベリア気団
　シベリア気団は寒冷・乾燥の気団で冬の気候に影響を与える。

② 小笠原気団
　小笠原気団は温暖・湿潤の気団で夏の気候、梅雨・秋雨に影響を与える。

③ オホーツク海気団
　オホーツク海気団は寒冷・湿潤の気団で夏の前後の梅雨・秋雨に影響を与える。

④ 移動性高気圧[3]
　移動性高気圧(揚子江(長江)気団)は温暖・乾燥の気団で春・秋の気候に影響を与える。

---

[3] 移動性高気圧はシベリア気団の一部が南下し温暖に変質したものであり、独立の気団として扱うべきではないとの見解により、揚子江気団という名称は高校課程の教科書からも除かれている。

⑤ 赤道気団

　赤道気団は日本付近の気団ではないが、高温・多湿の気団で**台風**の要因となる。

日本周辺の気団

3 日本周辺の風

① 季節風

　季節風は冬に大陸方向から、夏に海洋方向から吹く風のことで、原理は海陸風と同様である。

② 偏西風

　偏西風は1年を通じて西から東に吹く風のことで、日本の天気が西から東に変化するのは偏西風の影響によるものである。

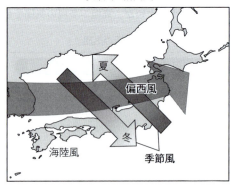

季節風と偏西風

4 日本の四季

　日本の四季の特徴を整理する。各季節で勢力を増す気団と季節ごとの典型的な天気図と天気の様子を合わせて覚えるとよい。

① 冬

　大陸に**シベリア高気圧**(気団)が発達し、千島・アリューシャン側は低気圧が発達する。このような気圧配置を**西高東低**(冬型)といい、日本付近では南北に走る等圧線どうしの間隔が狭いため、北西の強い季節風が吹く。シベリア高気圧は寒冷で乾燥しているが、日本海を越えるときに水蒸気を供給され湿った空気となる。これが日本列島の脊梁山脈にぶつかって上昇し積雲(筋状の雲)を作る。この積雲が日本海側では雪や雨をもたらし、乾燥した空気が山脈を越えて太平洋側には晴天をもたらす。

冬の気象の特徴

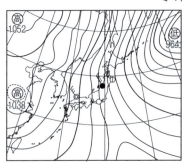 

② 春

　シベリア高気圧(気団)の勢力が弱まり、西高東低の気圧配置が崩れると、偏西風のルートが北上し、低気圧が日本付近を通過するようになる。南から湿った空気が入ると温帯低気圧が発達し、これによって南寄りの強い風が吹く。立春以降、最初に吹いた強い風を**春一番**という。偏西風の影響により、この温帯低気圧と**移動性高気圧**が交互にやってきて、天気は周期的に変化する。

春の気象の特徴

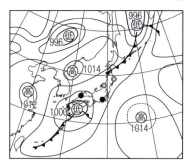
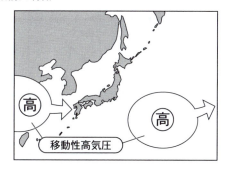

③ 梅　雨

　6〜7月にかけて、日本付近は**梅雨前線**という停滞前線の影響で梅雨となる。梅雨前線は**オホーツク海高気圧**(気団)と勢力を強め北上してきた**太平洋高気圧**(**小笠原気団**)がぶつかることで発生する。その後、さらに勢力を強めた太平洋高気圧が北上し、前線を北へ押し上げると**梅雨明け**となる。梅雨明けが遅れると太平洋側で北東の冷たく湿った風が吹き、農作物に被害をもたらす。この風を**やませ**という。

梅雨の気象の特徴

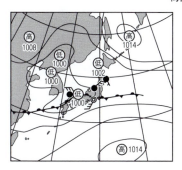

④ 夏

　太平洋高気圧(小笠原気団)が北上し、偏西風が北に移動すると南高北低(なんこうほくてい)(夏型)の気圧配置となり、南東の季節風が吹く。日本において夏と冬で寒暖の差が激しいのは、これらの季節風の影響である。また、冬と異なり、等圧線の間隔が広いので、風は冬ほど強くはない。太平洋高気圧は温暖で湿潤のため、蒸し暑い日が続く。日中は高温による上昇気流が生じ積乱雲が発生し、夕立や雷などの原因となる。

夏の気象の特徴

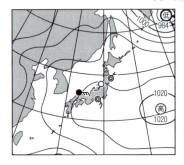

⑤ 秋

　太平洋高気圧(小笠原気団)が弱まって、大陸からの寒冷な高気圧が南下すると、**秋雨前線**ができる。秋は台風の影響もあり、東京の月間雨量は6月、7月より9月、10月のほうが多い傾向にある。

5 台風

赤道付近の太平洋上で発生した熱帯低気圧のうち、10分間における平均風速の最大が17.2m/秒以上のものを台風という。台風は太平洋高気圧の勢力が弱まると、日本列島の西側を北上するようになり、8月以降日本に上陸する台風は増える。さらに太平洋高気圧の勢力が弱まり偏西風が南下すると、南海上を通過するようになる。

台風(熱帯低気圧)は前線を伴わず、転向力(コリオリの力)により、北半球において地上付近では反時計回りに風が吹き込んでいる。中心付近では上昇気流が起こり、上空へ流れた空気は、今度は逆に時計回りに吹き出す。このとき、勢力が大きいほど中心部分に下降気流が起こり、台風の目と呼ばれる雲のない部分ができる。

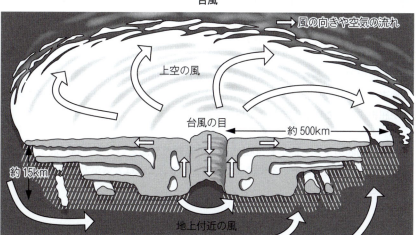

台風

6 線状降水帯

集中豪雨発生時、線状の降水域が数時間にわたり同じ場所にとどまるものを線状降水帯という。大きさは幅20〜50km、長さは50〜300kmにもなり、その実体は複数の積乱雲の集合体である。

2014年8月の広島豪雨あたりから頻繁にこの用語が用いられるようになり、気象庁のHPでは報道用語として用いられている。

過去問 Exercise

問題1 大気圏に関する次の記述A〜Dのうち、妥当なもののみを挙げているのはどれか。

国家一般職2012

A 地表から高度約10km付近の範囲を対流圏という。雲の発生や降雨のような気象現象はこの範囲で起こる。対流圏とその上を分ける境界面を圏界面(対流圏界面)という。

B 対流圏の上から高度約50km付近の範囲を成層圏という。成層圏では高度が上がるほど温度が高くなる。成層圏の内部には高度約20〜30km付近の範囲を中心にオゾンが多く含まれている層がある。

C 成層圏の上から高度約80km付近の範囲を中間圏という。中間圏では、気圧が地表の半分程度(約500ヘクトパスカル)となっている。オーロラはこの層で太陽光が屈折することによって起きる現象である。

D 中間圏の上から高度約500km付近の範囲を熱圏という。熱圏の最上部では低温であるが、高度が下がるに従って高温となる。これは大気が太陽熱を徐々に取り込むことによる。

1 A、B

2 A、C

3 A、D

4 B、C

5 B、D

394 第5章 地 学

解説　　　　　　　　　　　　　　　　　　　　　　　　正解 **1**

第5章 地学

A ◯　対流圏の説明として妥当である。

B ◯　成層圏の説明として妥当である。

C ✕　オーロラが発生するのは熱圏である。

D ✕　熱圏では高度が上がるほどに高温となる。

5　気象と海洋　395

| 問題2 | 10℃及び30℃における飽和水蒸気量はそれぞれ9.4g/m³、30.4g/m³である。30℃で相対湿度80％の大気1m³中の水蒸気量は、10℃で相対湿度40％の大気1m³中の水蒸気量のおよそ何倍であるか。 |

警視庁Ⅰ類2020

1　3.5倍

2　5.0倍

3　6.5倍

4　8.0倍

5　9.5倍

解説

正解 ③

相対湿度は、その温度における飽和水蒸気量に占める水蒸気量を示したものなので、10℃、30℃それぞれの相対湿度から水蒸気量を割り出して比較すればよい。

10℃の飽和水蒸気量は9.4g/m³で、相対湿度40％のときの水蒸気量は、

$9.4 \times 0.4 = 3.76 \, [g/m^3]$

30℃の飽和水蒸気量は30.4g/m³で、相対湿度80％のときの水蒸気量は、

$30.4 \times 0.8 = 24.32 \, [g/m^3]$

よって、24.32÷3.76＝6.46……≒6.5となり、およそ6.5倍であるとわかる。

問題3

図のように、風上側山麓のA点（高度0m）で、気温22.0℃の飽和していない空気塊が山の斜面を上昇し、B点（高度1,300m）で飽和状態に達し、空気塊中の過剰な水蒸気が凝結して雲を発生させ、その後、山頂のC点（高度2,500m）に達するまで雲を生じさせ続け、C点に達したときまでに凝結した水分をすべて雨として降らせた。そして、C点を越えてからの空気塊は飽和していない状態に戻り、下降気流となって山の斜面を降下し、風下側山麓のD点（高度0m）に到達した。この空気塊が断熱的に変化したとき、D点での温度として最も妥当なのはどれか。

ただし、乾燥断熱減率は100mについて1.0℃、湿潤断熱減率は100mについて0.5℃とする。

国家一般職2008

1. 15.5℃
2. 22.0℃
3. 25.5℃
4. 28.0℃
5. 34.5℃

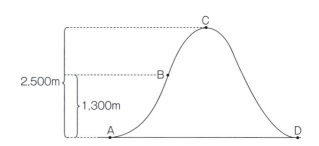

解説

正解 ④

　図より、A点からB点までは乾燥断熱減率で1,300m 上昇するので、空気塊は13℃減少し9℃となる。さらに、B点からC点までは湿潤断熱減率で1,200m 上昇するので、空気塊は6℃減少し3℃となる。

　また、C点からD点までは乾燥断熱減率で2,500m 下降するので、25℃上昇し28℃となる。

問題4 　地球のエネルギー収支に関する記述として妥当なものはどれか。

国家一般職2007

1 　緯度が高い地域では、太陽放射の入射量の方が地球放射の放射量より大きく、緯度が低い地域ではその反対に地球放射の放射量の方が大きい。

2 　経度が大きい地域では、太陽放射の入射量の方が地球放射の放射量より大きく、経度が小さい地域ではその反対に地球放射の放射量の方が大きい。

3 　太陽放射は主に地球の昼の面に入射するが、地球放射も地球の昼の部分からのものがそのほとんどを占め、波長が短い可視光線から波長の長い赤外線まで幅広い波長に及んでいる。

4 　太陽放射は主に地球の昼の面に入射するが、地球放射は地球の昼の部分からも夜の部分からも放射されており、地球放射で主に放射されるのは赤外線である。

5 　太陽放射は主に地球の昼の面に入射するが、地球放射はそのほとんどが昼の大陸の部分から放射され、地球放射で主に放射されるのは赤外線である。

解説

正解 **4**

第5章 地学

---

❶ ✗　緯度により熱エネルギーの収支に差があり、高緯度では地球放射の放出量は太陽放射の入射量を上回るが、低緯度ではその反対で太陽放射の入射量が地球放射の放射量を上回る。

❷ ✗　太陽放射の入射量と地球放射の放射量に差があるのは経度ではなく緯度が違うときである。同じ経度では太陽放射の入射量と地球放射の放射量はほぼ等しい。

❸ ✗　地球放射において主に放出されるのは、太陽放射と比べて波長の長い赤外線である。

❹ ◯　地球放射は太陽放射と比べて波長の長い赤外線として放出されるので、太陽放射は短波放射、地球放射は長波放射といわれる。

❺ ✗　地球放射のほとんどは大気から放出され、一部地表から放出される。

5　気象と海洋

問題5 図Ⅰは、高気圧と低気圧の大気の動きを横から見た模式図である。図Ⅱは、図ⅠのB点のまわりの地上付近において風の吹く様子を矢印で示したものである。次の記述ア、イ、ウのうち、妥当なもののみをすべて挙げているのはどれか。

国家一般職2010

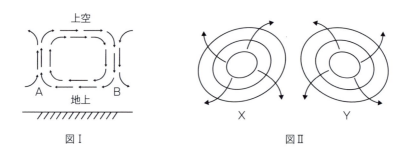

図Ⅰ　　　　　　　　　図Ⅱ

ア　A点付近とB点付近を比べると、A点付近の方が晴れている。

イ　北半球において、B点のまわりの地上付近で吹く風の向きを正しく示しているのはXである。

ウ　図Ⅱにおいて、風向きが等圧線に対して直角でないのは、地球が自転しているからである。

1. ア、イ
2. ア、ウ
3. イ
4. イ、ウ
5. ウ

解説

正解 **4**

第5章
地学

ア ✕ 図Ⅰを見ると、A点付近は上昇気流が発生していることから低気圧であり、B点付近は下降気流が発生していることから高気圧であるとわかる。天気がよいのは高気圧、天気が悪いのは低気圧であるため、晴れているのはB点付近のほうである。

イ ◯ 北半球の地表付近において、高気圧の領域では時計回りに風が吹くため、図ⅡのXのようになる。

ウ ◯ 風は理論上、等圧線に対して垂直に吹くことになるが、実際の風は地球の自転による転向力(コリオリの力)や摩擦力の影響を受ける。

5 気象と海洋 403

> **問題6** 次の文は、大気の大循環に関する記述であるが、文中の空所A～Cに該当する語の組合せとして、妥当なのはどれか。

特別区Ⅰ類2019

赤道付近で暖められ上昇した大気は、緯度30°付近で下降し、東寄りの風となって赤道に向かう。この風を A といい、低緯度地域での大気の循環を B 循環という。 B 循環による下降流は、地上で C を形成する。

	A	B	C
1	貿易風	極	熱帯収束帯
2	偏西風	ハドレー	熱帯収束帯
3	貿易風	ハドレー	熱帯収束帯
4	偏西風	極	亜熱帯高圧帯
5	貿易風	ハドレー	亜熱帯高圧帯

解説

正解 **5**

第5章 地学

A：貿易風

　赤道付近に吹く東向きの風を貿易風という。偏西風は転向力によって生じる、地球を周回する大気の流れであり、上空ほど強く吹く風である。

B：ハドレー

　低緯度地域での大気の循環はハドレー循環である。極循環は文字どおり極付近での大気の循環のことである。

C：亜熱帯高圧帯

　下降気流は高気圧を作るので、亜熱帯高圧帯となる。なお、赤道付近では日射量が多いので上昇気流が発生し、これによって低気圧体が作られる。こうしてできるのが熱帯収束帯である。

問題7 次の図は、世界の主な海流を表したものであるが、図中の空所A～Cに該当する海流の組合せとして、妥当なのはどれか。

特別区Ⅰ類2017

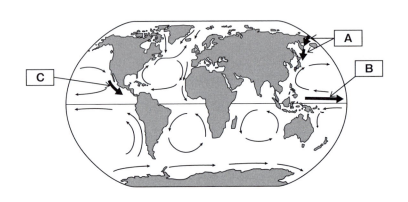

	A	B	C
①	親潮	赤道反流	カリフォルニア海流
②	親潮	赤道反流	メキシコ湾流
③	親潮	北赤道海流	カリフォルニア海流
④	黒潮	北赤道海流	メキシコ湾流
⑤	黒潮	北赤道海流	カリフォルニア海流

解説

正解 **1**

A：親潮

千島列島に沿って南下して、日本の東に流れ込む寒流を親潮という。黒潮（日本海流）は、東シナ海から日本列島に沿って流れ込む暖流である。

B：赤道反流

赤道付近を東から西に向けて流れる海流を赤道反流という。赤道付近には北赤道海流・南赤道海流という海流がそれぞれ西から東に向けて流れており、それらと逆向きに流れる海流である。

C：カリフォルニア海流

北米の西側をアメリカ大陸に沿って南下する寒流をカリフォルニア海流という。

問題8

海水及び海洋に関する次のA～Eの記述の正誤の組合せとして最も妥当なものはどれか。

裁判所一般職2018

A　海水の塩分はおよそ30％であり、これはヒトの血液の塩分の約30倍の塩分濃度である。

B　海洋の表層と深層では、深層の方が水温が高く、水深による温度変化が小さい。

C　地球表面を陸と海洋とに分けると、海洋が占めるのは、地球表面の約70％である。

D　海水は、陸を構成している岩石と比べると温まりやすく冷めやすいため、海岸付近では内陸に比べ季節の寒暖の差が大きくなる。

E　エルニーニョ現象は、数年に一度、海水温が平年より低くなる現象のことである。

	A	B	C	D	E
1	正	正	正	誤	誤
2	正	正	誤	誤	誤
3	誤	誤	正	正	正
4	誤	正	誤	正	正
5	誤	誤	正	誤	誤

解説

正解 **5**

第5章 地学

A ✗　海水の塩分濃度は約3.5％、ヒトの血液の塩分濃度は約0.9％である。海水は血液よりも塩分濃度がかなり高いが、30倍もない。

B ✗　海洋の表層と深層では深層のほうが水温は低い。深層では水温はほぼ一様であり、水深による温度変化は小さい。

C 〇　地球の海洋は地球表面の約70％を占めている。

D ✗　一般に、海（水）は岩石に比べて比熱が大きいため暖まりにくく冷めにくい性質を持つ。そのため、海岸付近では内陸に比べて寒暖の差は小さい。

E ✗　エルニーニョ現象とは、東太平洋の赤道付近で海水温が上昇する現象のことである。海水温が平年よりも低くなる現象はラニーニャ現象である。

5　気象と海洋　409

問題9 日本の気象に関する次の記述中のA～Dの空欄に入る語句の組合せとして最も適当なものはどれか。

裁判所一般職2016

　冬の西高東低型の気圧配置が崩れ、日本付近を通過する（　**A**　）が強く発達すると、全国的に荒れた天気になることがあり、これを春のあらしという。春と秋には、（　**B**　）の影響で（　**A**　）と（　**C**　）が交互に西から東に通過し、日本付近では3～5日程度で天気が周期的に変化する。夏の典型的な気圧配置は、（　**D**　）型である。

	A	B	C	D
1	温帯低気圧	地衡風	移動性高気圧	西低東高
2	温帯低気圧	地衡風	移動性高気圧	南高北低
3	移動性高気圧	偏西風	温帯低気圧	南高北低
4	移動性高気圧	地衡風	温帯低気圧	西低東高
5	温帯低気圧	偏西風	移動性高気圧	南高北低

解説

正解 **5**

A：温帯低気圧

全国的に荒れた天気になることから、温帯低気圧であることがわかる。

B：偏西風

大陸から日本列島に向けて、西から東に通過することから、偏西風の影響であることがわかる。地衡風とは、地上1,000m以上の上空で吹く、気圧傾度力と転向力が釣り合った風のことである。

C：移動性高気圧

春と秋に日本列島を交互に西から東に通過するのは、移動性高気圧と温帯低気圧である。

D：南高北低

夏の典型的な気圧配置は、日本列島の南海上に北太平洋高気圧があり、大陸側に低気圧があることから、南高北低の気圧配置となる。なお、典型的な冬型の気圧配置は西高東低である。

問題10　台風に関する記述中の空所A～Dに当てはまる語句の組合せとして、最も妥当なのはどれか。

警視庁Ⅰ類2015

　北太平洋の西部で発生した（　**A**　）のうち、10分間の平均風速の最大がおよそ17m/s 以上のものを日本では台風と呼んでいる。

　台風の内部では、対流圏下層の空気が（　**B**　）に渦巻きながら中心に吹き込み、上昇して対流圏上層から（　**C**　）に回転しながら吹き出す。この上昇気流によって水蒸気が凝結し、巨大な積乱雲が発達する。このとき放出される潜熱は上昇流を強めるため、ますます海面での吹き込みが強くなって台風は発達する。

　台風は上空の風に流されて動き、また地球の自転の影響で北へ向かう性質を持っているため、通常東風が吹いている低緯度では西へ流されながら次第に北上し、上空で強い西風が吹いている中・高緯度に来ると台風は速い速度で（　**D**　）へ進む。

	A	B	C	D
1	熱帯低気圧	反時計回り	時計回り	北西
2	熱帯低気圧	反時計回り	時計回り	北東
3	熱帯低気圧	時計回り	反時計回り	北西
4	温帯低気圧	反時計回り	時計回り	北東
5	温帯低気圧	時計回り	反時計回り	北西

解説

正解 **2**

A：熱帯低気圧
　赤道付近の太平洋上で発生した低気圧を熱帯低気圧といい、そのうち最大平均風速が17.2m/s以上に発達したものを台風と呼ぶ。

B：反時計回り
　台風は低気圧のため、地上では反時計回りに風が吹き込む。

C：時計回り
　台風の上空では気圧傾度力と転向力（コリオリの力）により右向きに曲げられて時計回りに回転する。

D：北東
　上空では偏西風が東側へ吹いているので、これを考慮すると台風は北東方向に移動することになる。

| | **問題11** | 線状降水帯に関する次の文章の空欄に当てはまる語句の組合せとして、妥当なのはどれか。 |

東京都 I 類2018

　線状降水帯は、大きさが幅 ア km、長さ イ km に及び、複数の ウ が線状に並ぶ形態をしている。 ウ の寿命はおよそ1時間であるが、大気の状態により ウ が次々と発生することで線状降水帯は形成され、同じ場所に強い雨を継続して降らせるなど、 エ の原因の一つとなっている。

	ア	イ	ウ	エ
1	2～5	5～30	積乱雲	局地的大雨
2	2～5	50～300	積乱雲	集中豪雨
3	2～5	50～300	乱層雲	局地的大雨
4	20～50	5～30	乱層雲	局地的大雨
5	20～50	50～300	積乱雲	集中豪雨

解説

正解 ⑤

第5章 地学

線状降水帯は、幅20〜50km（**ア**）、長さ50〜300km（**イ**）にも及ぶ大きさで、複数の積乱雲（**ウ**）が集合してできている降水帯であり、集中豪雨（**エ**）の原因となっている。

なお、局地的大雨とはいわゆるゲリラ豪雨のことであり、狭い領域に短い時間に降る大雨を指す。降水範囲も集中豪雨より狭く、継続時間も集中豪雨より短いものである。

索 引

■英数

3ドメイン説	2
5界説	2
ATP	18
B細胞	139
DNA	54
DNAリガーゼ	67
H・R図	286
mRNA	64
PCR法	67
P波	308
RNA	63
RNAポリメラーゼ	66
rRNA	64
S波	308
tRNA	64
Z膜	187

■あ

アイソスタシー	300
アクチンフィラメント	187
アステロイド・ベルト	257
アセチルコリン	135,187
アセノスフェア	301
アデニン	54
アデノシン三リン酸	18
亜熱帯高圧帯	382
アブシシン酸	170
アポトーシス	67
天の川	289
アミノ酸	62
アミノ酸配列	62
アルコール発酵	30
アレルギー	142
泡構造	289
暗順応	182
暗線	264
暗帯	187
アンチコドン	64
アンブレラ種	225
アンモニア	132

■い

異化	18
閾値	177
異形配偶子接合	109
一次応答	141
一次止血	128
一次遷移	219
遺伝	54
遺伝暗号	65
遺伝学的地図	78
遺伝子	54
遺伝子型	69
遺伝子組換え	67
遺伝子座	69
遺伝子の発現	62
糸魚川―静岡構造線	359
移動性高気圧	388
色指数	319
陰樹	220
陰樹林	220
インスリン	137
陰生植物	26
イントロン	66

■う

ウィーンの変位則	285
うずまき管	183
宇宙の晴れ上がり	290
海風	381
ウラシル	63
運搬	320

■え

衛星	247
栄養生殖	109
栄養段階	222
エキソン	66
液胞	6
エチレン	170
エッジワース・カイパーベルト	257
エディアカラ生物群	354
エネルギー収支	377

■お

横紋筋	186
オーキシン	169
大森公式	309
オールトの雲	257
オーロラ	374
小笠原気団	388
オゾン層	355,373
オペラント条件づけ	192
オペレーター	66
オペロン	66
オホーツク海気団	388
オルドビス紀	355
オルニチン回路	132
温室効果	353,377
温室効果ガス	226
温帯低気圧	381
温暖前線	387

■か

海王星	256
外核	298,300
外気圏	374
海溝	302
外合	258
海溝型地震	311
外耳	183
解糖	30
外胚葉	110
開放血管系	129
海洋地殻	299
外来生物	225
海陸風	381
海流	384
海嶺	302
外惑星	252
花芽	171
化学岩	321

416

化学合成細菌 28
化学的風化 320
化学的防御 138
かぎ刺激 189
核（細胞） 3,4
学習 191
学習行動 191
核相 60
核（地球） 298,300
獲得免疫 139
角膜 181
火砕流 316
火山岩 317
火山砕屑岩 321
火山前線 316
火山噴出物 314
可視光線 376
風 378,379
火星 255
火成岩 317
化石 351
活火山 314
割球 111
活断層 311
活動電位 176
滑面小胞体 5
下部マントル 299
ガラス体 181
カリウムチャネル 176
ガリレオ衛星 255
カルデラ 316
カルデラ湖 316
間期 59
環境 218
環境形成作用 218
岩床 317
緩衝作用 127
肝臓 131
乾燥断熱減率 375
桿体細胞 181
貫入岩体 317
間脳 180
カンブリア紀 354
カンブリア大爆発 352,354
岩脈 317

肝門脈 131
環流 384
寒冷前線 386

■き

キアズマ 61
気圧傾度力 379
キーストーン種 225
気温減率 373
基質特異性 19
寄生 224
季節風 389
北アメリカプレート 304
基本転写因子 67
逆断層 312
逆行 261
ギャップ 221
ギャップ更新 221
嗅細胞 184
球状星団 289
凝灰岩 321
凝固因子 128
共生 224
極循環 383
極相 219
極相種 219
極相林 219,220
局部銀河群 289
拒絶反応 142
極冠 255
キラーT細胞 139
銀河 289
菌界 2
銀河群 289
銀河系 289
銀河団 289
緊急地震速報 310
筋原繊維 187
筋細胞 187
筋小胞体 187
金星 254
筋組織 189

■く

グアニン 54

グーテンベルク不連続面 299
クェーサー 290
クックソニア 355
屈性 166
苦鉄質岩 319
組換え 61
クライマックス 219
グラナ 5,23
グリパニア 354
クロマチン繊維 56
クロロフィル 5

■け

形質 54
傾性 167
形成体 114
珪長質岩 319
系統樹 3
傾度風 380
血液 126
血液凝固 127
血球 126
結合組織 189
血しょう 126
結晶質石灰岩 322
血小板 127
結晶片岩 322
血清 127
血清療法 142
血糖 131
血糖値 137
血ぺい 127
ゲノム 57
ケプラーの法則 260
限界暗期 171
圏界面 373
原核細胞 3
原核生物 3
原核生物界 2
原形質分離 8
原形質流動 3
原始海洋 353
原始星 287
原始大気 353
減数分裂 57,60

顕性	68
原生生物界	2
顕生代	352,354
原生代	354
検定交雑	78
限定要因	26
原尿	133

■こ

合	258
広域変成岩	322
広域変成作用	322
高エネルギーリン酸結合	19
効果器	173,186
交感神経	135
交感神経系	134
高気圧	381
光球	262
抗原	139
荒原	219
抗原抗体反応	139
抗原提示	139
光合成	23
光合成細菌	27
交さ	61
向斜	313
光周性	171
恒常性	126
恒星	247,284
恒星日	246
酵素	19
構造線	359
抗体	139
高張液	8
公転	249
公転周期	249
後天性免疫不全症候群	142
行動	189
行動圏	222
後頭葉	179
光年	246
興奮	176
呼吸	28
黒点	263
弧状列島	359

古生代	354
個体群	221
個体群の成長	223
古第三紀	357
骨格筋	186
古典的条件づけ	192
コドン	64,65
鼓膜	183
コリオリの力	249,379
ゴルジ体	5
コロナ	262
混交林	220
混濁流	320
コンベア・ベルト	385

■さ

歳差運動	249
砕屑岩	321
彩層	262
最大離角	259
最適 pH	20
最適温度	20
サイトカイニン	170
細尿管	132
細胞	3
細胞学的地図	78
細胞質	6
細胞周期	58
細胞小器官	4
細胞性免疫	139
細胞説	3
細胞体	175
細胞壁	6
細胞膜	6
在来生物	225
砂岩	321
作用	218
サルコメア	187
散開星団	289
三畳紀	356
三葉虫	355

■し

シアノバクテリア	354
視運動	261

ジェット気流	373
ジオイド	298
自家受精	69
糸球体	132
軸索	175
資源	222
試行錯誤	192
自己免疫疾患	142
視細胞	181
脂質二重層	7
示準化石	352
視床	180
視床下部	180
耳小骨	183
地震	305
沈み込み境界	302
自然浄化	226
自然免疫	138
示相化石	351
失活	20
失血	127
実視等級	284
湿潤断熱減率	375
自転	248
自転周期	248
シトシン	54
シナプス	175,178
シナプス間隙	178
シナプス小胞	178
シベリア気団	388
ジベレリン	170
縞状鉄鉱層	354
ジャスモン酸	172
シャルガフの法則	55
種	2
褶曲	313
種間関係	222
宿主	224
主系列星	287
樹状突起	175
受精	109
出芽	109
受動輸送	8
種内関係	222
種内競争	222

418

受容器	173,181	
主要動	308	
ジュラ紀	357	
シュワン細胞	177	
春化	172	
春化処理	172	
循環系	129	
順行	261	
純生産量	228	
準惑星	257	
衝	258	
条件遺伝子	75	
条件刺激	192	
常染色体	56	
小脳	180	
消費者	222	
消費者の生産量	229	
消費者の成長量	229	
上皮組織	189	
上部マントル	299	
小胞体	5	
静脈	129	
静脈血	127,129	
小惑星帯	257	
初期微動	308	
初期微動継続時間	309	
植生	218	
触媒	19	
植物界	2	
食物網	222	
食物連鎖	222	
自律神経	134	
自律神経系	174	
シルル紀	355	
震央	305	
真核細胞	3	
真核生物	3	
心筋	186	
神経系	173	
神経鞘	177	
神経組織	189	
神経伝達物質	178	
神経分泌細胞	136	
震源	305	
震源距離	305	

腎小体	132
侵食	320
深成岩	317
新生代	357
深層	384
腎臓	132
深層循環	385
新第三紀	357
震度	306
浸透	7
浸透圧	7,8
真の光合成量	25

■す

随意	174
水温躍層	384
髄鞘	177
水晶体	181
水星	254
彗星	257
錐体細胞	181
ストロマ	5,23
ストロマトライト	354
スノーボールアース	354
スプライシング	66
スペクトル	264,285
スペクトル型	285
滑り説	187
刷込み	192

■せ

星間雲	287
星間物質	287
制限酵素	67
整合	350
西高東低	390
生産者	222
精子	108
静止電位	176
生殖	108
生殖細胞	56,108
性染色体	56
成層火山	315
成層圏	373
生態系	221

生体触媒	19
生態的地位	222
生態ピラミッド	222
生体防御	138
生体膜	7
正断層	312
成長運動	167
成長曲線	223
成長量	228
生得的行動	189
生物岩	321
生物群集	221
生物的環境	218
赤外放射	377
赤色巨星	287
脊髄	180
石炭紀	356
赤道気団	389
赤道低圧帯	382
石灰岩	321
石基	317
赤血球	127
接合	108
接合子	108
接触変成岩	322
接触変成作用	322
絶対等級	284
絶対年代	353
遷移	219
全か無かの法則	177
先カンブリア時代	352,353
全球凍結	354
先駆植物	219
線状降水帯	393
染色体	56
染色体地図	78
前震	313
潜性	68
前線	386
選択的遺伝発現	79
選択的透過性	7
前庭	184
全透性	7
前頭葉	179
セントラルドグマ	62

潜熱	374
潜熱輸送	374
線溶	127

■そ

相観	218
草原	219
造山帯	302
走性	190
総生産量	228
相対湿度	375
相対年代	353
相同染色体	56
相補性	54
相利共生	224
層理面	350
続成作用	320
側頭葉	179
組織液	126
粗面小胞体	5

■た

タービダイト	320
大暗斑	256
第一分裂	61
体液	126
体液性免疫	139
大気圏	372
対合	61
太古代	353
体細胞	56
体細胞分裂	57,58
代謝	18
体性神経系	174
堆積	320
堆積岩	320
大赤斑	255
体内環境	126
第二分裂	61
大脳	179
大脳旧皮質	179
大脳新皮質	179
大脳髄質	179
大脳皮質	179
台風	393

台風の目	393
太平洋プレート	304
太陽	262
太陽系外縁天体	257
太陽コンパス	190
太陽日	246
太陽定数	376
太陽風	262,263
太陽放射	376
第四紀	357
大陸移動説	304
大陸斜面	320
大陸棚	320
大陸地殻	299
対立遺伝子	69
対立形質	68
対流圏	373
唾腺染色体	67
盾状火山	315
短日植物	171
短日処理	171
胆汁	131
単成火山	316
単相	60
断層	312
断熱変化	375
タンパク質	62
団粒構造	219

■ち

地衣類	219
澄江動物群	355
地殻	298,299
地球	254
地球型惑星	252,254
地球放射	377
地衡風	379
致死遺伝子	73
地質時代	352
地上風	379
地層面	350
地層累重の法則	350
窒素固定	228
窒素同化	227
知能行動	192

チミン	54
チャート	321
チャネル	8
中央構造線	359
中間圏	374
中間質岩	319
中耳	183
中心体	6
中枢神経系	173
中性子星	287
中性植物	171
中生代	356
中脳	180
中胚葉	110
頂芽優勢	169
超銀河団	289
超苦鉄質岩	319
聴細胞	183
長日植物	171
長日処理	171
超新星爆発	287
調節遺伝子	66
超大陸パンゲア	356
跳躍伝導	177
チラコイド	5,23
チン小帯	182

■つ

津波	312

■て

定位	189
泥岩	321
低気圧	381
ディスク	289
停滞前線	387
低張液	8
デオキシリボース	54
デオキシリボ核酸	54
適刺激	173
デボン紀	356
デリンジャー現象	263
転移 RNA	64
電気泳動	68
天球	248

転向力	249,379
転写	64
伝達	178
伝導	176
天王星	256
天王星型惑星	252
天文現象	258
天文単位	246
伝令RNA	64

■と

等圧線	378
同化	18
透過性	7
同化量	228
等級	284
同形配偶子接合	108
島弧	302
瞳孔	181
島弧一海溝系	302
頭足類	355
等張液	8
頭頂葉	179
糖尿病	137
動物界	2
動脈	129
動脈血	127,129
等粒状組織	317
特定外来生物	226
独立の法則	68
土星	256
ドメイン	2
トランスフォーム断層	303
トリプレット	65
トロンビン	128

■な

内核	298,300
内合	258
内耳	183
内胚葉	110
内分泌系	135
内分泌腺	135
内惑星	252
凪	381

ナトリウムチャネル	176
ナトリウムポンプ	176
慣れ	191
縄張り	222
南海トラフ	304
南高北低	392
南中	251
南中高度	251

■に

二価染色体	61
二次応答	141
二次止血	128
二次遷移	219,221
二畳紀	356
日射	376
日周運動	248
ニッチ	222
日本海溝	304
乳酸発酵	30
ニューロン	175
尿素	132

■ぬ

ヌクレオソーム	56
ヌクレオチド	18

■ね

ネクローシス	67
熱圏	374
熱帯収束帯	382
熱帯低気圧	381
ネフロン	132
年周運動	250
年周光行差	250
年周視差	250
年齢ピラミッド	224

■の

脳幹	180
能動輸送	8
乗換え	61
ノルアドレナリン	135

■は

バージェス動物群	355
パーセク	246
胚	110
梅雨前線	391
バイオーム	218
バイオテクノロジー	67
配偶子	56,108
背斜	313
白亜紀	357
白色矮星	287
バクテリオクロロフィル	27
白斑	263
バソリス	317
白血球	127
発酵	30
発生	110
ハッブルの法則	290
ハドレー循環	383
ハビタブルゾーン	254
パフ	67
春一番	391
バルジ	289
ハロー	289
半規管	184
半減期	353
反射	174
反射弓	174
斑晶	317
斑状組織	317
伴性遺伝	77
半透性	7
半透膜	7
半保存的複製	57

■ひ

光中断	171
光飽和点	25
被食者	222
ヒストン	56
微生物	55
非生物的環境	218
ビッグバンモデル	290
表現型	69
表層混合層	384

索引　421

標的器官 ……… 135
標的細胞 ……… 135
日和見感染 ……… 142

■ふ
フィードバック ……… 137
フィブリノーゲン ……… 128
フィブリン ……… 128
フィリピン海プレート ……… 304
風化 ……… 320
フーコーの振り子 ……… 249
富栄養化 ……… 226
フェーン現象 ……… 375
フェレル循環 ……… 383
フェロモン ……… 191
フォッサマグナ ……… 359
付加体 ……… 302,359
不完全優性 ……… 72
副交感神経 ……… 135
副交感神経系 ……… 134
複製 ……… 57
複成火山 ……… 316
複相 ……… 60
複対立遺伝子 ……… 74
腐植層 ……… 218
不随意 ……… 174
不整合 ……… 350
不整合面 ……… 350
物質生産 ……… 228
物理的風化 ……… 320
物理的防御 ……… 138
フラウンホーファー線 … 264,285
プラスミド ……… 67
ブラックホール ……… 287
プルーム ……… 304
プルームテクトニクス ……… 304
フレア ……… 263
プレート ……… 301
プレートテクトニクス ……… 301
プレート内地震 ……… 311
プログラム細胞死 ……… 67
プロトロンビン ……… 128
プロミネンス ……… 263
プロモーター ……… 66
フロリゲン ……… 172

分化 ……… 65
分解者 ……… 222
分離の法則 ……… 68
分裂 ……… 109
分裂期 ……… 59

■へ
平滑筋 ……… 186
平衡覚 ……… 184
閉鎖血管系 ……… 129
閉塞前線 ……… 387
ベクター ……… 67
ヘテロ接合体 ……… 69
ペプチド ……… 62
ペプチド結合 ……… 62
ヘモグロビン ……… 127
ヘルツシュプルング・ラッセル
　図 ……… 286
ヘルパーT細胞 ……… 139
変性 ……… 63
変成岩 ……… 322
変成作用 ……… 322
偏西風 ……… 383,389
片麻岩 ……… 322
片利共生 ……… 224

■ほ
膨圧運動 ……… 168
貿易風 ……… 383
放射冷却 ……… 378
飽和蒸気圧 ……… 375
飽和水蒸気量 ……… 375
ボーマンのう ……… 132
補酵素 ……… 19
母細胞 ……… 57
補償点 ……… 25
捕食者 ……… 222
補足遺伝子 ……… 75
ホットスポット ……… 305
ホメオスタシス ……… 126
ホモ接合体 ……… 69
ポリペプチド鎖 ……… 62
ホルモン ……… 135
ホルンフェルス ……… 322
本震 ……… 313

ポンプ ……… 8
翻訳 ……… 64

■ま
マグニチュード ……… 306
マグマ ……… 313
マグマオーシャン ……… 353
マグマだまり ……… 313
摩擦力 ……… 379
末梢神経系 ……… 174
マルピーギ小体 ……… 132
マントル ……… 298,299
マントル対流 ……… 304

■み
ミオシンフィラメント ……… 187
味覚芽 ……… 185
見かけの光合成量 ……… 25
味細胞 ……… 185
ミトコンドリア ……… 4

■む
無条件刺激 ……… 192
無色鉱物 ……… 317
無髄神経繊維 ……… 177
娘細胞 ……… 57
無性生殖 ……… 109
群れ ……… 222

■め
冥王代 ……… 353
明順応 ……… 182
明帯 ……… 187
メインベルト ……… 257
免疫 ……… 138
免疫寛容 ……… 142
免疫記憶 ……… 141
免疫グロブリン ……… 141
免疫細胞 ……… 138

■も
盲斑 ……… 181
網膜 ……… 181
毛様体 ……… 182
木星 ……… 255

木星型惑星 ·················· 252,255
モホロビチッチ不連続面 ······· 299

■や
やませ ························ 391

■ゆ
有史時代 ····················· 352
有色鉱物 ····················· 317
有髄神経繊維 ················· 177
優性 ···························· 68
優性遺伝子 ···················· 69
有性生殖 ····················· 108
優性の法則 ···················· 68
優占種 ······················· 218
誘導 ·························· 114
誘導の連鎖 ··················· 114
ユーラシアプレート ··········· 304

■よ
葉芽 ·························· 171
溶岩 ·························· 313
溶岩円頂丘 ··················· 315
溶岩ドーム ··················· 315
溶血 ····························· 9
陽樹 ·························· 220
陽樹林 ······················· 220
陽生植物 ······················ 26
葉緑体 ························· 5
抑制遺伝子 ···················· 76
横ずれ断層 ··················· 312
余震 ·························· 313
余震域 ······················· 313

■ら
落葉層 ······················· 218
裸地 ·························· 219
ラニーニャ現象 ··············· 386
卵 ··························· 108
卵割 ·························· 111
ランビエ絞輪 ················· 177

■り
陸風 ·························· 381
陸弧 ·························· 302

リソスフェア ················· 301
リソソーム ····················· 6
リボ核酸 ······················ 63
リボソーム ····················· 5
リボソーム RNA ··············· 64
留 ··························· 261
粒状斑 ······················· 262
リンパ液 ····················· 126

■れ
齢構成 ······················· 224
レーマン不連続面 ············· 299
礫岩 ·························· 321
劣性 ··························· 68
劣性遺伝子 ···················· 69
連鎖 ··························· 78

■ろ
ろ過 ·························· 133

■わ
惑星 ······················ 247,252
惑星現象 ····················· 258
ワクチン ····················· 141

索引 423

【執 筆】
TAC公務員講座講師室
渡辺 健一（TAC公務員講座）

◎本文デザイン／黒瀬 章夫（ナカグログラフ）
◎カバーデザイン／河野 清（有限会社ハードエッジ）

こうむいんしけん　かこもんこうりゃくぶい　　　　　　　しぜんかがく げ　だい はん
公務員試験　過去問攻略Vテキスト　18-2　自然科学（下）　第3版

2020年1月25日　初　版　第1刷発行
2023年4月25日　第3版　第1刷発行

編 著 者	Ｔ Ａ Ｃ 株 式 会 社	
	（公務員講座）	
発 行 者	多 田 敏 男	
発 行 所	Ｔ Ａ Ｃ 株式会社　出版事業部	
	（ＴＡＣ出版）	

〒101-8383
東京都千代田区神田三崎町3-2-18
電話　03（5276）9492（営業）
FAX　03（5276）9674
https://shuppan.tac-school.co.jp

組　　版	朝日メディアインターナショナル株式会社
印　　刷	日 新 印 刷 株 式 会 社
製　　本	東 京 美 術 紙 工 協 業 組 合

© TAC 2023　　Printed in Japan

ISBN 978-4-300-10573-3
N.D.C. 317

本書は、「著作権法」によって、著作権等の権利が保護されている著作物です。本書の全部または一部につき、無断で転載、複写されると、著作権等の権利侵害となります。上記のような使い方をされる場合、および本書を使用して講義・セミナー等を実施する場合には、あらかじめ小社宛許諾を求めてください。

乱丁・落丁による交換、および正誤のお問合せ対応は、該当書籍の改訂版刊行月末日までといたします。なお、交換につきましては、書籍の在庫状況等により、お受けできない場合もございます。
また、各種本試験の実施の延期、中止を理由とした本書の返品はお受けいたしません。返金もいたしかねますので、あらかじめご了承くださいますようお願い申し上げます。

公務員講座のご案内

大卒レベルの公務員試験に強い！

2021年度 公務員試験

公務員講座生[1]
最終合格者延べ人数[2]

6,064名

※1 公務員講座生とは公務員試験対策講座において、目標年度に合格するために必要と考えられる、講義、演習、論文対策、面接対策等をパッケージ化したカリキュラムの受講生です。単科講座や公開模試のみの受講生は含まれておりません。
※2 同一の方が複数の試験種に合格している場合は、それぞれの試験種に最終合格者としてカウントしています。（実合格者数は3,220名です。）
＊2022年1月31日時点で、調査にご協力いただいた方の人数です。

国家公務員（大卒程度）	計	**3,024**名
地方公務員（大卒程度）	計	**2,874**名
国立大学法人等	大卒レベル試験	100名
独立行政法人	大卒レベル試験	21名
その他公務員		45名

1位 全国の公務員試験で合格者を輩出！

詳細は公務員講座（地方上級・国家一般職）パンフレットをご覧ください。

2021年度 国家総合職試験

公務員講座生[1]

最終合格者数 **212**名

法律区分	56名	経済区分	32名
政治・国際区分	63名	教養区分[2]	30名
院卒／行政区分	21名	その他区分	10名

※1 公務員講座生とは公務員試験対策講座において、目標年度に合格するために必要と考えられる、講義、演習、論文対策、面接対策等をパッケージ化したカリキュラムの受講生です。単科講座や公開模試のみの受講生は含まれておりません。
※2 上記は2021年度目標公務員講座最終合格者のほか、2022年目標公務員講座生の最終合格者が30名に含まれています。
＊上記は2022年1月31日時点で調査にご協力いただいた方の人数です。

2021年度 外務省専門職試験

最終合格者総数52名のうち
48名がWセミナー講座生[1]です。

合格者占有率[2] **92.3%**

外交官を目指すなら、実績のWセミナー

※1 Wセミナー講座生とは、公務員試験対策講座において、目標年度に合格するために必要と考えられる、講義、演習、論文対策、面接対策等をパッケージ化したカリキュラムの受講生です。各種オプション講座や公開模試など、単科講座のみの受講生は含まれておりません。また、Wセミナー講座生はそのボリュームから他校の講座生と掛け持ちすることは困難です。
※2 合格者占有率は「Wセミナー講座生（※1）最終合格者数」を、「外務省専門職試験の最終合格者総数」で除して算出しています。また、算出した数字の小数点第二位以下を四捨五入して表記しています。
＊上記は2021年9月15日時点で調査にご協力いただいた方の人数です。

WセミナーはTACのブランドです

資格の学校 TAC

合格できる3つの理由

1 必要な対策が全てそろう！ ALL IN ONEコース

TACでは、択一対策・論文対策・面接対策など、公務員試験に必要な対策が全て含まれているオールインワンコース（＝本科生）を提供しています。地方上級／国家一般職／国家総合職／外務専門職／警察官・消防官／技術職／心理職・福祉職など、試験別に専用コースを設けていますので、受験先に合わせた最適な学習が可能です。

▶ カリキュラム例：地方上級・国家一般職 総合本科生

※上記は2023年合格目標コースの内容です。カリキュラム内容は変更となる場合がございます。

2 環境に合わせて選べる！ 多彩な受講メディア

※上記は2023年合格目標コースの一例です。年度やコースにより変更となる場合がございます。

3 頼れる人がそばにいる！ 担任講師制度

TACでは教室講座開講校舎と通信生専任の「担任講師制度」を設けています。最新情報の提供や学習に関する的確なアドバイスを通じて、受験生一人ひとりを合格までアシストします。

▶ 担任カウンセリング

学習スケジュールのチェックや苦手科目の克服方法、進路相談、併願先など、何でもご相談ください。担任講師が親身になってお答えします。

▶ ホームルーム（HR）

時期に応じた学習の進め方などについての「無料講義」を定期的に実施します。

パンフレットのご請求は
TAC カスタマーセンター **0120-509-117** （ゴウカク イイナ）

受付時間 平日 9:30～19:00 土曜・日曜・祝日 9:30～18:00

※受付時間は、変更させていただく場合がございます。詳細は、TACホームページにてご確認いただきますようお願い申し上げます。

TACホームページ https://www.tac-school.co.jp/

公務員講座のご案内

無料体験入学のご案内
3つの方法でTACの講義が体験できる！

教室で体験　迫力の生講義に出席　予約不要！　最大3回連続出席OK！

1. 校舎と日時を決めて、当日TACの校舎へ
TACでは各校舎で毎月体験入学の日程を設けています。

2. オリエンテーションに参加（体験入学1回目）
初回講義「オリエンテーション」にご参加ください。終了後は個別にご相談をお受けいたします。

3. 講義に出席（体験入学2・3回目）
引き続き、各科目の講義をご受講いただけます。参加者には体験用テキストをプレゼントいたします。

- 最大3回連続無料体験講義の日程はTACホームページと公務員講座パンフレットでご覧いただけます。
- 体験入学はお申込み予定の校舎に限らず、お好きな校舎でご利用いただけます。
- 4回目の講義までに、ご入会手続きをしていただければ、カリキュラム通りに受講することができます。

※地方上級・国家一般職、理系（技術職）、警察・消防以外の講座では、最大2回連続体験入学を実施しています。また、心理職・福祉職はTAC動画チャンネルで体験講義を配信しています。
※体験入学1回目や2回目の後でもご入会手続きは可能です。「TACで受講しよう！」と思われたお好きなタイミングで、ご入会いただけます。

ビデオで体験　校舎のビデオブースで体験視聴

TAC各校の個別ビデオブースで、講義を無料でご視聴いただけます。（要予約）

各校のビデオブースでお好きな講義を視聴できます。視聴前日までに視聴する校舎受付までお電話にてご予約をお願い致します。

ビデオブース利用時間 ※日曜日は④の時間帯はありません。
① 9：30 ～ 12：30　② 12：30 ～ 15：30
③ 15：30 ～ 18：30　④ 18：30 ～ 21：30

※受講可能な曜日・時間帯は一部校舎により異なります。
※年末年始・夏期休業・その他特別な休業以外は、通常平日・土日祝祭日にご覧いただけます。
※予約時にご希望日とご希望時間帯を合わせてお申込みください。
※基本講義の中からお好きな科目をご視聴いただけます。（視聴できる科目は時期により異なります）
※TAC提携校での体験視聴につきましては、提携校各校へお問合せください。

Webで体験　スマートフォン・パソコンで講義を体験視聴

TACホームページの「TAC動画チャンネル」で無料体験講義を配信しています。時期に応じて多彩な講義がご覧いただけます。

https://www.tac-school.co.jp/

※体験講義は教室講義の一部を抜粋したものになります。

資格の学校 **TAC**

2022年度 本試験データリサーチ

参加無料!

10 試験種以上実施予定!

スマホP.C.対応!

> 本試験結果がわかります!

本試験データリサーチとは?

Web上でご自身の解答を入力(選択)いただくと、全国の受験者からのデータを集計・分析した試験別の平均点、順位、問題別の正解率が確認できるTAC独自のシステムです。多くの受験生が参加するTACのデータリサーチによる詳細なデータ分析で、公務員試験合格へ近づきましょう。

※データリサーチは択一試験のみ対応しております。論文・専門記述・面接試験等の結果は反映されません。予めご了承ください。
※順位判定・正解率等の結果データは、各本試験の正答公表日の翌日以降に閲覧可能の予定です。 ※上記画面はイメージです。

2021年度 データリサーチ参加者 国家一般職（行政） 2,175名

多彩な試験種で実施予定!

国家総合職／東京都I類B（行政［一般方式・新方式］）／特別区I類／裁判所一般職（大卒）
国税専門官／財務専門官／労働基準監督官A／国家一般職（行政・技術職）／外務省専門職
警視庁警察官I類／東京消防庁消防官I類

※実施試験種は諸般の事情により変更となる場合がございます。
※上記の試験種内でもデータリサーチが実施されない区分もございます。

本試験データリサーチの活用法

■ 相対的な結果を知る!
「手応えは悪くないけれど、周りの受験生はどうだったんだろう?」そんなときに本試験データリサーチを活用すれば、自分と他の受験生の結果を一目瞭然で比べることができます。

■ 併願対策に!
問題ごとの正解率が出るため、併願をしている受験生にとっては、本試験結果を模試のように参考にすることができます。自分の弱点を知って、その後の公務員試験対策に活用しましょう。

データリサーチの詳細は、
➡ TACホームページ　　　　https://www.tac-school.co.jp/
➡ TAC WEB SCHOOL　　　https://portal.tac-school.co.jp/

クリック

等で各種本試験の1週間前から告知予定です。

TAC出版 書籍のご案内

TAC出版では、資格の学校TAC各講座の定評ある執筆陣による資格試験の参考書をはじめ、資格取得者の開業法や仕事術、実務書、ビジネス書、一般書などを発行しています！

TAC出版の書籍

*一部書籍は、早稲田経営出版のブランドにて刊行しております。

資格・検定試験の受験対策書籍

- 日商簿記検定
- ファイナンシャルプランナー(FP)
- 建設業経理士
- 証券外務員
- 全経簿記上級
- 貸金業務取扱主任者
- 税理士
- 不動産鑑定士
- 公認会計士
- 宅地建物取引士
- 社会保険労務士
- 賃貸不動産経営管理士
- 中小企業診断士
- マンション管理士
- 証券アナリスト
- 管理業務主任者
- 司法書士
- 行政書士
- 司法試験
- 弁理士
- 公務員試験(大卒程度・高卒者)
- 情報処理試験
- 介護福祉士
- ケアマネジャー
- 社会福祉士　ほか

実務書・ビジネス書

- 会計実務、税法、税務、経理
- 総務、労務、人事
- ビジネススキル、マナー、就職、自己啓発
- 資格取得者の開業法、仕事術、営業術
- 翻訳ビジネス書

一般書・エンタメ書

- ファッション
- エッセイ、レシピ
- スポーツ
- 旅行ガイド (おとな旅プレミアム/ハルカナ)
- 翻訳小説

TAC出版

(2021年7月現在)

書籍のご購入は

1 全国の書店、大学生協、ネット書店で

2 TAC各校の書籍コーナーで

資格の学校TACの校舎は全国に展開!
校舎のご確認はホームページにて

資格の学校TAC ホームページ
https://www.tac-school.co.jp

3 TAC出版書籍販売サイトで

CYBER TAC出版書籍販売サイト
BOOK STORE

24時間ご注文受付中

TAC出版 で 検索

https://bookstore.tac-school.co.jp/

- 新刊情報をいち早くチェック!
- たっぷり読める立ち読み機能
- 学習お役立ちの特設ページも充実!

TAC出版書籍販売サイト「サイバーブックストア」では、TAC出版および早稲田経営出版から刊行されている、すべての最新書籍をお取り扱いしています。
また、無料の会員登録をしていただくことで、会員様限定キャンペーンのほか、送料無料サービス、メールマガジン配信サービス、マイページのご利用など、うれしい特典がたくさん受けられます。

サイバーブックストア会員は、特典がいっぱい!(一部抜粋)

 通常、1万円(税込)未満のご注文につきましては、送料・手数料として500円(全国一律・税込)頂戴しておりますが、1冊から無料となります。

 専用の「マイページ」は、「購入履歴・配送状況の確認」のほか、「ほしいものリスト」や「マイフォルダ」など、便利な機能が満載です。

 メールマガジンでは、キャンペーンやおすすめ書籍、新刊情報のほか、「電子ブック版TACNEWS(ダイジェスト版)」をお届けします。

 書籍の発売を、販売開始当日にメールにてお知らせします。これなら買い忘れの心配もありません。

公務員試験対策書籍のご案内

TAC出版の公務員試験対策書籍は、独学用、およびスクール学習の副教材として、各商品を取り揃えています。学習の各段階に対応していますので、あなたのステップに応じて、合格に向けてご活用ください!

INPUT

『みんなが欲しかった!
公務員
合格へのはじめの一歩』
A5判フルカラー
- 本気でやさしい入門書
- 公務員の"実際"をわかりやすく紹介したオリエンテーション
- 学習内容がざっくりわかる入門講義

・数的処理(数的推理・判断推理・空間把握・資料解釈)
・法律科目(憲法・民法・行政法)
・経済科目(ミクロ経済学・マクロ経済学)

『みんなが欲しかった!
公務員 教科書&問題集』
A5判
- 教科書と問題集が合体!でもセパレートできて学習に便利!
- 「教科書」部分はフルカラー!見やすく、わかりやすく、楽しく学習!

・憲法
・【刊行予定】民法、行政法

『新・まるごと講義生中継』
A5判
TAC公務員講座講師
郷原 豊茂 ほか
- TACのわかりやすい生講義を誌上で!
- 初学者の科目導入に最適!
- 豊富な図表で、理解度アップ!

・郷原豊茂の憲法
・郷原豊茂の民法Ⅰ
・郷原豊茂の民法Ⅱ
・新谷一郎の行政法

『まるごと講義生中継』
A5判
TAC公務員講座講師
渕元 哲 ほか
- TACのわかりやすい生講義を誌上で!
- 初学者の科目導入に最適!

・郷原豊茂の刑法
・渕元哲の政治学
・渕元哲の行政学
・ミクロ経済学
・マクロ経済学
・関野喬のパターンでわかる数的推理
・関野喬のパターンでわかる判断整理
・関野喬のパターンでわかる空間把握・資料解釈

要点まとめ

『一般知識
出るとこチェック』
四六判
- 知識のチェックや直前期の暗記に最適!
- 豊富な図表とチェックテストでスピード学習!

・政治・経済
・思想・文学・芸術
・日本史・世界史
・地理
・数学・物理・化学
・生物・地学

記述式対策

『公務員試験論文答案集
専門記述』
A5判
公務員試験研究会
- 公務員試験(地方上級ほか)の専門記述を攻略するための問題集
- 過去問と新作問題で出題が予想されるテーマを完全網羅!

・憲法〈第2版〉
・行政法

地方上級・国家一般職（大卒程度）・国税専門官 等 対応　**TAC出版**

過去問学習

『ゼロから合格 基本過去問題集』
A5判
TAC公務員講座
●「解ける」だから「つづく」／充実の知識まとめでこの1冊で知識「ゼロ」から過去問が解けるようになる、独学で学習を始めて完成させたい人のための問題集です。
全12点
・判断推理　・数的推理　・空間把握・資料解釈
・憲法　　　・民法Ⅰ　　・民法Ⅱ
・行政法　　・ミクロ経済学　・マクロ経済学
・政治学　　・行政学　　・社会学

『一問一答で論点総チェック』
B6判
TAC公務員講座講師 山本 誠
●過去20年の出題論点の95%以上を網羅
●学習初期の確認用にも直前期のスピードチェックにも
全4点
・憲法　　・民法Ⅰ
・民法Ⅱ　・行政法

『出るとこ過去問』A5判
TAC出版編集部
●本試験の難問、奇問、レア問を省いた効率的なこの1冊で、合格ラインをゲット！速習に最適
全16点
・憲法　　　　・民法Ⅰ　　　・民法Ⅱ
・行政法　　　・ミクロ経済学　・マクロ経済学
・政治学　　　・行政学　　　・社会学
・国際関係　　・経営学　　　・数的処理(上・下)
・自然科学　　・社会科学　　・人文科学

直前対策

『小論文の秘伝』
A5判
年度版
TAC公務員講座講師 山下 純一
●頻出25テーマを先生と生徒のブレストで噛み砕くから、解答のツボがバッチリ！
●誌上「小論文道場」で答案改善のコツがわかる！
●合格者のアドバイスも掲載！

『面接の秘伝』
A5判
年度版
TAC公務員講座講師 山下 純一
●面接で使えるコア（自分の強み）を見つけられる「面接相談室」で自己分析が進む！
●集団討論のシュミレーション、官庁訪問のレポートも掲載！

『時事問題総まとめ＆総チェック』
A5判
年度版
TAC公務員講座
●知識整理と問題チェックが両方できる！
●試験種別の頻出テーマが一発でわかる！

『科目別・テーマ別過去問題集』
B5判 **年度版**
TAC出版編集部
●試験ごとの出題傾向の把握と対策に最適
●科目別、学習テーマ別の問題掲載なので、学習のどの段階からも使えます

・東京都Ⅰ類B（行政／一般方式）
・特別区Ⅰ類（事務）
・裁判所（大卒程度／一般職）
・国税専門官（国税専門A）
・国家一般職（大卒程度／行政）

TAC出版の書籍はこちらの方法でご購入いただけます
1 全国の書店・大学生協
2 TAC各校 書籍コーナー
3 インターネット  TAC出版書籍販売サイト
アドレス https://bookstore.tac-school.co.jp/

（2023年3月現在・刊行内容、刊行月、表紙等は変更になることがあります／**年度版** マークのある書籍は、毎年、新年度版が発行される予定です）

書籍の正誤に関するご確認とお問合せについて

書籍の記載内容に誤りではないかと思われる箇所がございましたら、以下の手順にてご確認とお問合せを
してくださいますよう、お願い申し上げます。
なお、正誤のお問合せ以外の**書籍内容に関する解説および受験指導などは、一切行っておりません。**
そのようなお問合せにつきましては、お答えいたしかねますので、あらかじめご了承ください。

1 「Cyber Book Store」にて正誤表を確認する

TAC出版書籍販売サイト「Cyber Book Store」の
トップページ内「正誤表」コーナーにて、正誤表をご確認ください。

CYBER TAC出版書籍販売サイト
BOOK STORE

URL:https://bookstore.tac-school.co.jp/

2 1の正誤表がない、あるいは正誤表に該当箇所の記載がない
⇒ 下記①、②のどちらかの方法で文書にて問合せをする

★ご注意ください★

お電話でのお問合せは、お受けいたしません。
①、②のどちらの方法でも、お問合せの際には、「お名前」とともに、
「対象の書籍名(○級・第○回対策も含む)およびその版数(第○版・○○年度版など)」
「お問合せ該当箇所の頁数と行数」
「誤りと思われる記載」
「正しいとお考えになる記載とその根拠」
を明記してください。
なお、回答までに1週間前後を要する場合もございます。あらかじめご了承ください。

---

① ウェブページ「Cyber Book Store」内の「お問合せフォーム」より問合せをする

【お問合せフォームアドレス】

https://bookstore.tac-school.co.jp/inquiry/

---

② メールにより問合せをする

【メール宛先 TAC出版】

syuppan-h@tac-school.co.jp

※土日祝日はお問合せ対応をおこなっておりません。
※正誤のお問合せ対応は、該当書籍の改訂版刊行月末日までといたします。

乱丁・落丁による交換は、該当書籍の改訂版刊行月末日までといたします。なお、書籍の在庫状況等
により、お受けできない場合もございます。
また、各種本試験の実施の延期、中止を理由とした本書の返品はお受けいたしません。返金もいたし
かねますので、あらかじめご了承くださいますようお願い申し上げます。

TACにおける個人情報の取り扱いについて
■お預かりした個人情報は、TAC(株)で管理させていただき、お問合せへの対応、当社の記録保管にのみ利用いたします。お客様の同意なしに業務委託先以外の第三者に開示、提供することはございません(法令等により開示を求められた場合を除く)。その他、個人情報保護管理者、お預かりした個人情報の開示等及びTAC(株)への個人情報の提供の任意性については、当社ホームページ
(https://www.tac-school.co.jp)をご覧いただくか、個人情報に関するお問い合わせ窓口(E-mail:privacy@tac-school.co.jp)までお問合せください。

(2022年7月現在)